Smail Rapic (Hg.)

Die Entwicklungslogik der Normativität

VERLAG KARL ALBER

Smail Rapic (Hg.)

Die Entwicklungslogik der Normativität

Probleme und Perspektiven

Verlag Karl Alber Freiburg/München

Smail Rapic (Ed.)

The Developmental Logic of Normativity

Problems and Perspectives

It was one of the fundamental beliefs of the Enlightenment that the evolution of normative consciousness – from archaic myths to modern ideas of democracy and human rights – follows an inner logic. Jürgen Habermas took up this concept in the 1970s in reference to Lawrence Kohlberg. However, over the past decades it has taken a back seat – primarily due to suspicions that it remains connected to a speculative philosophy of history and that it has Eurocentric features. The anthology aims to explore the sustainability of the idea of a normative developmental logic.

The Editor:

Smail Rapic, born 1958, is Professor of Philosophy at the Bergische Universität Wuppertal. His main areas of research are Enlightenment, classical German philosophy and 19th century post-Hegelian philosophy, phenomenology and critical social theory. In 2014 he published the volume »Habermas und der Historische Materialismus« (Habermas and Historical Materialism).

Smail Rapic (Hg.)

Die Entwicklungslogik der Normativität

Probleme und Perspektiven

Es gehörte zu den Grundüberzeugungen der Aufklärung, dass die Evolution des normativen Bewusstseins – von den archaischen Mythen bis hin zu den neuzeitlichen Ideen von Demokratie und Menschenrechten – einer inneren Logik folgt. Jürgen Habermas hat diese Konzeption in den 1970er Jahren im Rekurs auf Lawrence Kohlberg aufgegriffen. In den letzten Jahrzehnten ist sie allerdings in Hintergrund getreten – in erster Linie aufgrund des Verdachts, dass sie einer spekulativen Geschichtsphilosophie verhaftet bleibe und eurozentrische Züge trage. Der Sammelband verfolgt das Ziel, die Tragfähigkeit der Idee einer normativen Entwicklungslogik auszuloten.

Der Herausgeber:

Smail Rapic, geb. 1958, ist Professor für Philosophie an der Bergischen Universität Wuppertal. Seine Forschungsschwerpunkte sind Aufklärung, klassische deutsche Philosophie und die nachhegelsche Philosophie des 19. Jahrhunderts, Phänomenologie und kritische Gesellschaftstheorie. 2014 hat er den Band »Habermas und der Historische Materialismus« herausgegeben.

MIX
Papier aus verantwortungsvollen Quellen
FSC
www.fsc.org
FSC® C083411

Originalausgabe

www.verlag-alber.de

Satz: SatzWeise GmbH, Trier
Herstellung: CPI books GmbH, Leck

Printed in Germany

ISBN 978-3-495-48818-8

Inhalt

Smail Rapic

Einleitung

Der Festschrift zum 60. Geburtstag von Jürgen Habermas haben die Herausgeber – Axel Honneth, Thomas McCarthy, Claus Offe und Albrecht Wellmer – einen Titel gegeben, der Habermas' Lebenswerk prägnant in die Frankfurter Theorietradition einordnet: *Zwischenbetrachtungen: im Prozess der Aufklärung.*[1] Auch die Kritische Theorie Horkheimers und Adornos versteht sich als Beitrag zum Aufklärungsprozess: Sie will die Aufklärung über sich selbst aufklären. Der Terminus »Kritische Theorie« greift den Begriff der »kritischen Philosophie« auf, mit dem der junge Marx das Theorieprogramm charakterisiert, für das Engels später den Ausdruck »Historischer Materialismus« geprägt hat.[2] Marx fordert im *Briefwechsel von 1843* zur »Kritik alles Bestehenden« mit dem Fokus auf der Religion und den politischen Verhältnissen auf.[3] Den Maßstab dieser Kritik bildet die Vernunft, die »immer existiert« habe, »nur nicht immer in der vernünftigen Form«.[4] Erst im Gefolge der Aufklärung kann – so Marx in *Zur Judenfrage* (1843) – der vernünftige Gehalt der vorangegangenen »Entwicklungsstufe[n] des menschlichen Geistes« in eine adäquate Gestalt gebracht werden.[5]

Marx knüpft mit der Absage an jeden Dogmatismus im *Briefwechsel von 1843*[6] an Kants kritisches Unternehmen an. Kant schreibt in der Vorrede zur 1. Auflage der *Kritik der reinen Vernunft* (1781):

---

[1] Axel Honneth u.a. (Hrsg.). *Zwischenbetrachtungen: im Prozess der Aufklärung: Jürgen Habermas zum 60. Geburtstag.* Frankfurt a.M. 1989.

[2] *Ein Briefwechsel von 1843* (zwischen Marx, Ruge, Bakunin und Feuerbach), Marx an Ruge im September 1843. In: Karl Marx/Friedrich Engels: *Werke.* 39 Bde., 1 Erg.-Bd. Berlin 1956ff. Bd. 1, S. 346.

[3] A.a.O., S. 344.

[4] A.a.O., S. 345.

[5] A.a.O., S. 360.

[6] A.a.O., S. 344.

»Unser Zeitalter ist das eigentliche Zeitalter der Kritik, der sich alles unterwerfen muss. Religion, durch ihre Heiligkeit, und Gesetzgebung durch ihre Majestät, wollen sich gemeiniglich derselben entziehen. Aber alsdann erregen sie gerechten Verdacht wider sich und können auf ungeteilte Achtung nicht Anspruch erheben, die die Vernunft nur demjenigen bewilligt, was ihre freie und öffentliche Prüfung hat aushalten können.«[7]

Kant ordnet sein »kritisches Geschäft« in eine weltgeschichtliche Fortschrittsperspektive ein.[8] Er sieht in den »Stufen der Sittlichkeit«, die die Menschheit »schon erstiegen« hat, einen Beleg dafür, dass die Errichtung einer weltumspannenden Rechts- und Friedensordnung, in der sich die Autonomie der Vernunft politisch realisiert, ein realistisches Handlungsziel ist.[9] Wie Kant fasst auch Lessing die gattungsgeschichtliche Entwicklung normativer Paradigmen als einen fortschreitenden Rationalisierungsprozess auf. Er geht davon aus, dass die zentralen Inhalte der religiösen Offenbarung rational rekonstruiert werden können, die religiöse Einkleidung jedoch in der »Kindheit« der Menschheit unabdingbar gewesen sei, da sich die Vernunft zunächst nicht aus eigener Kraft habe artikulieren können.[10] Lessing betrachtet – wie Kant – die Vernunft in dem Sinne als ahistorisch, dass ihre geschichtliche Entfaltung ein von vornherein festgelegtes Ziel – die »höchste[n] Stufen der Aufklärung und Reinigkeit« – ansteuert.[11]

Herder teilt mit Lessing die Annahme einer zur Abfolge menschlicher Lebensalter analogen gattungsgeschichtlichen Entwicklung des normativen Bewusstseins, verwirft aber zugleich eine »Abgötterei gegen den menschlichen Geist«, die dessen Anbindung an materielle Lebensumstände außer Acht lässt.[12] Die von ihm kon-

---

[7] Immanuel Kant: *Kritik der reinen Vernunft*. Hrsg. von R. Schmidt. Hamburg 1971. A XI Anm.

[8] Kant: *Kritik der Urteilskraft* (1790). In: *Werke*. Hrsg. von W. Weischedel. 6 Bde. Darmstadt 1956–64. Bd. 5, S. 241, 551–559.

[9] Kant: »Über den Gemeinspruch: Das mag in der Theorie richtig sein, taugt aber nicht für die Praxis« (1793). In: *Werke*, Bd. 6, S. 168 ff. Vgl. Axel Honneth: »Die Unhintergehbarkeit des Fortschritts. Kants Bestimmung des Verhältnisses von Moral und Geschichte«. In: ders.: *Pathologien der Vernunft. Geschichte und Gegenwart der Kritischen Theorie*. Frankfurt a. M. 2007. S. 9–27.

[10] Gotthold Ephraim Lessing: *Die Erziehung des Menschengeschlechts* (1780), §§ 4, 16, 77.

[11] A. a. O., §§ 81 f.

[12] Johann Gottfried Herder: *Auch eine Philosophie der Geschichte zur Bildung der Menschheit* (1774). Hrsg. von Hans Dietrich Irmscher. Stuttgart 1990. S. 10, 15.

zipierte »Physik der Geschichte« soll die systemische Funktion der weltgeschichtlichen normativen Rationalisierungsschritte in den jeweiligen Gesellschaftsformationen erforschen.[13] Herder konstatiert eine »Dialektik der Aufklärung«:[14] Die Überzeugung, dass die Rationalisierungsprozesse in den zeitgenössischen europäischen Gesellschaften von den Fesseln traditionaler Lebensformen befreien, kann zur Legitimation des Kolonialismus missbraucht werden und auf diese Weise die Einebnung kultureller Diversität durch eine von Europa dominierte Globalzivilisation, die letztlich von ökonomischen Interessen regiert wird, vorantreiben.[15] Herder betrachtet die Entwicklungsgeschichte des normativen Bewusstseins in dem Sinne als unabgeschlossen, dass sie durch den Aufweis einer »Dialektik der Aufklärung« vorangetrieben werden soll.

Habermas knüpft in *Zur Rekonstruktion des Historischen Materialismus* (1976) an Herders und Lessings Parallelisierung der normativen Rationalisierungsfortschritte in der Gattungsgeschichte mit individuellen Reifungsprozessen an: mit der These, dass die ontogenetische wie auch phylogenetische Entwicklung normativer Strukturen »systematisch nachkonstruierbaren Muster[n]« folgt.[16] Habermas entnimmt Lawrence Kohlbergs Untersuchungen zur Ontogenese des moralischen Bewusstseins mit dem Fokus auf den modernen westlichen Gesellschaften einen Leitfaden für die Analyse welthistorischer Rationalisierungsprozesse.[17] Hierbei modifiziert er die marxistische Basis/Überbau-Theorie dahingehend, dass die von ihm postulierte normative »Entwicklungslogik« in denjenigen historischen Situationen, in denen normative Fortschritte zur Lösung »ökonomisch bedingter Systemprobleme« beitragen, eine gesellschaftliche Wirkung entfaltet.[18] Die gattungsgeschichtliche Rationalisierung des normativen Bewusstseins vollzieht sich nach Habermas durch eine zweistufige Transformation des ursprünglich »rituell gesicherten« Solidaritätspotentials archaischer Gemeinschaften: Dessen Bezugsrahmen wird in der »Achsenzeit« (K. Jaspers) zwischen 800 und 300

---

[13] A.a.O., S. 83.

[14] Irmscher: »Nachwort zu Herder«. In: *Auch eine Philosophie der Geschichte zur Bildung der Menschheit*, S. 142.

[15] Herder: *Auch eine Philosophie der Geschichte*, S. 13, 100ff.

[16] Habermas: *Zur Rekonstruktion des Historischen Materialismus*. Frankfurt a.M. 1976. S. 12f.

[17] A.a.O., S. 63–91.

[18] A.a.O., S. 12.

v. u. Z. von den Hochreligionen, die den Charakter »intellektuell bearbeitbarer Lehren« haben, auf Religionsgemeinschaften ausgeweitet; in der Neuzeit werden die Gerechtigkeits- und Solidaritätsideen der Hochreligionen in den Ethik-Entwürfen und Rechtstheorien der Aufklärung rational reformuliert.[19]

Karl-Otto Apel integriert den Habermas'schen Entwurf einer normativen Entwicklungslogik in seine Diskursethik.[20] Axel Honneth betont, dass auch seine Theorie der Anerkennung auf ein »Konzept des moralischen Fortschritts« angewiesen ist; er räumt aber zugleich ein, dass man sich hiermit schnell »auf äußerst spekulativem Gebiet« bewegt.[21] Der theoretische Status der Konzeption einer normativen Entwicklungslogik in der Gattungsgeschichte wird von Habermas in *Faktizität und Geltung* (1992) selber problematisiert:[22] Führt man die weltgeschichtlichen Rationalisierungsschritte auf eine immanente Logik zurück, liegt es nahe, diese in einer teleologischen Menschheitsvernunft zu verankern – eine solche Annahme setzt sich dem Verdacht des geschichtsphilosophischen Dogmatismus aus. Will man den Überschritt auf spekulatives Terrain vermeiden, indem man darauf insistiert, dass die gattungsgeschichtliche Evolution normativer Strukturen nur in ihrer Verflechtung mit materiellen Lebensbedingungen, d. h. mit empirisch-kontingenten Fakten, erklärt werden kann, bleibt zu fragen, inwiefern man noch von einer Entwicklungs*logik* der Normativität sprechen kann. Dieses methodische Problem hat Habermas in *Faktizität und Geltung* dazu bewogen, das Theorem einer gattungsgeschichtlichen Entwicklungslogik der Normativität auf die Feststellung zu reduzieren, dass aus der Perspektive seiner Diskursethik in der historischen Evolution der gesellschaftlich dominierenden Normenkodices eine Fortschrittstendenz erkennbar ist, wobei er die Frage nach der ›Logik‹ dieses Prozesses offen lässt.[23]

In den gegenwärtigen Postkolonialismus-Debatten ist gegen die

---

[19] A. a. O., S. 241; Habermas: *Theorie des kommunikativen Handelns. 2 Bde.* Frankfurt a. M. 1981. Bd. 2, S. 118 f., 280; Bd. 1, S. 348–351.

[20] Apel: »Die transzendentalpragmatische Begründung der Kommunikationsethik und das Problem der höchsten Stufe einer Entwicklungslogik des moralischen Bewusstseins«. In: ders: *Diskurs und Verantwortung*. Frankfurt a. M. 1988. S. 306–369.

[21] Honneth: *Kampf um Anerkennung. Zur moralischen Grammatik sozialer Konflikte. Mit einem neuen Nachwort*. Frankfurt a. M. 2003. S. 341.

[22] Habermas: *Faktizität und Geltung. Beiträge zur Diskurstheorie des Rechts und des demokratischen Rechtsstaats*. Frankfurt a. M. 1992. S. 17.

[23] A. a. O., S. 39–44.

aufklärerische Konzeption einer normativen Entwicklungslogik der Einwand des Eurozentrismus vorgebracht worden. Thomas McCarthy untersucht in *Race, Empire and the Idea of Human Development* (2009) paradigmatische Entwürfe einer moralischen Fortschrittsgeschichte der Menschheit – von der Geschichtsphilosophie Kants bis zur Gegenwart – in einer ideologiekritischen Perspektive. Die aufklärerische Idee einer fortschreitenden Realisierung der Vernunft in der Geschichte ging mit dem Überlegenheitsanspruch der westlichen Zivilisation Hand in Hand und wurde für die Legitimation nicht nur des Kolonialismus, sondern auch des globalisierten Kapitalismus benutzt. McCarthy hält aber gerade aufgrund seines ideologiekritischen Anliegens am Konzept einer normativen Entwicklungslogik grundsätzlich fest – da eine normative Kritik an Herrschafts- und Ausbeutungsstrukturen auf die universalistischen Moralprinzipien der Aufklärung zurückgreifen müsse.[24]

Die Beiträge zu diesem Sammelband verfolgen das Ziel, die Tragfähigkeit der Konzeption einer normativen Entwicklungslogik auszuloten. Gertrud Nunner-Winkler und Matthias Kettner formulieren auf dem Hintergrund neuerer Forschungen kritische Vorbehalte gegen Kohlbergs Kernthese, dass in der Ontogenese des moralischen Bewusstseins kulturinvariante Grundstrukturen erkennbar sind. Während Micha Brumlik, Hauke Brunkhorst und Georg Lohmann – bei aller Reserve gegenüber geschichtsphilosophischen Globaldeutungen – normative Fortschrittstendenzen in der Religions- und Rechtsgeschichte herausarbeiten, zeigt Klaus Erich Kaehler am Beispiel Adornos, dass eine kritisch-emanzipatorische Gesellschaftstheorie mit welthistorischer Perspektive nicht auf die Idee des moralischen Fortschritts angewiesen ist. Friederike Kuster lotet den Bedeutungsgehalt und die Grenzen von Honneths Verständnis der normativen Fortschrittsgeschichte aus. Der ursprünglich für diesen Band vorgesehene Beitrag von Smail Rapic über »Normativität und Geschichte in der Auseinandersetzung zwischen Apel und Habermas« ist aufgrund der Komplexität des Themas so umfangreich geworden, dass er separat als Monographie erscheinen wird.

Die Artikel in diesem Sammelband und Rapics Monographie verstehen sich als Beiträge zu einer Diskussion mit offenem Ausgang, als »Zwischenbetrachtungen im Prozess der Aufklärung«.

[24] McCarthy: *Race, Empire, and the Idea of Moral Development*. Cambridge 2009. S. 15 ff.

Übersicht über die Beiträge

Gertrud Nunner-Winkler untersucht die »Reichweite des ontogenetischen Konzepts der Entwicklungslogik« im Ausgang von Jean Piaget. Er beschrieb mit dem Konzept der Entwicklungslogik die kognitive Entwicklung des Kindes als universelle Abfolge zunehmend komplexerer Denkstrukturen, die von seiner eigenständigen Auseinandersetzung mit der physischen und sozialen Umwelt vorangetrieben wird. Im Verlauf der Entwicklung steigt die Realitätsgerechtigkeit des Weltverständnisses – die auf höheren Stufen erarbeiteten Problemlösungen sind ›besser‹. Kohlberg hat dieses Modell auf die Moralentwicklung übertragen. Demnach liefert die ontogenetische Entwicklung quasi objektiv ausweisbare Bewertungskriterien nicht nur für die Wahrheit deskriptiver, sondern auch für die Richtigkeit normativer Aussagen. Neuere Forschungen haben allerdings die Tragfähigkeit des Konzepts schon für die härtere Dimension der kognitiven Entwicklung, erst recht aber für die Moralentwicklung deutlich eingeschränkt. Sie belegen frühe, teils auch angeborene Kompetenzen, bereichsspezifische Wissenssysteme und die überragende Bedeutung von Inhaltslernen. Zwar vollzieht sich Höherentwicklung in formaler Hinsicht: Das Denken wird zunehmend differenzierter, die Fähigkeit zur Rollenübernahme erweitert sich. Weltverständnis und Moral basieren jedoch essentiell auf inhaltlichen Deutungen und Wissensbeständen. Diese liest das Kind an den je herrschenden Weltbildannahmen und Glaubenssystemen und an seinen kulturspezifisch variierenden Sozialisationserfahrungen ab. Somit hat das Faktum ontogenetischer Entwicklung keine validierende Kraft für wissenschaftliche Theorien oder Moralvorstellungen.

Matthias Kettner (»Ohne Entwicklungslogik. Diskursethik und moralische Normativität diesseits von Kohlberg«) rekapituliert zunächst Kohlbergs starkes Forschungsprogramm einer entwicklungslogischen Stufentheorie moralisch-normativer Urteilskompetenz und die hohen Erwartungen, die sich in den 1970er und -80er Jahren damit verbanden. Er erläutert sodann eine Reihe von schwerwiegenden Mängeln, die den Ertrag für die philosophische Ethik erheblich schmälern: Kohlbergs Anspruch, ein universal anzutreffendes ontogenetisches Entwicklungsmuster aufgefunden zu haben, wird durch die Abhängigkeit der Subjektivierung von kulturell unterschiedlich ausgeprägten Institutionen eingeschränkt. Unhaltbar ist Kohlbergs Hypothese von der Invarianz der Stufensequenz gegenüber kultureller Variation, ebenso unhaltbar die Hypothese von der durchgängigen Prägekraft jeweiliger Strukturniveaus. Eine ethisch interessante Alternative zur Hypothese von der durchgängigen Prägekraft jeweiliger Strukturniveaus bietet Carol Gilligans Anatz einer *Ethics of Care*, deren Gewinn für die philosophische Ethik Kettner in diesem Zusammenhang in aller Kürze würdigt. Gedanklich konfus ist Kohlbergs Hypothese von der logischen Notwendigkeit von entwicklungslogischem moralischem Fortschritt, gedanklich unklar Kohlbergs nivellierende Reduktion postkonventioneller moralischer Diversität auf das eine Prinzip der Gleichachtung von Personen. Psychologisch unrealistisch ist Kohlbergs Abstraktion von moralischen Gefühlen im Rahmen seiner Entwicklungstheorie, irreführend die Vereinfachung von moralischen Herausforderungen, die der Dilemma-Methode geschuldet ist, mit der den Probanden moralische Herausforderungen im Kohlberg-Paradigma präsentiert werden. Zum Schluss kritisiert Kettner den nach seiner Überzeugung schlimmsten gemeinsamen moralphilosophischen Fehler des Entwicklungslogik-Gedankens, nämlich den von Kohlberg, Habermas und Apel geteilten Kurzschluss, die unterschiedliche Problemlösekapazität moralischer Denkweisen sei dort am höchsten und die betreffenden Denkweise sei folglich die moralisch superiore, wo die höchste diskursive Rechtfertigbarkeit der Prinzipien dieser Denkweise gegeben ist. Kettner hält es für plausibler, die Problemlösekapazität moralischer Denkweisen unmittelbar am kulturellen Sinn bzw. komplexen Funktionssinn von Moral zu bemessen und nur mittelbar an ihrer Begründbarkeit. Dass die Begründbarkeit einer Moralauffassung mit deren Problemlösekapazität korreliert, ist nur unter bestimmten kulturellen Bedingungen und besonderen Praxiskontexten möglich, aber keineswegs allgemein der Fall. Kettners Fazit lautet, dass das Problem, wie die Vielfalt moralischer Denkweisen zwar wertend, aber nicht dogmatisch geordnet werden kann, als die eigentliche Herausforderung anzusehen ist, auf die das Kohlberg-Paradigma die Antwort erbringen sollte, aber nicht erbringt.

Micha Brumlik untersucht den Beitrag der Religionsgeschichte bis zur »Achsenzeit« im 1. Jahrtausend v. u. Z. zu einer gattungsgeschichtlichen Entwicklungslogik der Normativität (»Zur Aufhebung und Evolution des Mythos in der Religion – mit Blick auf Cassirer und Bellah«). Im Fokus steht die Zwischenstellung des Mythos zwischen den vorangehenden Kultur- und Religionsformen, die Brumlik im Anschluss an Robert Bellah als »episodisch« und »mimetisch« bezeichnet, und den nachfolgenden, »theoretisch« elaborierten Hochreligionen. Die anfängliche Kulturstufe, auf der ein rudimentärer Wissensvorrat durch die Tradierung von Lernepisoden aufgebaut wird, führt über das Lernniveau nichtmenschlicher Primatengattungen nicht wesentlich hinaus. Die mimetische Religiosität setzt demgegenüber eine Verständigungsform voraus, in die das Wissen eingeht, dass die kommunizierenden Individuen ihre Umwelt bewusst wahrnehmen und zielorientiert in ihr handeln. Diese Religionsstufe findet ihren Ausdruck in Ritualen, in denen sich eine soziale Gruppe ihrer Kooperationsmuster und gemeinsamen normativen Erwartungen symbolisch vergewissert. Der Mythos überschreitet diese archaischen Stufen mit seiner metaphorisch organisierten Weltdeutung, wobei er noch nicht zwischen der irdischen und einer göttlichen Sphäre unterscheidet. Erst die Hochreligionen verankern die Welt im Ganzen in einer mit Erlösungshoffnungen verknüpften transzendenten Realität: einem Schöpfergott oder einem geistigen Weltprinzip wie in den philosophischen Lehren des Hinduismus. Die Hochreligionen werfen die Frage nach der gerechten Verteilung von Gütern und Übeln auf dem Hintergrund der Ausbildung gesellschaftlicher Klassenstrukturen in den staatlich organisierten frühen Hochkulturen auf. Am Beispiel der jüdischen Religiosität zeigt Brumlik, dass der Widerstand der Propheten gegen vorgegebene soziale Normierungen einer universalistischen Moral den Weg geebnet hat. Zugleich geht die Bildlichkeit des Mythos in die prophetische Religiosität ein, die in Form von Geschichten tradiert wird. Dieser Aspekt entzieht sich der Säkularisierung des theoretischen Gehalts der Hochreligionen.

Hauke Brunkhorst weist in seinem Beitrag zur »Evolution des Rechts« auf Strukturparallelen zwischen der Genese der staatlichen Rechtsordnungen in der »Achsenzeit« und der westlichen Rechtsgeschichte seit dem Hochmittelalter hin. Bei der welthistorischen Genese des Rechts spielte die Religion eine ambivalente Rolle: Ihre Gerechtigkeitsideen und Erlösungshoffnungen gingen in die staatlichen Rechtsnormen ein, ohne jedoch die gesellschaftlichen Klassenstrukturen grundsätzlich anzutasten, so dass die sozialintegrative Funktion der Religion mit der Stabilisierung von Herrschaftsverhältnissen einherging. Ein ähnliches Doppelgesicht trägt die »Päpstliche Revolution« im 11. Jahrhundert. Die Systematisierung des Kanonischen Rechts unter dem Motto »Libertas ecclesiae« bereitete einerseits die aufklärerische Konzeption des staatlichen Rechts als Institutionalisierung der Freiheit im Sinne der Autonomie vor und verhalf der Kirche andererseits zu einer hegemonialen Organisationsstruktur, die von der Staatsmacht kopiert werden konnte. Der neuzeitliche Säkularisierungsprozess hat die Verschränkung der emanzipatorischen mit der repressiven Seite des Rechts nicht aufgebrochen. Den Demokratisierungsgewinnen des bürgerlichen Rechtsstaats steht seine Funktion als Garant der kapitalistischen Ökonomie, die Ungleichheit produziert bzw. befestigt, gegenüber. Trotz aller Ambivalenzen lässt sich die Evolution des neuzeitlichen Rechts als Rationalisierungsprozess begreifen, der die Emanzipationsbestrebungen der sozial Deklassierten förderte. Ob die Demokratisierungsgewinne des bürgerlichen Rechtsstaats vom globalisierten Neoliberalismus aufgezehrt werden, ist noch nicht entschieden.

Georg Lohmanns Beitrag ist der Frage gewidmet: »Impliziert die Entwicklung der Menschenrechte einen normativen Fortschritt?« Kant war der Meinung, dass ein möglicher Fortschritt der Menschheit zum Besseren nur durch Anzeichen der Rechts- und Verfassungsentwicklung der letzten Jahrhunderte belegt werden könnte. In dieser Perspektive kann man auch die erstaunliche Entwicklung der Menschenrechte sehen. Hierbei muss zuerst geklärt werden, welcher Fortschrittsbegriff zu Grunde gelegt werden soll. Sodann ist zu fragen, ob die historische Entwicklung zu den Menschenrechten als solchen und ob auch die immanenten Entwicklungen der unterschiedlichen Menschenrechtskonzeptionen als Fortschritt gedeutet werden können. Schließlich sind die Entwicklungen in der gegenwärtigen internationalen Konzeption zu deuten, die offenbar als Fort- und Rückschritte in unterschiedlichen Hinsichten zu bewerten sind, so dass abschließend die geschichtsphilosophische Frage nach der Bedeutung einer Fortschrittsannahme insgesamt für die Menschenrechtsentwicklung gestellt werden kann.

Klaus Erich Kaehler erörtert die extreme Position, die Adorno zu der Frage nach einer Entwicklungslogik des Normativen einnimmt – die Frage stellt sich für ihn gar nicht, da das Normative selbst schon das Fragliche ist, das nur ex negativo aus der Entwicklung der Gattung Mensch, d. h. der ›Geschichte‹, erschlossen werden kann. Kaehlers Beitrag geht deshalb von Adornos Konzeption und Kritik der Geschichtsphilosophie aus. Zwar konstatiert Adorno – mit Hegel – die »Vormacht« des Objektiven, des Allgemeinen, der Totale gegenüber den einzelnen Subjekten mit ihren partikularen Eigenschaften und Interessen, doch er interpretiert diese Macht nicht wie Hegel als versöhnenden und affirmativ aufhebenden *Geist*, der sich in der Menschheitsgeschichte zunehmend objektiviert. Vielmehr zielt die kritische Idee einer Universalgeschichte darauf, die Diskontinuitäten, das Misslingen eines normativen Fortschritts in der Geschichte ersichtlich zu machen, sie also gerade als affirmatives, sinngebendes Ganzes dialektisch, in bestimmter Negation, zu »leugnen«. Der die gesamte Geschichte negativ beherrschende »Antagonismus« zwischen dem (identifizierenden) Allgemeinen und dem (nichtidentischen) Besonderen, der sich in den Individuen als unterdrückende und nivellierende Vormacht des Allgemeinen realisiert, entspringt der Notwendigkeit der Naturbeherrschung für das Überleben aller Einzelnen und ihrer Gattung. Doch den Bann der bewusstlosen Natur zu brechen, ist zwar Bedingung der Freiheit und deshalb Ziel der Entwicklung des Geistes, aber dessen universale Identitätssetzung, die mit jener Vormacht vollzogen wird, übt denselben Bann aus, indem sie ihn – wie Hegels Lehre vom Weltgeist – verleugnet, als an sich immer schon aufgehoben behauptet. Waltet also in der Geschichte kein versöhnender Weltgeist, so doch andererseits auch nicht nur eine blinde Naturgesetzlichkeit, sondern Natur als Geschichte ist zwar real als jeweils herrschendes Gesetz der materiellen Reproduktion des Lebens, aber ihre Auffassung wird zur Ideologie, gesellschaftlich notwendigem Schein, sofern ihr ein Ansichsein zugeschrieben wird. Kritisch wird Naturgeschichte, soweit sie zur Einsicht führt, dass und wie die jeweils herrschenden Gesetzmäßigkeiten »abschaffbar« sind. Dies aber ist nur denkbar unter einem »veränderten Begriff des Allgemeinen« (entsprechend Adornos »Utopie des Besonderen«), einer »vollen Vernunft«, der die Einrichtung der Gesellschaft nur gemäß sein kann, wenn in ihr die antagonistischen Interessen versöhnt und das Bewusstsein solcher versöhnten Nichtidentität erreicht wäre. So ist Adornos kritischer Begriff der Naturgeschichte im Grunde auch Ausdruck seiner Auffassung von der kritischen Aufgabe der Philosophie.

Friederike Kuster setzt sich aus feministischer Perspektive kritisch mit Honneths Theorie der Anerkennung auseinander (»Altlasten in den Anerkennungssphären. Eine feministische Einrede zu Axel Honneth«). Honneth selbst hat im Vorwort zu *Kampf um Anerkennung* festgestellt, dass »feministische Arbeiten zur politischen Philosophie« sich mit den »Absichten einer Theorie der Anerkennung kreuzen«. In der Tat bestehen Inklinationen zwischen feministischen Positionen und einer Sozialtheorie, die im Konzept der Anerkennung der Abhängigkeit vom Anderen als gleichermaßen unverfügbarer wie unhintergehbarer Bedingung des menschlichen Seins Rechnung trägt. Eine Nähe zu feministischen Ansätzen liegt auch darin begründet, dass im Konzept der drei von Honneth aus Hegels Philosophie des Geistes extrahierten Anerkennungssphären von Liebe, Recht und Solidarität der Umkreis des Intimen, der Privatheit und Liebe in seinem wesentlichen Stellenwert mit bedacht ist, der im Mainstream der politischen Philosophie und der Gesellschaftstheorie zumeist ein Schattendasein fristet. Kuster vertritt die These, dass allerdings Honneth trotz theoretischer Aufgeschlossenheit für »die Frauenfrage« der bürgerlich-patriarchalen Abkunft der Anerkennungssphären nicht ausreichend Rechnung trägt. Gerade die Einlösung der Forderungen der Frauenbewegung als eines zeitgeschichtlich exemplarischen Kampfs um Anerkennung macht deutlich, dass das »verspätete Ankommen« der Frauen auf allen Ebenen sozialer Interaktion gleichzeitig das Gefüge der drei Dimensionen von Anerkennung maßgeblich verschiebt. Dreh- und Angelpunkt bildet hier die sukzessive Auflösung der geschlechtlichen Arbeitsteilung, womit die Sphären von Liebe und gesellschaftlicher Wertschätzung durchkreuzt werden und sich neu konfigurieren. Care, die ehemals im Konzept der Liebe versteckte Dimension fürsorglicher Praxis, erweist sich gleichermaßen als ein aktuell gesellschaftlich unbewältigtes Problem wie auch als theoretisch inkommensurabel mit dem Grundriss der Anerkennungssphären.

Den Anstoß zu diesem Sammelband gab eine Tagung an der Universität Wuppertal im Mai 2015. Ich danke meinen Mitarbeitern Dennis Klusendick, Nikolai Plößer und Andreas Thomas für die sorgfältige redaktionelle Durchsicht der Beiträge und die Erstellung der Register.

Wuppertal, im Dezember 2017 *Smail Rapic*

Gertrud Nunner-Winkler

Zur Reichweite des ontogenetischen Konzepts der Entwicklungslogik[1]

Das Konzept der Entwicklungslogik beschreibt die Entfaltung von Denkstrukturen als *universelle, irreversible Abfolge qualitativ unterschiedener Stadien*. Damit sind unterschiedliche Entwicklungspfade, Regressionen und Überspringen ausgeschlossen. Jedes dieser Stadien ist eine *strukturierte Ganzheit*, d. h. Personen prozessieren alle denkbaren Inhalte über alle möglichen Bereiche hinweg mit den gleichen, je stadienspezifischen kognitiven Strukturen. Die Stadien bauen *hierarchisch* aufeinander auf – sie stehen in einem logischen Voraussetzungsverhältnis. In den Strukturen höherer Stufen sind die der vorauslaufenden ›aufgehoben‹, d. h. in reorganisierter und ausdifferenzierter Form aufbewahrt. Die Entwicklung wird durch die aktive Auseinandersetzung des Kindes mit seiner Umwelt vorangetrieben. Die zunächst erarbeiteten Handlungsschemata werden internalisiert, später systematisiert, generalisiert und reflektiert. *Entwicklungsmechanismus* ist das intrinsische Streben des Kindes, die je aufgebauten Handlungs- und Denkschemata beim Erleben von Widerständigkeit der physischen Welt oder von Widersprüchen sozialer Interaktionsteilnehmer, die die Welt aus je verschiedenen Perspektiven wahrnehmen, zu überarbeiten, Unstimmigkeiten auszubalancieren und so auf erhöhtem Niveau ein neues Gleichgewicht zu erreichen. Die Schemata sind universell, da Kinder kulturübergreifend mit der gleichen physischen Umwelt konfrontiert sind und die Erfahrung der Standortgebundenheit von Wahrnehmungen machen. In der Gesamtsequenz setzen sich *Entwicklungstrends* durch – zunehmende Abstraktion, Generalisierung, Stimulusunabhängigkeit. Da-

[1] Einige der im Folgenden ausgeführten Überlegungen werden – knapper – auch diskutiert in Wolfgang v. d. Daele und Gertrud Nunner-Winkler: *Der Aufbau moralischer Kompetenz: Ist die Logik der Ontogenese ein Schlüssel zur rationalen Konstruktion des historischen Wandels von Moral?* In: Thomas Gutmann/Sebastian Laukötter/Arnd Pollmann/Ludwig Siep (Hrsg.): *Genesis und Geltung*. Tübingen 2018, 121–151.

mit steigt die Realitätsgerechtigkeit des Weltverständnisses – die auf höheren Stufen erarbeiteten Problemlösungen sind ›besser‹.

Die Übertragung auf die moralische Entwicklung macht das Konzept aus mehreren Gründen für die moralphilosophische Debatte interessant: Es handelt sich um eine natürliche, eigenständig *vom Kind vorangetriebene* Entwicklung. Die Sequenz ist *universell*. Höhere Stufen sind *besser*. Die ontogenetische Entwicklung liefert somit quasi objektiv ausweisbare Bewertungskriterien nicht nur für die *Wahrheit* deskriptiver, sondern auch für die *Richtigkeit* normativer Aussagen.

Neuere Forschungen und theoretische Interpretationen – so meine im Folgenden zu belegende These – haben allerdings die Tragfähigkeit des ontogenetischen Konzepts der Entwicklungslogik ausgehöhlt. Dies gilt schon für die härtere Dimension der kognitiven Entwicklung, erst recht aber für die Moralentwicklung. Im Folgenden stelle ich für beide Dimensionen zunächst den ursprünglichen Ansatz sowie neuere Befunde dar und frage dann nach deren Implikationen für das Konzept der Entwicklungslogik.

1. Kognitive Entwicklung

1.1 Piagets Beschreibung

Piaget[2] beschreibt die kognitive Entwicklung des Kindes als Abfolge von Stadien: Im ersten, dem *sensu-motorischen Stadium* (0–2 Jahre) erarbeitet das Kind Grundkategorien des Weltverständnisses. So erwirbt es u.a. handlungsbezogene Vorstellungen von Kausalität (es kann einen bestimmten Effekt durch eigenes Tun erzeugen), Reversibilität (es erreicht den Ausgangspunkt seiner Raumexploration, wenn es den gleichen Weg rückwärts krabbelt) und Objektpermanenz, also der wahrnehmungsunabhängigen Existenz von Objekten.

Im folgenden *präoperationalen Stadium* (2–7 Jahre) entwickelt sich das symbolische Denken, das Vorstellungs- und Sprachvermögen. Allerdings finden sich noch Einschränkungen. So neigt das Kind zu animistischen, artifizialistischen und finalistischen Natur-

[2] Jean Piaget: *Das Erwachen der Intelligenz beim Kinde.* Stuttgart 1936; Bärbel Inhelder/Jean Piaget: *The Growth of Logical Thinking from Childhood to Adolescence.* London 1958.

erklärungen – Piaget spricht von präkausalem Denken. Es ist in kindlichem Egozentrismus befangen, begreift Klasseninklusionen noch nicht und ist unfähig, mehrere Dimensionen gleichzeitig in Rechnung zu stellen. Zeigt man ihm etwa zwei gleiche Gläser mit der gleichen Menge einer farbigen Flüssigkeit und schüttet dann vor seinen Augen eines um in ein drittes Glas, das höher und schmaler ist, und fragt, welches Glas mehr enthalte, so urteilt es nach dem Augenschein. Es sagt entweder, die Menge im neuen Glas sei mehr (›das ist höher‹) oder weniger (›das ist dünner‹). Auf *konkret-operationalem Niveau* (7–12) bauen die Kinder mentale Operationssysteme auf, die die skizzierten Schwierigkeiten zu bewältigen erlauben. Nun können sie zwei Dimensionen simultan bedenken und kompensatorische Beziehungen erkennen (›das ist höher, aber dünner‹), die mentale Operation der Reversibilität durchführen (›wenn man es zurückschüttet, sieht es wieder wie vorher aus‹) und die logische Komplementarität von Addition und Subtraktion begreifen (›es ist nichts hinzu gekommen und nichts weggekommen‹). Damit haben sie ein generalisiertes Verständnis von Konstanz erworben. Sie argumentieren nun mit logischen Notwendigkeiten, die in Denkoperationen gründen und aus bloß sinnlicher Beobachtung nicht abzuleiten sind. Diese werden auf *formal-operationalem Niveau* (ab 12) nochmals erweitert, vertieft, generalisiert, systematisiert. Das Denken wird reflexiv. Der Heranwachsende kann nun mit Operationen operieren, also nicht nur über konkrete Dinge, sondern auch über Gedanken nachdenken, Schlussfolgerungen aus vorhandenen Daten ziehen und planvoll nach fehlenden Informationen suchen.[3]

Er kann nun wissenschaftlich denken, also gezielt Variablen isolieren und Hypothesen testen. Auch begreift er das Zufallskonzept und beginnt das je Vorfindliche als quasi rein kontingent realisierten Ausschnitt aus einem unbegrenzten Möglichkeitsraum zu deuten.

---

[3] Gilt es etwa, durch das Mischen mehrerer klarer Flüssigkeiten eine bestimmte Farbe zu erzeugen, so verfährt das konkret-operationale Kind nach Versuch und Irrtum. Es erprobt verschiedene Zweierkombinationen und gibt sich mit dem ersten Erfolg zufrieden. Auf formal-operationalem Niveau hingegen überprüft der Heranwachsende systematisch alle Kombinationsmöglichkeiten und erzeugt so die vollständige Lösungsmenge.

1.2 Neuere Forschungen und Kritik

Es gibt eine Fülle, einander teils auch widersprechender, neuerer Ansätze. Diese führen – vereinfacht gesagt – die Entwicklung des Denkens nicht auf eigenständige logische Konstruktionsleistungen des Kindes zurück, sondern erklären sie durch biologische Faktoren und inhaltlichen Wissenserwerb, und bestreiten, dass die von Piaget dokumentierten kindlichen Fehlleistungen logische Denkdefizite indizieren. An einigen Beispielen sei dies im Folgenden illustriert.

Beispielsweise beruht die Unfähigkeit jüngerer Kinder, transitive Schlussfolgerungen zu ziehen, nicht auf Denk-, sondern auf Gedächtnisdefiziten. Zwar können sie in der Tat Fragen der folgenden Art nicht richtig beantworten: ›Hans ist größer als Peter. Peter ist größer als Fritz. Wer ist größer – Hans oder Fritz?‹. Selbst Vorschulkinder machten jedoch keine Fehler, wenn sie die Prämissen solange eingeübt hatten, bis sie sie auswendig konnten.[4] Allgemein gilt: Aufgrund der biologischen *Reifung* steigt die Geschwindigkeit, mit der Basisprozesse ausgeführt werden, und bis ins Jugendalter nimmt die Speicherkapazität im Kurzzeit- oder Arbeitsgedächtnis zu. Auch schleifen sich mit häufigen Erfahrungen *Automatisierungsprozesse* ein und Kinder erarbeiten und nutzen gezielt unterschiedliche *Gedächtnisstrategien*.[5] Zudem erlaubt der Aufbau von *exekutiven Fähigkeiten*, Handlungen zu planen und zu überwachen sowie störende Impulse zu inhibieren.[6] So können auch komplexe Aufgaben und umfangreiche Informationen erfolgreich bewältigt werden.

Doch nicht nur biologische Determinanten und die Entfaltung metakognitiver Fähigkeiten treiben die kognitive Entwicklung voran. Vor allem das *Inhaltswissen* hat großen Einfluss. Das hatte schon Piaget bemerkt. So berichtet er, dass jüngere Kinder auf die Frage, ob es mehr Spatzen oder mehr Vögel gäbe, antworten: »mehr Spatzen – im Garten sind so viele«. Bei Blumen hingegen verstehen sie Mengenverschachtelungen deutlich früher. Piaget spricht hier von horizontaler Décalage und erklärt sie durch die größere Erfahrung, die Kinder mit dem Pflücken von Blumen haben. Ein weiteres Beispiel:

---

[4] Peter Bryant/Tom Trabasso: »Transitive Inferences and Memory in Young Children«. In: *Nature* 232 (1971), S. 456–458.

[5] Robert S. Siegler: »Cognitive Variability: A Key to Understanding Cognitive Development«. In: *Current Directions in Psychological Science* 3 (1994), S. 3–5.

[6] Usha Goswami: *Cognitive Development. The Learning Brain*. Hove 2008.

12-Jährige, die das formal-operationale Konzept der Überproportionalität bei inhaltsfreien Mathematikaufgaben beherrschten, zeigten deutlich schlechtere Leistungen im physikalischen und moralischen Bereich, weil ihnen eigene inhaltliche Überzeugungen (z.B. die Annahme, der Bremsweg sei der Geschwindigkeit proportional) oder persönliche Präferenzen (das Werturteil, Spenden sollten nicht einkommensabhängig sein, sondern von allen in gleicher Höhe erbracht werden) im Wege standen.[7] Solche Ungleichzeitigkeiten zeigen die starke Inhaltsabhängigkeit der den Stadien zugeordneten logischen Denkstrukturen.

Neuere Ansätze radikalisieren diese Einsicht: Kindliche Fehlleistungen werden durch Wissensdefizite und die kognitive Entwicklung durch Wissenserwerb und Wissensstrukturierung erklärt.[8] Beispielsweise indizierten animistische Erklärungen nicht – wie Piaget annahm – mangelndes Kausalverständnis. Selbst junge Kinder verfahren bei Erklärungen einfacher Sachverhalte wie Erwachsene – sie rekurrieren auf das Prinzip zeitlicher Priorität und suchen nach kausalen Mechanismen.[9] Da es ihnen jedoch an biologischem Wissen mangelt, greifen sie stattdessen auf intuitive psychologische Kausalschemata zurück. Auch zeigen bereits Grundschulkinder ein erstes Verständnis der Grundprinzipien wissenschaftlichen Denkens, wenn diese mit einer einfachen Aufgabe aus einem vertrauten Inhaltsbereich erhoben werden.[10] So etwa können sie zwischen einem schlüssigen und einem nicht schlüssigen Test zur Hypothesenprüfung unterscheiden, wenn man ihnen Alternativen zur Wahl stellt (z.B. Testen des Geruchssinnes eines Tieres durch Vergraben von schwach oder stark riechendem Futter).[11] Diese Ansätze beschreiben kognitiven Fortschritt nicht als Entwicklung bereichsübergreifender logischer Denkstrukturen, sondern als *domänenspezifischen Wis-*

---

[7] Merry Bullock u.a.: »Using a Complex Rule in Different Domains: When Familiar Schemes Dont't Help«. In: Daniel Fasko (Hrsg.): *Critical Thinking and Reasoning. Current Research, Theory, and Practice*. New York 2003, S. 121–142.

[8] Susan Carey: *The Origin of Concepts*. New York 2009.

[9] Bullock u.a.: »The Development of Causal Reasoning«. In: William J. Friedman (Hrsg.): *The Developmental Psychology of Time*. New York 1982, S. 209–254.

[10] Bullock/Albert Ziegler: »Scientific Reasoning: Developmental and Individual Differences«. In: Franz E. Weinert/Wolfgang Schneider (Hrsg.): *Individual Development from 3 to 12. Findings from the Munich Longitudinal Study*. Cambridge 1999, S. 38–54.

[11] Beate Sodian u.a.: »Young Children's Differentiation of Hypothetical Beliefs from Evidence«. In: *Child Development* 62 (1991), S. 753–766.

sensaufbau. Einige Forscher sprechen von der Anreicherung und Strukturierung des angeborenen domänenspezifischen – physikalischen, biologischen, psychologischen – Kernwissens. Dabei wird das Denken zunehmend leistungsfähiger, weil Personen mit wachsender Expertise ihre erworbenen Wissensbestände immer komplexer und differenzierter hierarchisch organisieren. So etwa rekurrieren Physikstudenten, wenn sie mehrere physikalische Phänomene möglichst einfach erklären sollen, am Anfang des Studiums auf 4–5 Prinzipien, gegen Ende des Studiums auf 2–3, während Physikprofessoren alle Phänomene über mehrere Ebenen einer vernetzten Baumstruktur auf ein einziges fundamentales Grundprinzip zurückführen.[12] Andere Forscher sehen kognitive Entwicklung als Wechsel von Erklärungsmodellen.[13] Dies lässt sich mit dem *Paradigmenwechsel* in der Wissenschaftsgeschichte vergleichen: Auch wenn die Erklärungen der Antike für die Bewegung der Himmelskörper aus unserer Sicht falsch waren, so waren es doch Erklärungen. Im Laufe der Wissenschaftsgeschichte hat sich der Inhalt der Erklärungen und der verwendeten Konzepte verändert – nicht jedoch deren logische Struktur.[14]

1.3 Implikationen für das Konzept der Entwicklungslogik

Nach Piaget verläuft die kognitive Entwicklung des Kindes als entwicklungslogische Abfolge ganzheitlich strukturierter Stadien, die durch qualitativ verschiedene Denkstrukturen charakterisiert sind. Die neueren Forschungen stellen zentrale Bestimmungsmerkmale in Frage.

Qualitative Verschiedenheit: Scheinbar stadienspezifische qualitative Veränderungen kognitiver Leistungen werden auf zugrundeliegende domänenübergreifende kontinuierliche Veränderungen formaler Verarbeitungsfähigkeiten zurückgeführt – auf die Steigerung

[12] Michelene T. H. Chi: »Knowledge Structure and Memory Development«. In: Siegler (Hrsg.): *Children's Thinking: What Develops?* Hillsdale 1978, S. 73–96.

[13] Carey: »Knowledge Acquisition: Enrichment or Conceptual Change?«. In: dies. und Rochel Gelman (Hrsg.): *The Epigenesis of Mind: Essays on Biology and Cognition.* Hillsdale 1991, S. 257–292.

[14] Vgl. Schneider und David F. Bjorklund: »Memory«. In: Deanna Kuhn/Robert Siegler (Hrsg.): *Handbook of child psychology: Vol. 2. Cognition, perception, and language.* New York 1998, S. 467–521.

der Verarbeitungsgeschwindigkeit und auf Verbesserungen bei der Strategienutzung und Wissensorganisation.

Ganzheitliche Strukturiertheit: Themen- und bereichsspezifische Asynchronizitäten im Entwicklungsverlauf stellen das Konzept einheitlicher Stadienstrukturen in Frage.

Eigenständige Konstruktionsleistungen: Logische Denkstrukturen – etwa das Verständnis kausaler oder epistemischer Grundprinzipien – gelten als angeboren oder jedenfalls früh verfügbar.

Entwicklungsmechanismus: Kognitiver Fortschritt verdankt sich nicht dem Aufbau universeller domänenübergreifender Denkstrukturen, sondern biologischer Reifung und dem Erwerb und der hierarchischen Strukturierung bereichsspezifischer Wissenssysteme. Damit ist der Universalismus deutlich abgeschwächt. Angeborene domänenspezifische Module und spezialisierte Verarbeitungsmodi (z. B. der ›Sprachinstinkt‹[15]) sind universell. Wissenssysteme werden jedoch in der Auseinandersetzung mit je kulturell vorherrschenden Wissensbeständen und Deutungsmustern aufgebaut. Zwar werden diese eigenständig rekonstruierend angeeignet, die Inhalte sind jedoch stark kulturell geprägt.[16]

Universelle formal-logische Schemata: Trotz der überwältigenden Bedeutung von Prozessen des Inhaltslernens gibt es jedoch auch in den formalen Denkfähigkeiten Entwicklung. Zwar mögen bereits jüngere Kinder in vertrauten Kontexten Verfahren der Hypothesenprüfung korrekt bewerten. Aber erst allmählich lernen sie, sich zunehmend besser von unmittelbaren Stimuli zu distanzieren und die Abhängigkeit des Denkens von den eigenen Überzeugungen zu erkennen, also die Denknotwendigkeit von logischen Schlussfolgerungen inhaltsunabhängig zu erfassen. Selbst viele Erwachsene konfundieren allerdings noch ihre eigenen kausalen Annahmen mit den empirischen Befunden.[17] Im weiteren Verlauf ihrer Entwicklung können Heranwachsende dann auch komplexe Zusammenhänge zwischen einer Vielzahl potentiell relevanter Variablen zunehmend dif-

---

[15] Steven Pinker: *Der Sprachinstinkt.* München 1998.

[16] Am Spracherwerb lässt sich dies gut erläutern: Universell verfügen Kinder über die Fähigkeit, jede beliebige Sprache zu erwerben. Welche sie jedoch faktisch lernen, hängt von der Kultur ab, in die sie hineingeboren werden. Dann eignen sie sich die vorfindliche Sprache allerdings eigenständig differentiell erfolgreich an – nicht jeder wird Goethe.

[17] Kuhn u. a.: »The Development of Epistemic Understanding«. In: *Cognitive Development* 15 (2000), S. 309–328.

ferenzierter analysieren. Mit der Erarbeitung solch universeller bereichsübergreifender struktureller Merkmale steigert sich die Beweglichkeit und Leistungsfähigkeit des Denkens.

Höherentwicklung: Der Nachweis des Einflusses von Inhaltswissen auf die Anwendung formal-logischer Argumentationsstrukturen zeigt die intime Verwobenheit von Form und Inhalt im Denken. In der Folge ist auch die Frage nach Lernfortschritten differenziert zu beantworten: Zweifellos sind höher entwickelte formale Denkfähigkeiten ›besser‹ und genießen universelle Gültigkeit. Die inhaltlichen Aspekte des sich entwickelnden Weltverständnisses sind jedoch von herrschenden Deutungen und Weltbildannahmen entscheidend beeinflusst. Ob nun die je kulturspezifisch ›höher‹ entwickelten inhaltlichen Alltagstheorien ›besser‹ sind, ist im Einzelfall je bereichsspezifisch zu überprüfen. Bewertungskriterien dafür sind deren Erklärungskraft und Vorhersagefähigkeit. Das Faktum ontogenetischer Entwicklung hat dafür keine validierende Kraft.

In den nächsten Abschnitten geht es um das Konzept der Entwicklungslogik in der Moralforschung. Dabei zeigen sich Parallelen zur Kritik an Piaget: Das umfassende Stufenmodell wird durch eine schwer integrierbare Fülle von Einzelbefunden in Frage gestellt. Forschungen belegen frühe Kompetenzen, bereichsspezifische Wissenssysteme und die Bedeutung von Inhaltslernen. Auch die These von angeborenem moralischem Wissen wird vertreten.[18] Für diese spricht allerdings angesichts der Komplexität kultureller Differenzen und plausibler Lernmechanismen wenig und sie bleibt daher im Folgenden außer Acht.

2. Kohlbergs Theorie der Entwicklung des moralischen Bewusstseins

Lawrence Kohlberg hat Piagets Theoriestrategie auf die Moral übertragen.[19] Dabei geht er davon aus, dass das Verständnis der Geltung moralischer Normen und die Motive ihrer Befolgung einander ent-

[18] Jonathan Haidt/Craig Joseph: »Intuitive Ethics: How Innately Prepared Intuitions Generate Culturally Variable Virtues«. In: *Daedalus* 133 (2004), S. 55–66.

[19] Lawrence Kohlberg: *Essays on Moral Development: Vol. 1. The Philosophy of Moral Development. Moral Stages and the Idea of Justice.* San Francisco 1981; ders.: *Essays on Moral Development: Vol. 2. The Psychology of Moral Development. The Nature and Validity of Moral Stages.* San Francisco 1984.

sprechen (kognitiv-affektiver Parallelismus). Methodisch untersucht er die Begründungsmuster, die Kinder und Jugendliche in moralischen Dilemmata, i.e. bei Normwidersprüchen, mobilisieren. Nach den Ergebnissen dieser Untersuchungen folgt die Ontogenese des moralischen Bewusstseins einer Entwicklungslogik über drei Niveaus in sechs Stufen zunehmender Kompetenz:

2.1 Die Stufenfolge des moralischen Bewusstseins

Auf dem *präkonventionellen Niveau* (Stufen 1 und 2) glauben Kinder bis ca. 10–11 Jahre, Normen seien verbindlich, weil sie von Autoritäten gesetzt und mit Sanktionen ausgestattet sind und befolgen sie, um Strafen zu vermeiden oder Vorteile zu erringen. Auf dem *konventionellen Niveau* (Stufen 3 und 4) gelten Normen als richtig, weil sie in der Gemeinschaft oder der Gesellschaft, in die man hineingeboren ist, faktisch gelten und man sie in das eigene Selbstverständnis eingebaut (internalisiert) hat. Man befolgt sie, weil man von seiner sozialen Umwelt akzeptiert werden will, oder auch weil man ein schlechtes Gewissen vermeiden will. Auf *postkonventionellem Niveau* gewinnen die Heranwachsenden reflexive Distanz zu moralischen Normen, in die sie hineinsozialisiert worden sind und die ihnen aus ihrer sozialen Umwelt als pure Selbstverständlichkeit entgegenkommen. Sie machen die Geltung der Normen zum Thema und suchen Gründe, warum sie richtig, also inhaltlich gerechtfertigt sind. Auf Stufe 5 rekurrieren sie auf Vorstellungen von einem Gesellschaftsvertrag, auf Stufe 6 auf normative Prinzipien, von denen sie unterstellen, dass sie von allen Menschen als Gründe akzeptiert werden und auch durch einen Gesellschaftsvertrag nicht verletzt oder zur Disposition gestellt werden dürfen. Inhaltlich geht es um »universelle Prinzipien der Gerechtigkeit, der [...] Gleichheit [...] sowie des Respekts für die Würde menschlicher Wesen als individuelle Personen«.[20] Formal ist Stufe 6 durch die Einnahme ›des moralischen Standpunkts‹ gekennzeichnet. Dieser verbürgt »eine gleichberechtigte Erörterung der Ansprüche oder Standpunkte aller« aufgrund von Verfahren, die »Fairness, Unparteilichkeit oder Reversibilität der Rollenübernahme sichern«.[21] Auf dieser Stufe wird Einsicht zum Be-

[20] Kohlberg: *Essays on Moral Development: Vol. 1* (s. Anm. 19), S. 114f.
[21] A.a.O., S. 634f.

stimmungsgrund von Moral und zur Triebfeder für moralisches Handeln.

Struktureller Kern der Moralentwicklung ist die Steigerung der Rollenübernahmefähigkeiten, die sich in einer der Moralentwicklung korrespondierenden Stufenabfolge entfalten: Für 3–4-Jährige ist die *objektive Rollenübernahme* typisch (›die Welt ist so, wie ich sie sehe‹) (Moralstufe 1). Es folgen die *subjektive* (›ich sehe die Welt so – du siehst sie anders‹) und (ab etwa 8) die *reflexive* Rollenübernahme (›ich weiß, dass du weißt, dass ich die Welt so sehe und du sie anders siehst‹) (Moralstufe 2) und dann (ab etwa 10) die 3.-Person-Perspektive des unparteilichen Beobachters (Moralstufe 3). Mit dem Beginn formal-operationaler Denkfähigkeiten können Heranwachsende dann die *Systemperspektive* (Moralstufe 4) einnehmen, also nicht nur Motive und Intentionen Handelnder, sondern auch Gegebenheiten und Erfordernisse der normativen Ordnung der Gesellschaft in Rechnung stellen, in die sie hineingeboren sind. Schließlich entfaltet sich die postkonventionelle Fähigkeit, die Perspektiven aller Menschen (Moralstufe 5) einzunehmen: Es geht um die ›ideale wechselseitige Rollenübernahme‹ als Verfahren zur Überprüfung der vollständigen Reversibilität einer moralischen Lösung.[22]

2.2 *Moralentwicklung als Entwicklungslogik*

Die von Kohlberg beschriebene Abfolge erfüllt die Kriterien einer Entwicklungslogik:

Qualitative Verschiedenheit: Auf den verschiedenen Stufen berufen Probanden sich auf je unterschiedlichen Gesichtspunkte – auf Vor- und Nachteile für den Aktor (Stufe 1), auf konkreten Interessenausgleich zwischen zwei Beteiligten (Stufe 2), auf die Aufrechterhaltung von interpersonellem Vertrauen (Stufe 3) und der gesellschaftlicher Ordnung (Stufe 4), auf Vertragstreue (Stufe 5) und auf universelle Moralprinzipien (Stufe 6).

Irreversible Abfolge: Alle Probanden durchlaufen die beschriebene Sequenz. Einzige Ausnahme bildet der zunächst als Rückfall auf das präkonventionelle Niveau fehldiagnostizierte Protestinstrumen-

[22] Robert L. Selman: *Zur Entwicklung interpersonalen Verstehens.* Frankfurt a.M. 1984.

talismus in der Adoleszenz.[23] Dieser wurde später als Übergangsstufe reinterpretiert, auf der Heranwachsende sich von den auf konventionellem Niveau vorgegebenen konkreten Normen distanzieren und postkonventionelle Moralprinzipien erarbeiten.

Strukturierte Ganzheit: Die Entwicklung kognitiver Fähigkeiten sensu Piaget ist notwendige, nicht hinreichende Bedingung für die Entfaltung von Rollenübernahmefähigkeiten, die wiederum notwendig, nicht hinreichend für den Erwerb der entsprechenden Moralstufen sind: So sind beginnende bzw. entwickelte formal-operationale Fähigkeiten Voraussetzung für die Übernahme der Unparteilichkeits- bzw. Systemperspektive und diese wiederum Voraussetzung für konventionelles bzw. postkonventionelles moralisches Denken. Auf jeder Stufe der Moralentwicklung bilden dann die je entwickelten kognitiven Schemata und Rollenübernahmefähigkeiten, das Verständnis der Geltung von Normen und der Motive ihrer Befolgung sowie die Bereitschaft, dieses Verständnis in Handeln umzusetzen, eine Einheit.

Höherentwicklung: Kohlberg gründet die Verbindlichkeit moralischer Urteile formal in dem ›moral point of view‹, den er durch die Bestimmungsmerkmale Unparteilichkeit, Universalisierbarkeit und Reversibilität charakterisiert.[24] Höherstufige moralische Urteile sind ›besser‹, weil die je weiter entwickelten soziokognitiven Kompetenzen diese Kriterien angemessener zu erfüllen erlauben. Mit wachsender Rollenübernahmefähigkeit erweitert sich der Kreis der berücksichtigten Anderen: Auf Stufe 1 ist der Handelnde isolierter Einzelner, der ausschließlich auf seine eigenen Interessen achtet. Auf Stufe 2 hat er Zweierbeziehungen vor Augen, er bezieht die Interessen eines konkreten Gegenübers ein, etwa in einem ›do ut des‹-Austausch. Auf Stufe 3 kommt die Kleingruppe, auf Stufe 4 die gegebene Gesellschaft in den Blick. Auf Stufe 5 werden mögliche Gesellschaftsmitglieder und auf Stufe 6 schließlich alle Menschen als Vernunftwesen überhaupt berücksichtigt. Zugleich erlaubt die voranschreitende kognitive Entwicklung zunehmend mehr potentiell relevante Aspekte, die auf unteren Stufen einseitig verabsolutiert werden, einzubeziehen und gegeneinander auszubalancieren: Auf Stufen 1 und 2 kommen negative und positive Folgen in den Blick, auf Stufe 3 Intentionen, auf

---

[23] Kohlberg: *Essays on Moral Development: Vol. 1* (s. Anm. 19), S. 411; Jürgen Habermas: *Moralbewußtsein und kommunikatives Handeln*. Frankfurt a.M. 1983, S. 197 ff.

[24] Kohlberg: *Essays on Moral Development: Vol. 1* (s. Anm. 19), S. 190 ff.

Stufe 4 Legalität, auf Stufe 5 geht es um vertragliche Bindungen, auf Stufe 6 um universelle Prinzipien.

Je umfassender moralische Urteile potentiell Betroffene und potentiell relevante Folgen einbeziehen, desto eher sind sie unparteilich und reversibel und können universelle Gültigkeit beanspruchen.

3. Kritik an Kohlberg

Neuere Forschungen haben Kohlbergs stufenspezifische Einheit von kognitiver Kompetenz, Rollenübernahmefähigkeiten, moralischer Urteilsfähigkeit, Motivation und Handeln aufgebrochen und in eine Vielzahl von z. T. unabhängig voneinander variierenden Variablen zerlegt. Die Kritik entzündete sich vor allem an der Beschreibung des kindlichen Moralverständnisses, das Kohlberg sowohl im Blick auf das Normverständnis wie die Motivation als instrumentell charakterisierte. Beide Aspekte können jedoch unabhängig variieren, sind also getrennt zu erheben.[25]

---

[25] Kohlbergs Charakterisierung wurde sowohl hinsichtlich der kognitiven wie der motivationalen Dimension mit Gegenevidenzen konfrontiert. So befragte Elliot Turiel Kinder zu unterschiedlichen Normtypen. Es zeigte sich, dass sie schon früh bloße Konventionen von moralischen Regeln unterscheiden und letzteren universelle und autoritätsunabhängige Gültigkeit zuschreiben. So etwa erklärten sie: ›Wenn es in einer Familie/Schule/Land üblich ist, Erwachsene mit Vornamen anzusprechen, dann ist das ok. Aber auch, wenn der Vater/Direktor/König es erlaubten, ein anderes Kind schlagen darf man nicht – nicht einmal der liebe Gott darf das!‹ (Elliot Turiel: *The Development of Social Knowledge. Morality and Convention*. Cambridge 1983. Vgl. auch Larry P. Nucci/Turiel: »God's Word, Religious Rules, and their Relation to Christian and Jewish Children's Concepts of Morality«. In: *Child Development* 64 (1993), S. 1475–1491). Und die Altruismusforschung fand, dass Kinder schon früh uneigennützig mit anderen teilen, ihnen helfen, sie trösten (vgl. Nancy Eisenberg: *Altruistic Emotion, Cognition, and Behavior*. Hillsdale 1986). Die widersprüchlichen Befunde könnten den unterschiedlichen Erhebungsmethoden geschuldet sein: Turiel explorierte das Normverständnis, die Altruismusforschung beobachtete spontanes Handeln, Kohlberg erfragte Handlungsempfehlungen in moralischen Dilemmata. Nun könnte sein, dass Kinder zwar früh ein intrinsisches Normverständnis haben. Bevor sie aber moralische Motivation aufgebaut haben, mögen sie Kohlbergs Frage nach einer Handlungsempfehlung als Klugheitsfrage verstehen und raten zu tun, was am meisten nützt. Auch könnte sein, dass sie uneigennützig handeln – aber vielleicht nur, wenn sie gerade eine spontane Neigung dazu verspüren. Um dies zu klären, gilt es, moralisches Wissen und moralische Motivation getrennt zu erheben und zwar in Situationen, in denen spontane Bedürfnisse den Normen widerstreiten.

So bin ich in einer repräsentativen Längsschnittstudie[26] mit 200 Kindern von 4–22 Jahren verfahren (LOGIK).[27] Im Alter von 4, 6 und 8 Jahren wurden den Probanden Bildgeschichten moralischer Konflikte vorgelegt: Der (geschlechtsgleiche) Protagonist erwägt, ob er begehrte Süßigkeiten entwenden, das eigene Getränk mit einem durstigen Bittsteller bzw. den zu Unrecht zugeteilten Preis mit dem benachteiligten Kind teilen, einem andern Kind in einem Wettbewerb helfen sollte. In der Versuchungssituation wurde moralisches Wissen erfragt (z. B. ›Darf man die Süßigkeiten nehmen?/Sollte man teilen bzw. helfen? Warum/warum nicht?‹). Dann wurde gezeigt, dass Protagonist die Regel übertritt. Die moralische Motivation der Kinder wurde dann durch Emotionszuschreibung zu dem hypothetischen Übeltäter erhoben (›Wie fühlt sich Protagonist? Warum?‹). Diese Operationalisierung ist aus einem kognitivistischen Emotionsverständnis abgeleitet, nach dem Emotionen zwar rasche und globale, gleichwohl kognitiv gehaltvolle Urteile über die subjektive Bedeutsamkeit objektiver Sachverhalte sind.[28] Mit ihrer Emotionszuschreibung können die Kinder anzeigen, welchem der beiden zugleich zutreffenden Sachverhalte – Protagonist hat eine Norm übertreten und sein Bedürfnis befriedigt – sie größeres Gewicht beimessen.[29]

---

[26] Nunner-Winkler: »Die Entwicklung moralischer Motivation von der Kindheit bis zum frühen Erwachsenenalter«. In: Schneider (Hrsg.): *Entwicklung von der frühen Kindheit bis zum frühen Erwachsenenalter: Befunde der Münchner Langzeitstudie LOGIK*. Weinheim 2008; Weinert: *Entwicklung im Kindesalter*. Weinheim 1998.

[27] Nunner-Winkler: »Zum Verständnis von Moral-Entwicklungen in der Kindheit«. In: Weinert (Hrsg.): *Entwicklung im Kindesalter* (s. Anm. 26), S. 133–152.

[28] Robert C. Solomon: *The Passions*. Garden City 1976; Leo Montada: »Moralische Gefühle«. In: Edelstein/Nunner-Winkler/Gil Noam (Hrsg.): *Moral und Person*. Frankfurt a. M. 1993.

[29] Diese Operationalisierung moralischer Motivation blieb nicht unwidersprochen, kann aber mittlerweile als tragfähig gelten (vgl. zur Diskussion zum Happy-Victimizer-Phänomen: Nunner-Winkler/Sodian: »Children's Understanding of Moral Emotions«. In: *Child Development* 59 (1988), S. 1323–1338.; Monika Keller u. a.: »The Multifaceted Phenomenon of ›Happy Victimizers‹: A Cross-Cultural Comparison of Moral Emotions«. In: *British Journal of Developmental Psychology* 21 (2003), S. 1–18; William Arsenio u. a.: »Adolescents' Emotion Expectancies Regarding Aggressive and Nonaggressive Events: Connections with Behaviour Problems«. In: *Journal of Experimental Child Psychology* 89 (2004), S. 338–355; Thomas Krettenauer u. a.: »The Development of Moral Emotion Expectancies and the Happy Victimizer Phenomenon: A Critical Review and Application«. In: *European Journal of Developmental Science* 2 (2008), S. 221–235; Nunner-Winkler: »Moral Motivation and the Happy Victimizer Phenomenon«. In: Heinrichs/Oser/Lovat (Hrsg.): *Handbook of Moral Motivation*. Rotterdam 2013, S. 267–287).

Im Folgenden will ich die Befunde zum moralischen Wissen und zur moralischen Motivation getrennt darstellen.

3.1 Die kognitive Dimension – moralisches Wissen

Bereits mit 4 Jahren wussten 98 % der Kinder, dass man nicht stehlen darf, und spätestens mit 6–8 Jahren urteilten zwischen 85–95 %, man habe in den vorgelegten Situationen zu teilen oder zu helfen. Über alle Geschichten und Messzeitpunkte hinweg begründeten weniger als 10 % die Normen unter Bezug auf Sanktionen, i. e. positive oder negative Konsequenzen, die dem Täter aus seinem Tun erwachsen. Mit großer Mehrheit trugen sie deontologische Erwägungen vor, i. e. sie verwiesen auf eine geltende Regel oder gaben negative Bewertungen der Tat oder des Täters ab. Bedürfnisse des Opfers wurden von einigen benannt, aber nur in der Getränkegeschichte.

Bereichstheorie: Kinder verstehen also früh die intrinsische Gültigkeit einfacher moralischer Regeln. Dies entspricht Befunden der *Bereichstheorie,*[30] nach der Kinder Regelarten nach inhaltlichen und formalen Kriterien unterscheiden: Moralische Normen beziehen sich auf Konsequenzen für andere (Schaden bzw. Wohlfahrt, Fairness, Rechte und Pflichten) und sie gelten universell, unabänderlich und unabhängig von Autoritäten und Sanktionen. Konventionelle Regeln koordinieren Interaktionen und sichern die soziale Ordnung und sie sind veränderbar, von Vereinbarungen oder autoritativen Anweisungen abhängig und gelten nur für Mitglieder der betreffenden Gemeinschaft. Diese Regelarten unterscheiden Kinder von einem persönlichen Bereich. Dieser umfasst Präferenzen und Wahlen (z. B. von Freunden, Freizeitaktivitäten), die allein den Handelnden betreffen und für die er ein Recht auf autonome Entscheidungsfreiheit beansprucht.[31]

---

[30] Melanie Killen/Judith Smetana: *Handbook of Moral Development.* Mahwah 2006.

[31] Andere Autoren ergänzen die unterschiedenen Bereiche. Stefan Weyers fügt den Bereich des Rechts an, das durch formale Merkmale (Kodifizierung, Institutionalisierung, Erzwingbarkeit) charakterisiert ist und in der Form den Konventionen, im Inhalt der Moral ähnelt (Weyers: *Entwicklung von Rechts- und Menschenrechtsvorstellungen.* Frankfurt a. M. 2012). Fritz Oser und Paul Gmünder fügen Religion hinzu, die unveränderliche Normen aus dem Letztgültigen ableitet (Oser/Gmünder: *Der Mensch. Stufen seiner religiösen Entwicklung. Ein strukturgenetischer Ansatz.* Gütersloh 1988).

Lernmechanismen: Beim Erwerb dieses differenzierten Normverständnisses spielen mehrere Lernprozesse zusammen. Kinder erwerben ihr Wissen durch explizite *Unterweisung*. So erklären sie etwa: ›Stehlen darf man nicht‹! Wichtiger aber sind implizite Lernprozesse. Kinder lesen geltende Normen an ihren *Interaktionserfahrungen* ab: Bei Konflikten um konventionelle Regeln sind Erziehungspersonen zu Verhandlungen und Kompromissen bereit oder spezifizieren Bedingungen (z.B. ›Du willst nicht die neue Hose zu dem Fest anziehen – ok; aber die alte zerschlissene Jeans ziehst du mir auch nicht an‹, ›Kinder, seid jetzt beim Essen nicht so laut – draußen könnt ihr nachher so viel schreien wie ihr wollt‹). Moralische Regelverletzungen untersagen sie jedoch kategorisch. Dabei verweisen sie nicht auf Sanktionen, allenfalls auf Folgen für das Opfer (›Ein anderes Kind schlagen – das gibt es nicht! – Das tut dem weh‹).[32] Und Kinder lesen ihr Wissen am *moralischen Sprachspiel* ab, in das sie hineinsozialisiert werden. Die Verwerflichkeit eines Vergehens ist nämlich unhintergehbarer Bestandteil der Bedeutung des Wortes, mit dem es bezeichnet wird: ›Mord‹ ist in sich verabscheuungswürdig – ein Verweis auf drohende Sanktionen ist weder erforderlich noch üblich.[33] Diesen Lernmechanismus belegen Begründungen folgender Art für die Verurteilung des Entwendens von Süßigkeiten: ›Das ist Diebstahl!‹, ›Der ist ein Dieb!‹.

Kulturspezifische Differenzen: Welche Regeln Kinder an ihren Interaktionserfahrungen und am alltagsweltlichen Sprachgebrauch ablesen, kann zwischen Kulturen, Epochen, Personengruppen differieren.[34] Insbesondere bei den Abgrenzungen zwischen Moral, Konvention und persönlichem Bereich finden sich weitreichende Unterschiede. Diese hängen mit (z.T. intern verknüpften) Unterschieden in

---

[32] Nucci/Elsa K. Weber: »Social Interactions in the Home and the Development of Young Children's Concepts of the Personal«. In: *Child Development* 66 (1995), S. 1438–1452.

[33] Ronald Dworkin: *Taking Rights Seriosly*. Boston 1987. Wären irgendwelche Entschuldigungen oder Rechtfertigungen denkbar, wählten wir andere Worte – Totschlag, Tötung im Krieg, im Duell, im Attentat (Hilary Putnam: *Words and life*. Cambridge 1995).

[34] Sprachspiele wandeln sich – Worte ändern ihre Wertung, verschwinden oder werden ersetzt. So etwa wurde das Wort »geil« im Zuge der sexuellen Liberalisierung der 1968er Debatten von einem Tabuwort zu einem Positivverstärker, Begriffe wie »voreehelicher Geschlechtsverkehr« sind verschwunden, das Wort »alte Jungfer« wurde durch das deutlich gefälligere Wort »Single« ersetzt.

Schadenseinschätzungen, Rollendefinitionen und Normbegründungen zusammen. An einigen Beispielen sei dies illustriert.

Schadenseinschätzung: Die Anrede Erwachsener mit dem Vornamen gilt US Kindern als konventionelle, arabischen wie auch den meisten koreanischen Kindern als moralische Frage. Aus ihrer Sicht fügt dieser Verstoß gegen die Konvention eine psychologische Verletzung zu[35] (ähnlich wie dies auch die Teilnahme an einer Beerdigung in Badekleidung in westlichen Gesellschaften täte).[36] Schadenseinschätzungen hängen von (z.T. auch durch religiöse Überzeugungen bestimmten) Deutungen ab. So etwa bewerten indisch-hinduistische Befragte es als sehr schlimmes Vergehen, wenn der älteste Sohn am Tag nach dem Tod seines Vaters Huhn isst – dann nämlich kann die Seele des Vaters nicht erlöst werden. Häufig bleibt die Interpretation zu beurteilender Sachverhalte und damit auch die Bereichszurechnung strittig. So etwa wird das Kopftuchtragen muslimischer Schülerinnen von vielen französischen Jugendlichen als expressives Zeichen persönlicher Selbststilisierung (›ist wie Mode‹), von den meisten deutschen Jugendlichen als Ausdruck einer religiösen Haltung gewertet, die es zu tolerieren gilt.[37] Ältere Befragte in Deutschland sehen darin häufiger ein moralisch zu verurteilendes Symbol der Unterdrückung der Frau.[38]

Rollendefinition: Entscheidungen über die Heimunterbringung der alternden Eltern, die Aufnahme eines wohnungslosen Freundes ins eigene Haus, den Schutz eines inkompetenten Bruders vor Entlassung werden von hindu-indischen Befragten dem moralischen, von US-Befragten dem persönlichen Bereich zugerechnet.[39] In Gesellschaften ohne Sozialversicherung ist die Überlebenssicherung

---

[35] Mordecai Nisan: »Moral Norms and Social Conventions: A Cross-Cultural Comparison«. In: *Developmental Psychology* 23 (1987), S. 719–725; ders.: »A Story, a Pot, or a Cross-Cultural Comparison of Basic Moral Evaluations: A Response to the Critique by Turiel, Nucci, and Smetana«. In: *Developmental Psychology* 24 (1988). S. 144–146; Myung-ja Song u.a.: »Koreans Children's Conceptions of Moral and Conventional Transgression«. In: *Developmental Psychology* 23 (1987), S. 577–582.

[36] Weyers: *Entwicklung von Rechts- und Menschenrechtsvorstellungen* (s. Anm. 31).

[37] Nunner-Winkler/Marion Mayer-Nikele/Doris Wohlrab: *Integration durch Moral. Moralische Motivation und Ziviltugenden Jugendlicher.* Wiesbaden 2006, S. 177 ff.

[38] Institut für Demoskopie Allensbach: Der Kopftuchstreit – Die Mehrheit der Bevölkerung widerspricht dem Bundespräsidenten. Allensbach 2004; Rainer Dollase/Kai-Christian Koch: Die Integration der Muslime. Distanz und Nähe in zehn Berufsgruppen. Wiesbaden 2006.

[39] Richard Shweder/Manamahan Mahapatra/Joan G. Miller: »Culture and Moral De-

Einzelner wesentlich an funktionierende Netzwerke im Nahbereich gebunden. Daher sind die an Rollen (des Sohnes, Freundes, Bruders) gebundenen positiven Pflichten umfassender definiert. Und die Erfüllung von Rollenpflichten ist in einem arbeitsteilig organisierten Kooperationszusammenhang, wie ihn Gesellschaften darstellen, aus Fairnessgründen (prima facie) moralisch geboten.[40]

Normbegründung: Homosexualität ordnen viele ältere westdeutsche Befragte wie auch viele religiös engagierte in Deutschland aufgewachsene muslimische Jugendliche der Moral zu. Die Älteren sagen, Homosexualität sei ›sündhaft‹, ›widernatürlich‹, ›ekelerregend‹, die muslimischen Jugendlichen erklären: ›Gott hat das vorgesehen, dass Mann und Frau zusammenleben‹. Die meisten jüngeren, auch katholisch engagierte, Probanden hingegen rechnen Homosexualität dem persönlichen Freiraum zu, wobei etliche eine ›solange‹-Klausel anfügen – solange kein Schaden erzeugt wird. Für sie gilt: ›Wo die Liebe hinfällt – solange es eine gute Beziehung ist‹.[41] Die Berufstätigkeit einer Mutter mit kleinen Kindern verurteilen die meisten älteren westdeutschen (insbesondere weiblichen) Befragten: ›Sie ist pflichtvergessen‹, ›Das ist egoistisches Selbstverwirklichungsstreben‹. Für die meisten jüngeren ist dies eine Frage der persönlichen Lebensführung – wiederum mit dem Schadensfreiheitvorbehalt (›es ist ihre Entscheidung‹, ›auch die Großeltern, eine Tagesmutter kann die Kinder versorgen – solange die nicht leiden‹). Hinter solchen Zurechnungsunterschieden steht der Wandel von einer religiös oder naturrechtlich zu einer rein innerweltlich begründeten Moral.[42]

velopment«. In: J. Kagan/S. Lamb (Hrsg): *The Emergence of Morality in Young Children.* Chicago 1987, S. 1–83.

[40] John Rawls: *A theory of justice.* London/Oxford u. a. 1972; Bernard Gert: *Morality. A New Justification of the Moral Rules.* New York/Oxford 1988.

[41] Nunner-Winkler: »Wandel in den Moralvorstellungen. Ein Generationenvergleich«. In: Wolfgang Edelstein/Nunner-Winkler (Hrsg.): *Moral im sozialen Kontext.* Frankfurt a. M. 2000, S. 299–336; Weyers: *Entwicklung von Rechts- und Menschenrechtsvorstellungen* (s. Anm. 31), S. 271 ff.

[42] Ebd. Diese Interpretation wird durch die Befunde von zwei international vergleichenden Studien (in 26 europäischen Ländern bzw. in 73 Ländern aus allen Kontinenten) gestützt, die belegen, dass die Akzeptanz von Verhaltensweisen, die niemanden schädigen (Homosexualität, vorehelicher Geschlechtsverkehr) mit abnehmender kirchlicher Einbindung deutlich steigt (Gert Pickel: »Moralische Vorstellungen und ihre religiöse Fundierung im europäischen Vergleich«. In: Pickel und Michael Krüggeler (Hrsg.): *Religion und Moral. Entkoppelt oder Verknüpft?* Opladen 2001, S. 105–134; Hermann Dülmer: »Modernization, Culture and Morality in Europe: Universalism, Contextualism or Relativism?«. In: Wil Arts/Loek Halman (Hrsg.): *Value*

Insgesamt zeigen die Zurechnungsunterschiede die unauflösliche Verwobenheit von Inhalt und Struktur, wobei allerdings der Inhaltsaspekt Vorrang genießt: Gilt eine Verhaltensweise nach herrschendem Wissensstand oder religiösen Überzeugungen als schädigend, so wird ihre Tabuisierung der Moral zugerechnet und der entsprechenden Norm eine universelle und unabänderliche Gültigkeit zugeschrieben. Zugrunde liegt das universelle inhaltliche Moralprinzip ›du sollst nicht schädigen‹. Veränderlich ist jedoch die Definition von Schaden. Mit der zunehmenden Ausdifferenzierung von Moral und Religion werden Schädigungen auf rein innerweltliche begrenzt. Damit ergibt sich in der Folge eine deutliche Einengung des moralischen Bereichs und eine starke Erweiterung des konventionellen und vor allem des persönlichen Bereichs – auch wenn sich einzelne gegenläufige Bewegungen finden (etwa zu Fragen der Umweltethik oder Tierethik).

3.2 *Die motivationale Dimension*

Moralische Motivation bezeichnet die Bereitschaft, das Rechte auch unter persönlichen Kosten zu tun. Sie umfasst mehrere, z. T. unabhängig voneinander variierende, Aspekte: Stärke (Wie wichtig ist Moral der Person?), Art der Motive (Aus welchen Gründen befolgt eine Person moralische Regeln?) und Struktur der Motivation (Wie ist Moral in der Person verankert?).

Kohlbergs Konzeption: Nach Kohlberg entspricht die moralische Motivation der Logik der Entwicklung der Urteilsfähigkeit. Jedes Stadium ist ein strukturiertes Ganzes, in dem kognitives Normverständnis, Stärke, Art und Struktur der Motivation eine Einheit bilden. Die von Kohlberg den verschiedenen Moralstufen zugeordneten Motivstrukturen verweisen auf Lernmechanismen, die die Motive so in der Person des Handelnden verankern, dass sie moralisches Handeln bewirken.

Auf präkonventionellem Niveau und auf Stufe 3 des konventionellen Moralbewusstseins sind äußere Sanktionen (Strafe/Belohnung) entscheidend für die kindliche Motivstruktur. Dabei geht es auf Stufe 3 um soziale Sanktionen (Akzeptanz/Ausschluss, Ach-

---

Contrast and Conensus in Present-Day Europe. Painting Europe's Moral Landscape. Leiden 2014, S. 251–276).

tung/Verachtung, gute/schlechte Reputation). Dass Sanktionen handlungswirksam werden, kann mit behavioristischen Theorien durch klassische und operante Konditionierung erklärt werden.[43]

Auf Stufe 4 erreicht das Kind nach Kohlberg die Motivstruktur einer generellen Gesetzestreue; es befolgt mit Selbstverständlichkeit die moralischen Regeln, die seine soziale Umgebung verlangt. Die dabei wirksamen Lernmechanismen werden im psychoanalytischen Paradigma erklärt:[44] Aus Furcht vor dem überstrengen Vater übernimmt der Junge die vom Vater vertretenen Normen – er internalisiert sie und wird hinfort von einem strikten und rigiden Über-Ich kontrolliert.[45] Und der von Geburt an plastische, bindungsfähige, abhängige Säugling sucht den Erwartungen der Bezugsperson nachzukommen, um deren Zuwendung nicht verlustig zu gehen. So wird die spontane Bedürfnisstruktur – das Es – schon früh kulturell überformt und es bildet sich eine generalisierte Konformitätsdisposition aus.[46]

Behavioristische wie psychoanalytische Erklärungen beruhen auf einem Menschenbild, in dem das Kind passiv und den herrschenden Normen ausgeliefert ist. Die Normen werden ihm andressiert oder ›einverleibt‹, und es befolgt sie hinfort aus selbstbezogenen Motiven.

Die Pointe des kognitivistischen Ansatzes von Kohlberg liegt darin, dass er diesen deterministischen Vorstellungen den aktiven Charakter des Kindes entgegenstellt. Dieses gestaltet die Entwicklung seiner Motivstrukturen durch konstruktive Eigenleistungen mit. Das erscheint empirisch plausibel, wenn das Kind am Ende auf postkon-

---

[43] Bei klassischer Konditionierung löst, wenn auf Fehlverhalten unmittelbar eine Strafe folgt, bald schon der Gedanke an eine Übertretung Unruhe und Angst aus, und der abweichende Impuls wird unterdrückt (John B. Watson: *Behaviorismus*. Köln 1930). Bei der operanten Konditionierung wird spontan gezeigtes Verhalten in dem Maße belohnt, in dem es sich dem erwünschten annähert (Burrhus F. Skinner: *Beyond Freedom and Dignity*. New York 1971).

[44] Sie lassen sich als Generalisierung und Internalisierung der behavioristischen Lernmechanismen verstehen: Erworben werden nicht einzelne Verhaltensweisen, sondern Verhaltensdispositionen, und gelernt wird nicht aufgrund spezifischer Erziehungsmaßnahmen (Strafen und Belohnen), sondern aufgrund von Beziehungserfahrungen.

[45] Sigmund Freud: *Einige psychische Folgen des anatomischen Geschlechtsunterschieds* (1925). In: *Gesammelte Werke*, Bd. 14. Frankfurt a. M. 1963.

[46] Talcott Parsons: *The Social System*. London 1964. Sowohl bei der klassischen Konditionierung wie beim Über-Ich-Aufbau bleiben abweichende Bedürfnisse bewusstseinsfähig und werden nur aus Angst vor externen oder inneren Sanktionen unterdrückt. Bei der operanten Konditionierung wie bei der Es-Überformung hingegen vermeint das Kind – sofern es auf die je erstrebten Belohnungen abzielt – jeweils genau das zu tun, was es ohnedies will.

ventionellem Niveau in reflexiver Einstellung zu moralischen Normen, die ihm angetragen werden, Stellung bezieht. Es erreicht dadurch eine Motivstruktur, die als Selbstbindung qua Einsicht beschrieben werden kann. In der Kantischen Moralkonzeption ist dies die Achtung vor dem Gesetz als Motiv. Fraglich ist dagegen, ob Kohlberg auch für die frühe Ontogenese durchweg zutreffende Beschreibungen des Aufbaus von Motivstrukturen liefern kann.

Kohlberg Kritik. Die LOGIK-Daten zeigen: Wiewohl 98 % bereits der 4-Jährigen verstehen, dass Stehlen nicht richtig ist, erwarteten fast 80 %, der Übeltäter werde sich wohlfühlen (*›Die Süßigkeiten schmecken klasse, verstehst du‹*). Mit zunehmendem Alter sinkt der Prozentsatz der moralisch desinteressierten Kinder bzw. Jugendlichen, die erwarten, der Protagonist werde sich nach der Übertretung gut fühlen, weil er sein Bedürfnis befriedigt hat, kontinuierlich (auf 40 % im Alter von 8 und knapp 20 % im Alter von 22). Die Kinder, denen Moral wichtig ist, geben für ihre negativen Emotionserwartungen Begründungen, die nicht Kohlbergs entwicklungslogischer Stufenfolge entsprechen. Für sie ist moralische Motivation *intrinsisch:* Konsequenzen für den Akteur werden kaum erwähnt. Sie ist *formal:* Die meisten Kinder erklären, der Protagonist fühle sich schlecht, weil er Unrecht getan habe (*›weil falsch war, was er getan hat; er hätte teilen/helfen sollen; er überlegt, wie er das wieder gutmachen kann‹*). Die Bedürfnisse des Opfers, auf die bei der Begründung der Pflicht, das eigene Getränk mit dem Bittsteller zu teilen (*›sonst verdurstet der‹*), etliche verwiesen hatten, werden nicht mehr erwähnt. Das bedeutet: Was richtig oder falsch ist, wird in einem abgetrennten, je konkret kontextbezogenen Urteilsprozess entschieden: Teilen ist in der Getränkegeschichte geboten, weil der Bittsteller leidet, in der Preisgeschichte, weil die vorauslaufende Ungerechtigkeit nicht zu tolerieren ist. In die Motivstruktur fließen solche Überlegungen nicht ein. Zu tun ist allein das, was als das Richtige erkannt wurde. Diese formale Struktur entspricht der Deutung von moralischer Motivation als *second order desire:*[47] Der Handelnde geht auf Distanz zu spontanen Bedürfnissen und Impulsen und lässt diese nur insoweit wirksam werden, als sie mit den eigenen moralischen Überzeugungen kompatibel sind. Dieses auf das eigene moralische Urteil bezogene Bestreben, auch unter persönlichen Kosten das Rechte nicht

---

[47] Harry G. Frankfurt: *The Importance of What We Care About. Philosophical Essays*. Cambridge/ New York 1988.

im Blick auf Konsequenzen, sondern um seiner selbst willen zu tun, erfüllt die Merkmale der von Kohlberg dem postkonventionellen Niveau zugewiesenen Motivstruktur der ›freiwilligen Selbstbindung aus Einsicht‹. Wenn bereits präkonventionelle Kinder diese Struktur aufweisen, dann bauen sie ihre Motivstrukturen offensichtlich nicht entlang Kohlbergs ontogenetischer Entwicklungslogik auf. Vielmehr erwerben sie diese in je kulturspezifischen Lernprozessen.

Dies wird an Verschiebungen in der Struktur moralischer Motivation, die in einem Generationenvergleich erhoben wurde, sichtbar.[48] Den 20- bis 75-jährigen Befragten wurde ein Vergehen – Testamentsbetrug – vorgelegt. Zunächst sollten sie sagen, was sie fühlen würden, hätten sie dieses Vergehen begangen. Sodann hatten sie 36 vorgegebene emotionale Reaktionen (nach dem Q-Sort-Verfahren[49]) auf 6 Kategorien gleich zu verteilen, die von ›ich würde genauso empfinden‹ bis ›so würde ich überhaupt nicht empfinden‹ reichten. Die Vorgaben entsprachen theoretisch unterscheidbaren Typen moralischer Motivation: Angst vor religiösen, physischen oder sozialen Sanktionen (z. B. ›Ich hätte Angst, Gott würde mich bestrafen‹, ›Da hätte ich Angst, ich käme ins Gefängnis‹, ›Ich würde befürchten, meine Freunde könnten sich von mir abwenden‹), Es-Überformung, i. e. eine bewusst kaum zugängliche, früh in Fleisch und Blut übergegangene Konformitätsneigung (z. B. ›Ich finde schon den bloßen Gedanken daran abstoßend‹), Angst vor Über-Ich-Sanktionen (z. B: ›Da hätte ich ewig Gewissensbisse‹), ich-nahe Erwägungen (z. B. ›Ich wäre von mir selbst enttäuscht‹) und offen amoralische Reaktionen (z. B. ›So viel würde mir das wahrscheinlich gar nicht ausmachen‹).

Die Ergebnisse einer Faktorenanalyse zeigen, dass sich über die Generationen hinweg ein Wandel in der Struktur der moralischen Motivation vollzogen hat: Die Angst vor religiösen oder rigiden Über-Ich Sanktionen sowie eine habitualisierte Konformitätsdisposition nehmen deutlich ab, ich-nahe Reaktionen hingegen zu. Einige offene Antworten mögen dies illustrieren. Eher typisch für die Re-

---

[48] In einer Studie, in der Ende der 1990er Jahre in einer repräsentativen Stichprobe von je 100 20–30, 40–50 und 65–75-Jährigen der Wandel in den Moralvorstellungen untersucht wurde, ging es auch um die Art der Verankerung von Moral in der Person (Nunner-Winkler »Wandel in den Moralvorstellungen« (s. Anm. 27) und Nunner-Winkler: »Die Entwicklung moralischer Motivation von der Kindheit bis zum frühen Erwachsenenalter« (s. Anm. 12).

[49] Jack Block: *The Q-Sort Method in Personality Assessment and Psychiatric Research*. Palo Alto 1961.

aktionen der älteren Befragten sind die beiden folgenden Zitate: *»Also, ich hätte das erst gar nicht gemacht … wenn's aber nun … würde mich sehr elend fühlen und als ob's einem jeder ansieht … sehr schrecklich, schuldbewusst auf jeden Fall, und Scham und einfach auch Angst weiterzuleben, also Angst, du hast irgendwas Schlimmes gemacht, also ich kann mir das gar nicht … also ich find's ganz schrecklich und weiß nicht, ob ich nochmals richtig lachen könnte oder froh sein«, »Ich hätte schwere Gewissensbisse – ich bin verpflichtet unbedingt die Wünsche des Vaters zu respektieren und wenn ich dem zuwider handle, dann versündige ich mich«.* In diesen Zitaten wird das angesonnene Vergehen als völlig unvorstellbar (›also ich kann mir das gar nicht vorstellen …‹) abgewehrt und seine Zurückweisung durch die Erwartung sozialer Sanktionen (›jeder sieht's einem an‹) und rachsüchtiger Über-Ich-Reaktionen (›schuldbewusst‹, ›schwere Gewissensbisse‹) abgesichert. In den beiden folgenden eher für jüngere Befragte typischen Antworten stützt sich die Ablehnung der Tat auf die Begründung ihrer Verwerflichkeit und im Übertretungsfall richtet sich das Augenmerk weniger auf drohende Sanktionen als vielmehr auf den Versuch einer Wiedergutmachung. *»Nach meiner Auffassung – ich würde eigentlich keine Fähigkeit aufbringen können, keine Entscheidungskraft besitzen, so was zu tun, weil das für mich ein doppelter Vertrauensmissbrauch ist … das könnte ich mir eigentlich gar nicht vorstellen. Ich kann mir vorstellen, wenn ich's denn gewesen wäre, also ich denke ich hätte mich überhaupt nicht wohlgefühlt und irgendwann hätte ich vielleicht doch …«, »Da würde ich mich sehr schlecht fühlen, weil das unmoralisch ist. Da hätte ich ein schlechtes Selbstgefühl, damit könnte ich gar nicht leben. Ich würde versuchen, das wieder in Ordnung zu bringen. Fehler kann man ja auch manchmal in Ordnung bringen, nachträglich«.* Was sich in den Unterschieden zwischen den Generationen widerspiegelt, ist ein Wandel im Verhältnis von Person und Moral. Die Person wird zunehmend weniger als aufgespalten erlebt in eine innere Zensurinstanz, die die Einhaltung autoritativ vorgegebener Gebote (›wenn ich dem zuwider handle, versündige ich mich‹) zu kontrollieren hat und im Übertretungsfall dem Ich Verzeihung vorenthalten und lebenslängliche Bestrafung androhen kann (›ob ich nochmals richtig lachen könnte‹) bzw. das Denken selbst schon durch abwehr- und angstbesetzte Tabus einengt und begrenzt. Die von den Jüngeren geäußerten Empfindungen von Reue und Bedauern zeigen an, dass die Person die Einhaltung der ihr einsichtigen moralischen Normen

(›für mich ist das ein doppelter Vertrauensmissbrauch‹) als bejaht und selbst gewollt versteht (›ich würde keine [...] Entscheidungskraft aufbringen‹, ›da hätte ich ein schlechtes Selbstgefühl‹). Die Selbstbindung an die Moral wird als identitätskonstitutiv erfahren.

Diese Verschiebung dürfte nicht zuletzt auch in dem oft beschriebenen Wandel der Erziehungspraktiken gründen. Im 20. Jahrhundert gibt es in der Erziehung einen Trend weg von elterlicher Herrschaftsausübung hin zu Überzeugungsarbeit durch Argumentation. Kinder gewinnen zunehmend Einfluss auf Familienentscheidungen, sie werden immer seltener streng erzogen oder geschlagen.[50] Physische und psychische Zwangsmaßnahmen werden durch Vernunftappelle ersetzt. Dieser Trend schlägt bei der jüngeren Generation jetzt offenbar auf die Motivstruktur durch. Das wird verstärkt durch die verbreitete Umstellung von religiösen auf säkulare Moralvorstellungen. Wenn der Verweis auf göttliche Autorität und Strafe ausgeschlossen ist, wächst der Bereich persönlicher Gestaltungsfreiheit. Handlungsverbote entfallen, wenn man ihren Verpflichtungscharakter nicht verantwortungsethisch unter Verweis auf eine (letztlich auch im Eigeninteresse liegende) Schadensminimierung begründen kann. Und moralische Regeln, die man so begründen kann, kann man selbst Kindern erklären (›das tut dem weh‹, ›du würdest das auch nicht wollen‹).

3.3 Die Entwicklung des moralischen Bewusstseins – eine Entwicklungslogik?

Neuere Befunde stellen zentrale Bestimmungsmerkmale einer Entwicklungslogik in Frage.

Invariante Abfolge. Bereits Kinder im präkonventionellen Alter unterscheiden zwischen universell gültigen moralischen Normen und gruppenspezifischen Konventionen. Diejenigen, die Moral wichtig nehmen, wollen ihr aus intrinsischen Motiven folgen. Das kindliche

---

[50] Karl-Heinz Reuband: »Aushandeln statt Gehorsam. Erziehungsziele und Erziehungspraktiken in den alten und neuen Bundesländern im Wandel«. In: Lothar Böhnisch/Karl Lenz (Hrsg.): *Familien. Eine interdisziplinäre Einführung*. Weinheim/München 1997: Christian Pfeiffer: »Wandel der Kindererziehung in Deutschland. Mehr Liebe, weniger Hiebe«. In: *Süddeutsche Zeitung* 2 (2012).

Moralverständnis weist also sowohl in der kognitiven wie der motivationalen Dimension postkonventionelle Züge auf.

Strukturierte Ganzheit: Auch widerspricht es Kohlbergs formal-strukturellem Voraussetzungsverhältnis, etwa der Annahme, formal operationales Denken und generalisierte Rollenübernahme seien notwendige Bedingung für das Verstehen universeller Normgültigkeit und eine an Einsicht orientierte Befolgungsbereitschaft. Die stufenspezifische Einheit von kognitiven und soziokognitiven Voraussetzungen, einem bestimmten Verständnis von Normgeltung und Befolgungsbereitschaft ist aufgelöst. Klugheitsregeln, Konventionen und moralische Prinzipien werden nicht im Verlauf der Entwicklung vom präkonventionellen, konventionellen zum post-konventionellen Denken ausdifferenziert – vielmehr werden schon von Anbeginn an persönlicher Bereich, Konventionen und Moral unterschieden. Auch verbürgt selbst das wohlbegründete moralische Urteil moralisches Handeln nicht. Es bedarf moralischer Motivation. Sie leitet moralisches Handeln an – garantiert es aber nicht. Weitere Faktoren spielen eine Rolle: Exekutive Fähigkeiten der Person (z. B. Selbstkontrolle), Aspekte der Situation (z. B. Zeitdruck, das Verhalten anderer), die Wichtigkeit kollidierender Interessen oder Wertbindungen etc. Die verschiedenen Aspekte variieren unabhängig voneinander.

Lernmechanismen: Nach Kohlberg wird moralische Entwicklung in Kontexten gefördert, in denen Regeln demokratisch festgelegt und Übertretungen in offenen Verhandlungen geahndet werden, sodass Täter, Opfer, Zuschauer ihre je eigene Sicht darstellen können (»just community«). Die Konfrontation mit unterschiedlichen Perspektiven fördert die Rollenübernahmefähigkeit, und die gemeinsame Bestimmung der Regeln verstärkt die Bindung an die Normen (entsprechend Kants Autonomieverständnis). In der Tat belegen Studien in so strukturierten Gemeinschaften eine Abnahme von Vandalismus und Gewalt und eine Zunahme von Solidarität und wechselseitiger Unterstützungsbereitschaft.[51] Allerdings wird moralische Entwicklung hier völlig inhaltsabstinent rein prozedural gefasst. Die

---

[51] Kohlberg: »Der ›Just-Community‹-Ansatz der Moralerziehung in Theorie und Praxis«. In: Oser/Reinhard Fatke/Otfried Höffe (Hrsg.): *Transformation und Entwicklung. Grundlagen der Moralerziehung.* Frankfurt a. M. 1986, S. 21–55; Oser/Wolfgang Althof: »Probleme lösen am ›runden Tisch‹: Pädagogischer Diskurs und die Praxis von ›Just-Community‹-Schulen«. In: Werner Stark u. a. (Hrsg.): *Moralisches Lernen in Schule, Betrieb und Gesellschaft. Internationaler Kongreß der Ev. Akademie Bad Boll.* Bad Boll 1996, S. 206–222.

neueren Befunden zugrundeliegenden Lernmechanismen fokussieren hingegen stärker auf den Inhalt: Sofern Kinder ihr moralisches *Wissen* an Ermahnungen, Interaktionserlebnissen und am vorfindlichen Sprachspiel ablesen, gewinnen die Inhalte herrschender Moralvorstellungen einen entscheidenden Einfluss: Sie bestimmen die Abgrenzungen von Moral, Konvention und persönlichem Bereich und in der Folge auch das Handeln, sofern dieses enger an die Bereichszuweisung als an das Begründungsniveau gekoppelt ist. Beispielsweise fand Smetana[52] in einer Untersuchung unwillentlich schwangerer Frauen, dass ihr Vorgehen stärker davon abhing, ob sie einen Abbruch als Töten oder als persönliche Entscheidung deuteten, als von der Stufe ihrer moralischen Urteilsfähigkeit. Und die *Struktur der Motivation* wird durch Sozialisationspraktiken (mit)bestimmt: Eine ich-nahe Struktur wird gefördert durch Erziehungsmaßnahmen, die an die Vernunft appellieren, sowie durch die Eingrenzung von Moral auf innerweltlich begründbare und daher leichter einsehbare Regeln.

Höherentwicklung: In formaler Hinsicht sind die moralischen Urteile älterer Kinder überlegen, soweit sie auf soziokognitiven Entwicklungsfortschritten basieren. Drei Beispiele mögen dies illustrieren: das Verständnis der Verteilungsgerechtigkeit, des Rechts und der Geltung von Normen. Der Wandel des Verständnisses von *Verteilungsgerechtigkeit* spiegelt die kognitive Entwicklung. Bei der Aufgabe, einen gemeinsam erarbeiteten Gewinn fair aufzuteilen, findet sich stets die gleiche Abfolge verwendeter Kriterien:[53] Zunächst präferieren Kinder Gleichverteilung. Später orientieren sie sich an Beitragsgerechtigkeit, wobei sich das Leistungskriterium schrittweise ausdifferenziert: Die Dimensionen Anstrengung, Fähigkeit und Ergebnis werden unterschieden, und auch die Zurechnungen werden präziser. So verwenden 6- bis 12-Jährige ordinale, ältere proportionale Gerechtigkeitskriterien. Dies entspricht zunehmenden kognitiven Kompetenzen: Gleichheit erfordert die Berücksichtigung nur einer

---

[52] Judith Smetana: *Concepts of Self and Morality: Women's Reasoning About Abortion*. New York 1982.

[53] William Damon: *Die soziale Welt des Kindes*. Frankfurt 1984; Jon G. Hook/Thomas D. Cook: »Equity Theory and the Cognitive Ability of Children«. In: *Psychological Bulletin* 86 (1979), S. 429–445; Jutta Kienbaum/Friedrich Wilkening: »Children's and Adolescents' Intuitiv Judgements about Distributive Justice: Integrating Need, Effort, and Luck«. In: *European Journal of Developmental Psychology* 6 (2009), S. 481–498.

Dimension, ordinale Beitragsgerechtigkeit den Vergleich von zwei Rangreihen (mehr Arbeit – mehr Lohn), proportionale Beitragsgerechtigkeit den Vergleich von zwei Ratios (Verhältnis Beitrag A/ Lohn A im Vergleich zum Verhältnis von Beitrag B/Lohn B). Ältere berücksichtigen dann auch Bedürftigkeit. Vor allem aber können sie konfligierende Ansprüche (Gleichheit, Leistung, Bedürftigkeit) zunehmend besser kontextbezogen gegeneinander ausbalancieren.

Die Entwicklung des *Rechtsverständnisses* entspricht der Erweiterung der Rollenübernahmefähigkeiten: Mit 10–12 Jahren »tauchen rechtliche Denkfiguren wie das Konzept des neutralen Dritten auf«, ab 12–13 Jahren »werden dann Verfahrensregeln wie die Unparteilichkeit des Dritten oder das Anhören beider Seiten explizit genannt«.[54] Ab 15 Jahren wird die Eigenständigkeit der Systemebene begriffen. So etwa erklärt ein Befragter auf die Frage, ob der Polizeichef zu bestrafen sei, der – in der Hoffnung, das Leben eines Kindes zu retten – dem Entführer Folter angedroht hatte: »Alles in mir schreit: ›Nein, das wäre unfair‹. Aber da sich dieser Einzelfall nicht wiederholen darf, muss er bestraft werden«.[55] Ab ca. 19 Jahren wird verstanden, dass der Staat an vorstaatliche Rechte gebunden ist: »Menschenrechte […] kann ein Staat nicht abschaffen«.[56]

Auch das *epistemische Denken* entwickelt sich:[57] Zunächst halten Kinder ihre eigene Weltsicht für ein objektives Abbild der Wirklichkeit, begreifen dann, dass die Sicht anderer abweichen kann, weil diese andere Informationen haben (dies entspricht der objektiven und subjektiven Rollenübernahme). Es folgt das »interpretative mind«: Kinder realisieren, dass andere nicht allein aufgrund anderer Informationen, sondern auch aufgrund anderer Einschätzungen und Bewertungen zu differierenden Urteilen gelangen. Eine Weile können sie solche Differenzen als bloße Meinungsunterschiede abtun. Dies gelingt jedoch umso weniger, je mehr sich Widersprüche häufen und mit dem Beginn formal-operationaler Fähigkeiten das Denken systematischer wird. Die Bearbeitung der zunehmenden epistemischen Zweifel erfolgt dann auf der Dogmatismus-Skeptizismus-Achse: Die Jugendlichen verfallen einem fundamentalistischen Glaubenssystem

---

[54] Weyers: *Entwicklung von Rechts- und Menschenrechtsvorstellungen* (s. Anm. 31), S. 16.

[55] A.a.O., S. 19.

[56] A.a.O., S. 20f.

[57] Michael Chandler u.a.: »Relativism and Stations of Epistemic Doubt«. In: *Journal of Experimental Child Psychology* 50 (1990), S. 370–395.

oder bestreiten der Moral jegliche Rechtfertigungsmöglichkeit. Ein Entwicklungsfortschritt ist erzielt, wenn das komplexere Konzept der Grauzone verstanden wird, wonach unauflösbare Gegensätze in bestimmten Fragen die Unterscheidbarkeit von richtig und falsch nicht prinzipiell aufheben (›Die Existenz der Dämmerung entwertet die Unterscheidung von Tag und Nacht nicht‹).

In den formalen Dimensionen zunehmender Differenziertheit des Denkens und erweiterter Rollenübernahmefähigkeiten vollzieht sich zweifellos Höherentwicklung. Dies gilt jedoch nicht für die Inhalte der normativen Vorstellungen. Hier liefert die kindliche Entwicklung kein zwingendes Kriterium für Lernfortschritte. Kinder rekonstruieren zunächst vorfindliche Bereichseinteilungen und herrschende Deutungen. Zu diesen nehmen sie dann im Verlaufe der Bearbeitung epistemischer Zweifel reflexiv Stellung. Das Ergebnis ist aber nicht festgelegt – sie mögen lange im Skeptizismus verharren oder an fundamentalistischen Überzeugungen festhalten; sie mögen bewusst auf ihre früheren Grundsätze zurückgreifen und diese nun willentlich bejahen, oder sie mögen inklusivere Moralvorstellungen entwickeln (etwa im Sinne der sozialen Bewegungen für die Rechte von Behinderten, Kindern, Tieren).

Universalismus. Formale Kompetenzen werden in einer universellen Entwicklungssequenz aufgebaut, die universelle Ergebnisse zeitigt. Inhalte variieren jedoch zwischen Kulturen und Epochen. Dabei sind die Kriterien ihrer Bewertung aus der Ontogenese nicht ableitbar und zwar nicht einmal für solche Inhalte, deren Formen sich entwicklungsabhängig unterscheiden. Um dies an zwei Beispielen zu illustrieren – an Gerechtigkeitsvorstellungen und am Partikularismus. Das *Gerechtigkeitsverständnis* entfaltet sich zwar in Abhängigkeit von der kognitiven Entwicklung. Diese stellt aber nur Voraussetzungen für die Wahl unterschiedlicher Kriterien bereit, determiniert sie jedoch nicht: Auch etliche ältere Probanden präferieren Gleichheit, und keineswegs alle verteilen nach meritokratischen Kriterien. Es geht auch um inhaltliche Wertbindung. Das zeigen schon die verschiedenen – gleichermaßen formal-operational ausgearbeiteten – sozialphilosophischen Positionen. Plakativ formuliert: In Verteilungsfragen votiert der Sozialismus für Gleichheit, der Liberalismus für Chancengerechtigkeit, der Libertarianismus für Ergebnisorientierung, der Marxismus für Bedürfnisgerechtigkeit. Der *Partikularismus* gilt gemeinhin als rückständiges Deutungsmuster. Nach Kohlberg, auch nach Parsons, genießt der Universalismus eine entwicklungslogisch oder modernisierungstheoretisch begründete Vorrangstellung. So stuft Kohlberg Antworten als niedriger ein, die Verpflichtungen gegenüber Fremden als geringer bewerten als die gegen Nahestehende. Andere – kognitiv nicht minder komplexe – Ansätze anerkennen jedoch partikularistische Pflichten, die eine Bevorzugung Zugehöriger gebieten. Sie deuten sie als Korrelat universeller Pflichten, die zur Effizienzsteigerung bestimmten Agenten zugewiesen werden (z.B. der Arzt kümmert sich um ›seine‹ Patienten, der Staat versorgt ›seine‹ Bürger).[58] Oder sie schreiben ihnen – wie etwa der Kommunitarismus – einen moralischen Eigenwert oder gar Vorrang zu.[59]

Schlussbemerkung

Das Konzept der Entwicklungslogik ist attraktiv, soweit es erlaubt, aus der kindlichen Entwicklung universelle Kriterien zur Bewertung von Denkprozessen und moralischen Urteilen zu gewinnen. Neuere Befunde und theoretische Deutungen schränken die Reichweite des Konzepts jedoch erheblich ein. Höherentwicklung findet sich allein bei formalen Kompetenzen. Weltverständnis oder moralische Regeln aber basieren auf inhaltlichen Deutungen und Wissensbeständen. So gilt etwa für die Moral: Nicht die natürliche Entwicklung des Kindes führt vom instrumentellen über das konventionelle hin zum prinzipiengeleiteten Urteilen, oder von einer an äußeren Sanktionen über eine an inneren Sanktionen hin zu einer an Einsicht orientierten Befolgungsbereitschaft. Das Kind rekonstruiert vielmehr herrschende Normen (zu denen es dann – allerdings mit offenem Ausgang – reflexiv Stellung nehmen kann) und entwickelt moralische Motivation im Kontext seiner Sozialisationserfahrungen (die es allerdings unter

[58] Robert E. Goodin: »What is So Special about Our Fellow Countrymen?« In: *Ethics* (1988), S. 662–686.

[59] So etwa erklärt Charles Taylor: Es geht um die »gemeinsame Identifikation mit einer auf bestimmte Werte gegründeten historischen Gemeinschaft […]. Allein patriotische Identifikation kann die notwendige Motivation herstellen für eine Disziplin«, die für die Erhaltung und Verteidigung eines Systems erforderlich ist: »Ich widme mich nicht der Verteidigung von einfach irgendjemandem, sondern ich fühle das Band der Solidarität mit meinen Landsleuten in unserem gemeinsamen Unternehmen, dem gemeinsamen Ausdruck unserer jeweiligen Würde« (Taylor: »Aneinander vorbei: Die Debatte zwischen Liberalismus und Kommunitarismus«. In: Axel Honneth (Hrsg.): *Kommunitarismus. Eine Debatte über die moralischen Grundlagen moderner Gesellschaften*. Frankfurt a.M. (1993), S. 103–130).

moralabträglichen Bedingungen auch wieder abbauen kann). Dass heute in westlichen Gesellschaften aufwachsende Kinder ein intrinsisches Verständnis der Gültigkeit moralischer Normen und der Motive ihrer Befolgung entwickeln, lässt sich nicht als unabhängige Validierung der modernen Menschenrechtsmoral deuten. Der Umkehrschluss ist plausibler. Um mit Habermas zu sprechen: In der kognitiven Dimension »dürfte das in postkonventionellen Begründungsdiskursen angesammelte Prinzipienwissen inzwischen so tief in die Lebenswelt eingedrungen sein, dass das Netzwerk der konkreten Wertüberzeugungen von diesem Abstraktionsschub nicht unberührt geblieben ist«.[60] Und für die motivationale Dimension gilt: »Dispositionen zu verantwortlichem Handeln hängen von Sozialisationsvorgängen [...] ab«[61], wobei die heutigen Erziehungspraktiken »entgegenkommende Sozialisationsprozesse«[62] gewährleisten.

Was bedeutet die Relativierung der Entwicklungslogik für Habermas' Moraltheorie? Einerseits muss sein früher Versuch, Kohlbergs Theorie als »indirekte Bestätigung« seiner Diskursethik zu verstehen,[63] als gescheitert gelten. Es ist empirisch nicht mehr haltbar, »die Stufen des moralischen Urteils auf Interaktionsstufen zurückzuführen«[64] und »die in sozialen Interaktionen eingebauten und immer abstrakter herausgearbeiteten Formen der Reziprozität« als »gleichsam naturalistischen Kern des moralischen Bewusstseins«[65] zu deuten. Die Annahme, dass das Kind auf der ersten Stufe der Perspektivenübernahme, also zwischen 5–9 Jahren, mit normativen Sätzen »noch keinen klaren Sinn verbindet«[66] und dass den »soziokognitiven Begriffen«, über die es verfügt, »eine klar geschnittene Dimension deontologischer Geltung fehlt«,[67] sind widerlegt. Andrerseits wird in den neueren Forschungen nicht bestritten, dass die Fähigkeit der Perspektivenübernahme sich im Verlauf der Entwicklung steigert. Einer Ethik, die auf Erweiterung der Einzubeziehenden setzt,

---

[60] Habermas: »Richtigkeit versus Wahrheit. Zum Sinn der Sollgeltung moralischer Urteile und Normane«. In: ders. (Hrsg.): *Wahrheit und Rechtfertigung*. Frankfurt a. M. 1999, S. 299–346, hier: S. 346.
[61] Habermas: *Erläuterungen zur Diskursethik*. Frankfurt a. M. 1991, S. 94
[62] A. a. O., S. 135.
[63] Habermas: *Moralbewußtsein und kommunikatives Handeln*. (s. Anm. 23), S. 127.
[64] A. a. O., S. 152.
[65] A. a. O., S. 182.
[66] A. a. O., S. 156.
[67] A. a. O., S. 179.

kommt dies entgegen – vorausgesetzt die formale Kompetenz wird nicht primär strategisch genutzt. Doch ohnedies – so Habermas – »sollten die Grundannahmen der Diskursethik an dem Platz, wo sie mit anderen philosophischen Ethiken konkurrieren, verteidigt und nicht naturalistisch, als Aussagen über natürliche Stufen des moralischen Bewusstseins, verstanden werden«.[68] Somit sind die empirischen Revisionen des Konzepts der Entwicklungslogik kein triftiger Einwand gegen Habermas' moralphilosophische Entscheidung für die diskursethische Operationalisierung des moral point of view. Allerdings regen sich angesichts der Inhaltabstinenz von Habermas' Programm erhebliche Zweifel, ob er seinem Anspruch, mit seiner Moraltheorie eine rationale Nachkonstruktion von Alltagsintuitionen zu leisten,[69] gerecht werden kann.[70]

---

[68] A.a.O., S. 184.

[69] Vgl. Habermas: *Erläuterungen zur Diskursethik* (s. Anm. 60), S. 125.

[70] Rainer Döbert: »Wider die Vernachlässigung des ›Inhalts‹ in den Moraltheorien von Kohlberg und Habermas. Implikationen für die Relativismus/Universalismus Kontroverse«. In: Edelstein/Nunner-Winkler (Hrsg.): *Zur Bestimmung der Moral.* Frankfurt a.M. 1986, S. 86–125.

Matthias Kettner

Ohne Entwicklungslogik. Diskursethik und moralische Normativität diesseits von Kohlberg

1. Einleitung. Was war Entwicklungslogik?

Ist von der Entwicklungslogik einer Sache die Rede, meint man zunächst eine gut abgestimmte, möglichst zielführend koordinierte und in diesem Sinne irgendwie »rationale« oder »logische« Abfolge von Veränderungen der betreffenden Sache. Die Rede von der »Logik« einer Entwicklung signalisiert etwas Folgerichtiges und Zwingendes im Nacheinander der Zustandsveränderungen, aus deren Gesamtheit die betreffende Entwicklung besteht. Meint »Entwicklung« zunächst etwas Temporales (Diachrones, Historisches) und Einheitliches – eine Verknüpfung von Ereignissen und Zuständen zu Phasen eines einheitlichen Prozesses, in dessen Verlauf eine der Entfaltung fähige und bedürftige Sache ursprünglich entsteht und dann in ihre volle Wirklichkeit kommt –, so meint die »Logik« einer Entwicklung an dieser spezifisch dasjenige, was bei vernünftiger Betrachtung sich so darstellt, als hätte sich die betreffende Sache so und nicht anders entwickeln *müssen* und auch gar nicht anders entwickeln dürfen, um zu ihrer vollen Wirklichkeit zu kommen, statt sie zu unterbieten oder ganz zu verfehlen.

»Entwicklungslogik« ist ein wissenschaftstheoretisches Stichwort der 70er und 80er Jahre des letzten Jahrhunderts, genauer: ein Reizwort innerhalb einiger humanwissenschaftlicher Diskurse, mit dem ein als unmäßig imperial wahrgenommener darwinistischer Denkstil eingehegt und dessen naturalistische, relativistische und historistische Konsequenzen abgepuffert werden sollten.[1] Konsequent

[1] Stufentheorien gibt es in vielen verschiedenartigen Phänomenen, vgl. die Auflistung von 33 Stufentheorien, die meisten im Zeitraum zwischen 1955 und 1985, bei Horst Heidbrink: *Stufen der Moral. Zur Gültigkeit der kognitiven Entwicklungstheorie Lawrence Kohlbergs.* München 1991, S. 191–194. Davon sind immerhin 8 Stufentheorien der Moral. Vgl. auch Detlef Garz: *Sozialpsychologische Entwicklungstheorien: von Mead, Piaget und Kohlberg bis zur Gegenwart.* Opladen 1989.

darwinistisch gedacht sind natürliche Evolutionsprozesse Prozesse, in deren Verlauf alles, was auch immer in ihnen entsteht und vergeht, unter veränderten Reproduktionsbedingungen auch anders entstehen und vergehen würde, inklusive der Reproduktionsbedingungen selbst. Konsequent darwinistisch gedacht gibt es keine Entwicklungslogik, sondern nur kontingente Entfaltung und Wandel.

Der darwinistische Denkstil macht die Kontingenz zur beherrschenden Denkbestimmung, und zwar Kontingenz im spezifischen Sinne des Nicht-nicht-auch-anders-Möglichseins jeder bestimmten Wirklichkeit und ihres Werdens. Wird Kontingenz zur beherrschenden Denkbestimmung erhoben, lässt sich der (ontologisch-modale) Gedanke nicht halten, ein Wirkliches sei *metaphysisch* notwendig (d. h. etwas müsse so, wie es ist und geworden ist, sein). Unter Druck gerät auch der (transzendentalphilosophische) Gedanke, gewisse Voraussetzungen von gattungsnormalen geistigen Vermögen und Kräften (wie z. B. die grammatische Kompetenz, kommunikative Kompetenz, Erkenntniskompetenz, logische Schlussfolgerungskompetenz, moralische Urteilskompetenz) würden *aprioristisch* »im Geist selber« erzeugt, nämlich ohne bleibende Angewiesenheit auf kontingent variierende soziokulturelle Umgebungen der individuellen Intelligenzen.

Universaler Darwinismus bettet alle gattungsnormalen geistigen Vermögen und Kräfte in die soziokulturelle Evolution der Gattung ein, und diese wiederum in die evolutionäre Entwicklungsgeschichte der gesamten Natur.[2] Entwicklungslogische Modelle sollten darwinistische Entwicklungsmodelle beschränken und den Universalitätsanspruch darwinistischer Evolutionstheorien begrenzen. Entwicklungslogische Ansätze sollten

> »wenigstens noch für den Binnenraum der soziokulturellen Lebensform die Idee retten, dass die Evolution von Rationalitätsstrukturen nicht zufällig ist, nicht Ergebnis eines kontingenten Anpassungs- und Optimierungsprozesses ist, sondern die sukzessive Realisierung eines Plans, der unmittelbarer Ausdruck einer logischen Notwendigkeit ist. In der Idee, aus dem für die soziokulturelle Lebensform konstitutiven Gattungspotential der Sprachfähigkeit Pfad und Stufen der Entwicklung der Vernunft logisch zu rekon-

[2] Wäre Hegel *per impossibile* Darwinist gewesen, so wäre am Ende der Rechtsphilosophie, die eine entwicklungslogische integrative Institutionentheorie darstellt, nicht die »Weltgeschichte«, sondern die Naturgeschichte als »das Weltgericht« aufgetreten.

struieren, verbirgt sich der Versuch, innerhalb einer mittlerweile doch darwinistisch begriffenen Theorie der allgemeinen biologischen Evolution noch eine Nische für einen an Hegel orientierten Begriff der Entwicklung des Geistes zu finden. Zwangsläufig erhält das, was den Binnenraum der soziokulturellen Lebensform konstituiert, dann den Status eines logisch notwendigen, unvermeidlichen Aprioris«.[3]

Die vor 40 Jahren in der amerikanischen Psychologie, der deutschen Soziologie und teils auch der deutschen Sozialphilosophie aufgeflammte Begeisterung für entwicklungslogische Modelle[4] hat gewiss vielfältige Motive, Bedingungen und Hoffnungen. Zu den stärksten Motiven gehörte neben dem Motiv der Begrenzung des Universalitätsanspruchs des Darwinismus sicher die Kritik an »radikal« empiristischen Forschungsprogrammen, etwa dem psychologischen Behaviorismus. Zu den Bedingungen, die für entwicklungslogische Theoriebildung förderlich waren, gehörte das zeitweilig hohe Prestige universalistischer Forschungsprogramme (wir schreiben noch die Vor-Postmoderne!), allen voran das der Chomsky'schen Universalgrammatik, und in der Psychologie das vergleichsweise hohe Standing, das der genetische Strukturalismus Jean Piagets damals genoss. In der Hoffnung, die sich mit entwicklungslogischer Theoriebildung verband, schwangen zudem Erkenntnisansprüche einer inzwischen sehr leise gewordenen spekulativen Geschichtsphilosophie mit: Wenn wir über ein sachhaltiges entwicklungslogisches Theoriemodell verfügen würden, könnten wir soziokulturelle Evolution als Verwirklichung des inneren Plans einer Geschichte des Geistes begreifen und »an einem gattungsuniversellen, von aller historischer Standpunktgebundenheit des Betrachters freien, objektiven Maßstab«[5] kritisch messen, also nicht nur erklären, sondern auch bewerten. Zudem könnten wir dann auch im Rahmen der Psychologie der individuellen Entwicklung gewisse ontogenetische Entwicklungslinien nicht nur beschreiben und erklären, sondern den Verlauf solcher Linien als Fortschritt oder Rückschritt bewerten, und zwar mit objektiven Maßstäben, deren Gültigkeit durch Verweis auf interkulturelle Variation nicht ernsthaft in Frage gestellt werden könnte. Besonders für Pädagogen war diese Aussicht verlockend, weil sie Aus-

---

[3] Ulrich Müller: *Die Entwicklung des Denkens: Entwicklungslogische Modelle in Psychologie und Soziologie.* Darmstadt 1982, S. 211.
[4] Sehr gut rekonstruiert und kritisiert diese Entwicklung Müller, a. a. O.
[5] A. a. O., S. 211.

sicht darauf bot, durch geeignetes, an Alters- bzw. Entwicklungsstufen angepasstes Erziehungshandeln die Chancen für die Entwicklung moralischen Denkens von Kindern und Erwachsenen zu verbessern und dadurch zum humanen Fortschritt der Gesellschaft beizutragen.

Im Folgenden (2) erinnere ich an das Ergebnis von Kohlbergs Forschung, eine entwicklungslogische Stufentheorie moralisch-normativer Urteilskompetenz und erläutere dann eine Reihe von schwerwiegenden Mängeln, die den Ertrag für die philosophische Ethik erheblich schmälern: (2.1) Kohlbergs Anspruch, ein universal anzutreffendes ontogenetisches Entwicklungsmuster aufgefunden zu haben, wird durch die Abhängigkeit der Subjektivierung von kulturell unterschiedlich ausgeprägten Institutionen eingeschränkt. (2.2) Unhaltbar ist Kohlbergs Hypothese von der Invarianz der Stufensequenz gegenüber kultureller Variation, ebenso unhaltbar (2.3) die Hypothese von der durchgängigen Prägekraft jeweiliger Strukturniveaus. Eine ethisch interessante Alternative zur Hypothese von der durchgängigen Prägekraft jeweiliger Strukturniveaus bietet Carol Gilligans Ansatz einer *Ethics of Care*, deren Gewinn für die philosophische Ethik ich an dieser Stelle in aller Kürze würdige. (2.4) Gedanklich konfus ist Kohlbergs Hypothese von der logischen Notwendigkeit von entwicklungslogischem moralischem Fortschritt, (2.5) gedanklich unklar Kohlbergs nivellierende Reduktion postkonventioneller moralischer Diversität auf das eine Prinzip der Gleichachtung von Personen. (2.6) Psychologisch unrealistisch ist Kohlbergs Abstraktion von moralischen Gefühlen im Rahmen seiner Entwicklungstheorie, (2.7) irreführend die Vereinfachung von moralischen Herausforderungen, die der Dilemma-Methode geschuldet ist, mit der den Probanden moralische Herausforderungen im Kohlberg-Paradigma präsentiert werden.

Im nächsten Abschnitt (3) kritisiere ich den m. E. schlimmsten gemeinsamen moralphilosophischen Fehler, nämlich den von Kohlberg, Habermas und Apel geteilten Kurzschluss, die unterschiedliche Problemlösekapazität moralischer Denkweisen sei dort am höchsten, und die betreffende Denkweise sei folglich die moralisch superiore, wo die höchste diskursive Rechtfertigbarkeit der Prinzipien dieser Denkweise gegeben ist. (3.1) Dagegen behaupte ich, dass die Problemlösekapazität moralischer Denkweisen unmittelbar am kulturellen Sinn bzw. komplexen Funktionssinn von Moral zu bemessen ist, und nur mittelbar an ihrer Begründbarkeit. Dass die Begründbarkeit einer Moralauffassung mit deren Problemlösekapazität korreliert, ist nur unter bestimmten kulturellen Bedingungen und besonderen Praxiskontexten möglich, ist aber keineswegs allgemein so. Im letzten Abschnitt (3.2) interpretiere ich das Problem, wie die Vielfalt moralischer Denkweisen zwar wertend, aber nicht dogmatisch geordnet werden kann, als die eigentliche Herausforderung, auf die das Kohlberg-Paradigma die Antwort erbringen sollte, aber nicht erbringt.

2. Kohlbergs Modell ontogenetisch progedienter moralisch progressiver Entwicklungsstufen

Auf den Schultern von Jean Piaget, der die Modellierung kognitiver ontogenetischer Niveaus in die Entwicklungspsychologie eingeführt hat,[6] hat Lawrence Kohlberg eine Stufentheorie des moralischen Denkens konstruiert. Kohlberg hat sich zwar selbst im Piaget-Paradigma verortet, hat aber seine moralfokussierte Theoriebildung, anders als Piaget, nirgends mit eigenen Positionen innerhalb der philosophischen Erkenntnistheorie und Evolutionstheorie verbunden.[7] Ich kann die interessante Theoriegeschichte der allmählichen,[8] durch

---

[6] Das Hauptergebnis der Piaget-Schule besteht in vielfältigen empirischen Belegen für eine ontogenetisch progrediente Sequenz nicht von Stufen, sondern von Phasen der kindlichen Entwicklung, die sich als »sensomotorische« Phase, als »präoperationale« Phase, als Phase der »konkreten« Denkoperationen und als Phase der »formalen« Denkoperationen nacheinander manifestieren. (Repräsentativ: Bärbel Inhelder/Jean Piaget: *Von der Logik des Kindes zur Logik des Heranwachsenden*. Olten 1980). – Zum Stellenwert der Piaget-Tradition innerhalb der heutigen Psychologie s. Müller/Jeremy I. M. Carpendale/Leslie Smith (Hrsg.): *The Cambridge Companion to Piaget*. Cambridge 2009. Eine gekonnte philosophische Verortung unternimmt Thomas Kesselring: *Jean Piaget*. München 1999.

[7] Zweifel am üblichen Bild von Kohlberg als Fortsetzer von Piagets Studien zur kindlichen Entwicklung des moralischen Urteils (Piaget) begründet Jeremy I. M. Carpendale: »Piaget's Theory of Moral Development«. In: U. Müller/J. I. M. Carpendale/L. Smith (Hrsg.): *The Cambridge Companion to Piaget*, S. 270–286. Carpendale zeigt, dass Kohlberg sich gerade dadurch, dass er in wichtigen Punkten von Piaget abweicht, Schwierigkeiten einhandelt, von denen moraltheoretische Piagetianer verschont bleiben. – Philosophisch zu Piagets Erkenntnistheorie s. Arno Ros: »Die genetische Epistemologie Jean Piagets. Resultate und offene Probleme«. In: *Philosophische Rundschau* (1983), Beiheft 9.

[8] Kohlberg: »Stage and Sequence: The cognitive-developmental approach to socialization«. In: David A. Goslin (Hrsg.): *Handbook of socialization theory and research*. Chicago 1969.

viele Revisionen gegangenen Herausbildung[9] der »reifen« Theorie[10] hier nicht zusammenfassen, sondern erinnere nur an ihr Resultat:[11]

In der reifen Theorie werden typisierte normative Moralverständnisse bzw. -auffassungen (»Moralen«) auf einer Reihe von 6 Entwicklungsstufen (= 3 Niveaus à 2 Stufen) abgetragen. Das Niveau der ersten beiden Stufen charakterisiert Kohlberg als *präkonventionell,* das der dritten und vierten Stufe als *konventionell,* das der fünften und sechsten als *postkonventionell.* Der Theorie zufolge muss die Ontogenese des moralischen Denkens der Einzelnen bei der ersten Stufe beginnen und könnte erst bei der sechsten Stufe enden, da diese die höchste Form darstelle, die das moralische Denken erreichen könne. Kohlberg hat in der Diskussion mit Kritikern, denen das nicht weit genug geht, die Möglichkeit einer siebten Stufe eingeräumt, in der religiöse und andere existenzielle Selbst- und Weltverständnisse das moralische Selbst- und Weltverständnis einbetten würden, hat aber am Abschlusscharakter von Stufe 6 für die Moral festgehalten. Zum theoretischen Kern von Kohlbergs Modell ontogenetisch progedienter moralisch progressiver Entwicklungsstufen gehören auch die Behauptungen, dass jede Person diejenige Stufe, die sie tatsächlich im Leben erreichen wird, nur durch Fortschritte in der angegebenen Reihenfolge erreichen wird, und dass keine Person zu

---

[9] Kohlberg: *Essays on Moral Development, Vol. I: The Philosophy of Moral Development: Moral Stages and the Idea of Justice.* San Francisco 1981; ders./Charles Levine/ Alexandra Hewer: »Moral stages: A current formulation and a response to critics«. In: Jack A. Meacham (Hrsg.): *Contributions to Human Development* (vol. 10). Basel 1983; Kohlberg: *Essays on Moral Development, Vol. II: The Psychology of Moral Development.* San Francisco 1984.

[10] Kohlberg/Anne Colby: *The Measurement of Moral Judgment. Vol. I: Theoretical Foundations and Research Validation.* Cambridge 1987a; Kohlberg/Colby: The Measurement of Moral Judgment. Vol. II: Standard Issue Scoring Manual. Cambridge 1987b; Kohlberg/Dight D. Boyd/Charles Levine: »The Return of Stage 6: Its Principles and Moral Point of View«. In: Thomas E. Wren (Hrsg.): *The Moral Domain. Essays in the Ongoing Discussion between Philosophy and the Social Sciences.* Cambridge 1990, S. 151–180.

[11] Gute deutschsprachige Darstellungen des gesamten Kontexts bei Garz: *Sozialpsychologische Entwicklungstheorien* (s. Anm. 1) und Fritz Oser/Wolfgang Althof (Hrsg.): *Moralische Selbstbestimmung.* Stuttgart 1992. Für eine philosophisch anspruchsvolle Kohlberginterpretation s. Karl-Otto Apel: *Diskurs und Verantwortung. Das Problem des Übergangs zur postkonventionellen Moral.* Frankfurt a. M. 1988. Für einen Überblick über wichtige Kontroversen s. Sohan Modgil/Celia Modgil (Hrsg.): *Lawrence Kohlberg. Consensus and Controversy.* Philadelphia 1986.

Stufen zurückkehrt, die sie bereits durchlaufen hatte. Die folgende Tabelle resümiert Kohlbergs Stufung und Stufencharakterisierung:[12]

Entwicklungsstufen	**Moralauffassungen**
Präkonventionelles Niveau:	
1. Stufe:	»heteronomous morality«
2. Stufe:	»individualistic, instrumental morality«
Konventionelles Niveau:	
3. Stufe:	»interpersonally normative morality«
4. Stufe:	»social system morality«
Postkonventionelles Niveau:	
5. Stufe:	»human rights & social welfare morality«
6. Stufe:	»morality of universalizable, reversible, prescriptive general ethical principles«

Im Rest dieses Abschnitts erläutere ich einige Probleme, die die Modellbildung und die Interpretation der empirischen Befunde betreffen. In der Summe wiegen diese Probleme m. E. so schwer, dass Kohlbergs Modell nicht als gesicherter naturalistisch-psychologischer Grundlagenbestand, auf den sich der philosophische Diskurs der Ethik und Metaethik stützen könnte, gelten darf. Es ist bedauerlich, dass speziell im Rahmen des diskursethischen Forschungsprogramms der Beitrag des Kohlberg-Modells zur Diskursethik überschätzt wurde. Dass gewisse diskursethische Versuche, mit Kohlberg gegen Kohlberg zu denken und das Modell zu verbessern,[13] die wichtigste zu beweisende Prämisse, dass philosophisch konzipierbare Begründungssuperiorität und lebensweltlich erfahrbare Moralsuperiorität Hand in Hand gehen, als feststehend betrachten, verfällt als fragwürdiges *question begging* der Kritik.

[12] Kohlberg/Colby: *The Measurement of Moral Judgment. Vol. I* (s. Anm. 10), S. 25–33.

[13] Jürgen Habermas: *Moralbewußtsein und kommunikatives Handeln*. Frankfurt a. M. 1983, S. 176, 182–200; ders.: »Justice and Solidarity: On the Discussion Concerning Stage 6«. In: Thomas E. Wren (Hrsg.): *The Moral Domain* (s. Anm. 10), S. 224–251.

2.1 *Das problematische Passungsverhältnis zwischen Subjektivierungen und kulturell mächtigen Sozialgebilden*

Der britische Philosoph, Psychologe und Pädagoge R. S. Peters, der sowohl psychodynamische wie kognitive Ansätze in Erziehungswissenschaft und Entwicklungspsychologie sensibel rezipiert hat, beschrieb bereits Ende der Siebzigerjahre ein nichttriviales Problem des Kohlberg-Paradigmas. Peters erinnert an das Verhältnis zwischen den mehr oder weniger autonom denkenden und handelnden Individuen einerseits und den kulturell ausdifferenzierten, daher mit mehr oder weniger starken Orientierungskräften wirkenden Institutionen andererseits, mit denen die Einzelnen im Leben praktisch zurechtkommen müssen. Dieses Verhältnis von kulturell mächtigen Sozialgebilden und dem Spielraum der Ausprägung von Subjektivierungsformen wird für entwicklungsontologische Theorien à la Kohlberg problematisch, weil es die Institutionenabhängigkeit vermeintlich rein ontogenetisch bestimmter Lernprozesse hervorkehrt und zudem die Kulturrelativität, insofern die stark orientierenden Institutionen nicht in allen Kulturen die gleichen sind. Was die Einzelnen normalerweise lernen können und was nicht, der Normalitätsspielraum ihrer Subjektwerdung,[14] hängt ab von der »all-pervasive influence of institutions which provide a potent source of latent learning«, besonders »for the growing child«. Als Pädagoge hat Peters vor allem die Institution Schule im Blick: »Of particular importance is the school and the motivational assumptions that support it«.[15]

Kohlberg hat später mit seinem *Just Community Approach*, dem Versuch, in überschaubaren kulturellen Wir-Gruppen moralbewusstseinserweiternde Praktiken einzuführen,[16] Konsequenzen aus dem Passungsproblem gezogen. »Die spezifischen Inhalte des moralischen

---

[14] Zum kulturtheoretischen Konzept des Normalitätsspielraums s. Kettner: »Kulturreflexion und die Grammatik kultureller Konflikte«. In: Dirk Baecker/Kettner/Dirk Rustemeyer (Hrsg.): *Über Kultur. Theorie und Praxis der Kulturreflexion*. Bielefeld 2008, S. 17–28.

[15] Richard S. Peters: »Moral Development and Moral Learning«. In: ders.: *Moral Development and Moral Education*. London 1982a, S. 140–165, hier: 155.

[16] Vgl. Kohlberg: »Resolving Moral Conflicts within the Just Community«. In: Carol Gibb Harding (Hrsg.): *Moral Dilemmas. Philosophical and Psychological Issues in the Development of Moral Reasoning*. Chicago 1985, S. 71–97. Eine gute, freilich eher informative als empirisch robuste Übersicht über diese Sozialexperimente bis 1988 gibt der Kohlberg-Schüler Clark Power: »The Just Community Approach to Moral Education«. In: *Journal of Moral Education* 17 (1988), S. 195–208.

Urteils und die Höhe der erreichten Entwicklungsstufe können […] sowohl innerhalb verschiedener Milieus einer Gesellschaft als auch kulturspezifisch variieren. Das hängt von den speziellen gesellschaftlichen Bedingungen ab, die interkulturell variieren können, in denen sich moralische Entwicklung vollzieht. Für Kohlberg ist moralische Entwicklung also *nicht nur*« – aber, das möchte ich trotz Kellers *very charitable interpretation* festhalten: seiner ursprünglichen Theorieabsicht nach doch *sehr wohl* – »ein intern regulierter kognitiver Entwicklungsprozess«. Keller fährt fort: offenkundig werde moralische Entwicklung

»durch Gelegenheiten zur Perspektivenübernahme in sozialen Interaktionen gefördert. Neben den Erfahrungen zur Perspektivenübernahme in der Familie sieht Kohlberg in Übereinstimmung mit Piaget insbesondere die Erfahrungen in der Gruppe der Gleichaltrigen als zentral an. Der Schule als sozialem Erfahrungsraum hat der späte Kohlberg eine besondere Bedeutung zugesprochen, da deren ›moralische Atmosphäre‹ moralische Entwicklung fördert. Seine pädagogischen Überlegungen sind noch heute bedeutungsvoll.[17] Die kulturvergleichenden Ergebnisse zu seiner Theorie zeigen, dass diese Interaktionen auch in einem *kulturellen* Rahmen gesehen werden müssen, in dem basale Kategorien der Erfahrung vermittelt werden« (Kursivierung von M. K.).[18]

Kohlberg hat aber nirgends konsequent die Schwierigkeit durchdacht, dass der *Just Community Approach* das Passungsproblem bloß verschiebt (nämlich in die Außengrenze und die Außenbeziehungen der jeweiligen *Just Community*), aber nicht löst. Insofern stellt Kohlbergs *Just Community Approach* bestenfalls Insellösungen bereit, gleichsam Oasen geschützter moralischer Bildungsmöglichkeiten.[19]

---

[17] Vgl. Wolfgang Edelstein/Fritz Oser/Peter Schuster: *Moralische Erziehung in der Schule. Entwicklungspsychologie und pädagogische Praxis*. Weinheim 2001.

[18] Monika Keller: »Moralentwicklung und moralische Sozialisation«. In: Detlef Horster/Jürgen Oelkers (Hrsg.): *Pädagogik und Ethik*. Wiesbaden 2005, S. 149–172, hier: 155.

[19] Der dem Kohlberg-Paradigma keineswegs abholde Soziologe Günter Dux, dessen historisch-genetische Kulturtheorie (Günther Dux: *Historisch-genetische Theorie der Kultur. Instabile Welten. Zur prozessualen Logik im kulturellen Wandel*. Weilerswist 2000) die Konstruktivität des menschlichen Geistes über dessen Bildungsprozess begreifen und dabei die konstruktiven Formen mitzubegreifen sucht, in denen wir Gesellschaften und Kulturen in der Geschichte vorfinden, kommt auf anderem Wege zu einer ähnlichen Problemdiagnose wie zuvor schon Peters. Dux findet es »nicht ganz einfach, die divergierenden Forschungsergebnisse zu interpretieren und unter dem Eindruck ihrer Divergenz eine Entwicklungslinie der Moral zu bestimmen. Überdies

Peters hat aus dem Kohlberg-Paradigma die realistische Konsequenz gezogen, dass präkonventionelle und konventionelle Formen moralischen Denkens unerlässlich und daher ethisch, psychologisch und pädagogisch ebenso wichtig zu nehmen sind wie die sogenannten postkonventionellen Formen. »Children have to pass from seeing rules as connected with punishments and rewards to seeing them as ways of maintaining a gang-given or authoritatively-ordained rule-structure before they can adopt a more autonomous attitude towards them.«[20] Die Sequenzialität erfordert eben, dass auch die »niedrigeren« Stufen erst einmal durchgearbeitet werden müssen. Man sollte sie niemandem ersparen wollen.

»Kohlberg has shown that many adolescents are still only at the first ›premoral‹ stage, so the suggestion that an institution should be devised for them which is structured only in terms of the final stage is grossly inappropriate. Progressive schools, therefore, which insist from the start on children learning only what interests them, on making their own decisions and running their own affairs, ignore the crucial role which the stage of conventional morality plays in moral development.«[21]

Wenn wir vereinfachend die Kultur als das Gemeinsame und Vermittelnde von Subjektivierungsformen und Sozialgebilden betrachten, schließt sich an den Befund der Institutionenrelativität individueller Lernprozesse (der für den Anspruch von Kohlbergs Theorie, ontogenetische freistehende, a-kommunitäre Entwicklungsgesetze freizulegen, zum Problem wird) die Frage an, wie (wenn überhaupt) das Modell ontogenetisch progedienter und moralisch progressiver Entwicklungsstufen auf die globale Kulturgeschichte von Institutionen theoretisch angewandt werden kann. Apel ist von dieser Anwendbarkeit überzeugt und sieht in ihr sogar den wichtigsten Beitrag Kohl-

---

werden die Divergenzen durch die Emotionsforschung noch verstärkt. Fasst man die Ergebnisse zusammen, kann zweifelhaft erscheinen, was von der [Piaget-Kohlberg'schen] These einer Entwicklung von der Heteronomie zur Autonomie noch übrig bleibt« (a.a.O., S. 190). Dux relativiert die Befunde Piagets und Kohlbergs an Bildungsmilieus: »Man wird nicht fehlgehen« in Bezug auf Piaget, »wenn man annimmt, dass sie ein Erziehungsmilieu widerspiegeln, wie es in der Genfer Gesellschaft der 20er Jahr vorgeherrscht hat. Umgekehrt wird man in den Untersuchungen Turiels ein gewandeltes Interaktionsmilieu zwischen Eltern und Kindern erkennen wollen, in dem Kinder früh schon intrafamiliale Mitspracherechte gewährt werden und rigide autoritäre Erziehungsstile abgebaut sind« (A.a.O., S. 192).

[20] Peters: »Moral Development and Moral Learning« (s. Anm. 15), S. 156.

[21] Ebd.

bergs zur philosophischen Ethik. Kohlberg selbst hat eine solche Anwendung nie versucht, sondern möchte in seinen kulturvergleichenden empirischen Arbeiten lediglich nachweisen, dass die Konstruktvalidität seines ontogenetischen Modells gegen einige Kulturdifferenzen gleichgültig ist.

Kohlberg und Apel begrüßen gleicherweise die Implikation, dass das Entwicklungsstufenmodell ethischen Relativisten das Leben schwerer macht.[22] Apel überbietet Kohlberg aber mit der Behaup-

---

[22] Kohlberg: »I am happy to report that I can propose a solution to the relativity problem that has plagued philosophers for three thousand years« (*Essays on Moral Development, Vol. I* (s. Anm. 9), S. 12). Apel: »Die Signifikanz der wertend-verstehbaren und hierarchisch differenzierenden Rekonstruktion der Ontogenese des moralischen Bewusstseins besteht offensichtlich darin, dass sie eine Alternative und ein Gegenargument zum ethischen Relativismus der empiristischen Kultursoziologie darstellt; denn die von Kohlbergs Theorie unterstellte, irreversible Reihenfolge (Sequenz) und wertmäßige Differenz (Hierarchie) der Stufen ist von vornherein, gemäß ihrer ontogenetischen Bedingtheit, als kulturell invariant gedacht« (»Die transzendentalpragmatische Begründung der Kommunikationsethik und das Problem der höchsten Stufe einer Entwicklungslogik des moralischen Bewußtseins«. In: ders.: *Diskurs und Verantwortung* (s. Anm. 11), S. 306–369, hier: 311). Es ist wichtig, Kulturrelativismus (eine m. E. respektable Position, s. Kettner: »Interkulturelle Philosophie, kulturelle Relativität und Kulturrelativismus«. In: Raúl Fornet-Betancourt/Hans Schelkshorn/Franz Gmainer-Pranzl (Hrsg.): *Auf dem Weg zu einer gerechten Universalität. Dokumentation des X. Internationalen Kongresses für interkulturelle Philosophie*. Aachen 2013, S. 81–91) und ethischen Relativismus (eine m. E. unhaltbare Position, s. Kettner: »Moralrelativismus und Kulturreflexion«. In: *Allgemeine Zeitschrift für Philosophie* 34 (2009), S. 235–254) zu unterscheiden. Kulturrelativisten behaupten deskriptiv, (1) dass Moralregeln von Ort zu Ort und von Zeit zu Zeit variieren. Interpretativ wird behauptet (2), dass sich diese Verschiedenartigkeit der Moralregeln allein schon (oder jedenfalls am besten) aus der Situierung der jeweiligen Regeln in ihren jeweiligen kulturellen Kontexten K ergibt. Metaethisch wird behauptet, (3) dass der Geltungsanspruch einer Moralregel sich aus einem bestimmten kulturellen Kontext K′ ergibt, der selber die Quelle der Gültigkeit der Moralregel ist. (Und es wird angenommen, dass K = K′.) Punkte 1–3 sind mit der »moral-universalistischen« Hypothese, die zurecht zur Diskursethik gehört, dass es gewisse moralische Geltungsansprüche gibt, deren normative Autorität kulturelle Unterschiede transzendiert, noch vereinbar, falls gleichartige relevante kulturelle Kontexte sich empirisch überall aufweisen lassen (z. B. Diskurs-Praktiken). Nicht mehr mit der moraluniversalistischen Hypothese vereinbar, sondern partikularistisch wird eine kulturrelativistische Position dann, wenn sie Punkt 4 aus 1–3 folgert (oder einfach hinzufügt): (4) Weil die Weltgeschichte die Geschichte vielfältiger verschiedenartiger Kulturen ist, gibt es keine Moralregeln mit Geltungsanspruch für alle Kulturen, der in allen Kulturen gleichermaßen gültig wäre. Kulturrelativismus wird zu einer normativen Position, die man dann besser als »ethischen Relativismus« kennzeichnet, wenn zu den Punkten 1–4 noch Punkt 5 hinzukommt, nämlich die *normativ* gemeinte Prä-

tung, das ontogenetische Entwicklungsstufenmodell der Moral lasse sich auch auf die Beschreibung und Bewertung des moralischen Entwicklungsstands von Institutionen anwenden bzw. habe ein institutionengenetisches Äquivalent. Wie man mit Kohlberg mit Bezug auf Personen unvoreingenommen (objektiv) davon sprechen kann, dass bestimmte Fortschritte im moralischen Denken erfolgt oder ausgeblieben sind, so soll man Apel zufolge auch mit Bezug auf prägende Institutionen, wie etwa Rechtssysteme,[23] kulturelle Fortschritte ihrer moralischen Eigenschaften unvoreingenommen (objektiv) einschätzen können, und zwar in analogischer Ausdehnung des Kohlberg-Modells.[24] In späteren Überlegungen zur Integration der Kohl-

---

misse: (5) Moralischerweise müssen wir alle Moralen als je für sich gültig und, von uns aus gewertet, als gleichwertig werten.

[23] Apel erwähnt noch die alte Institution bzw. »Meta-Institution« des philosophischen Diskurses und die neue Institution einer räsonierenden politischen Öffentlichkeit (Apel/Dietrich Böhler/Karlheinz Rebel (Hrsg.): *Funkkolleg Praktische Philosophie/Ethik. Studientexte 1.* Weinheim 1984, hier: S. 151). Apels sprachphilosophischer Einsicht zufolge ist schon die Umgangssprache eine »Meta-Institution«. Apel meint, Diskurs und Umgangssprache zusammen bilden eine Art kulturanthropologische Matrix, aus der sich im Verlauf der Kulturgeschichte eine Reihe von Institutionen ausdifferenziert haben (in der eurogenen Kultur) oder ausdifferenzieren können (in der Weltkultur). »Es liegt dann die Vermutung nahe, dass seit der Menschwerdung die Sprache als ›Institution der Institutionen‹ fungiert hat. In der griechischen Antike begann dann auf dieser Grundlage die Institutionalisierung des argumentativen Diskurses als der Institution des Denkens und der kritischen Reflexion. Seitdem sind auf dieser Grundlage in der modernen Welt zahlreiche nachkonventionelle Institutionen zur Bildung der öffentlichen Meinung, zur juristischen Normenbegründung (z. B. zur Gesetzgebung) und für politische Gespräche neu entstanden. In diesen Gesprächs-Institutionen erweist sich, dass letztlich die Sprache als Institution allen übrigen Institutionen übergeordnet ist; sie ist nämlich einerseits selbst eine soziale Institution, andererseits als Institution des Denkens die Bedingung der Möglichkeit der Kritik und Rechtfertigung aller Institutionen. Die Sprache ist insofern eine Meta-Institution« (a. a. O., S. 52). Vgl. auch Apel über Gehlen in: »Arnold Gehlens ›Philosophie der Institutionen‹ und die Metainstitution der Sprache«. In: ders.: *Transformation der Philosophie. Band 1. Sprachanalytik, Semiotik, Hermeneutik.* Frankfurt a. M. 1973, S. 197–221.

[24] »Bei der Anwendung des Kohlberg-Schemas auf die Geschichte ist es uns in der Tat möglich, einen faktischen, wenn schon nicht kontinuierlichen, Fortschritt im Sinne der Entwicklungslogik des moralischen Bewußtseins geistesgeschichtlich nachzuweisen« (Apel u. a.: *Funkkolleg Praktische Philosophie/Ethik* (s. Anm. 23), S. 144). Der Textteil steht unter der Überschrift »Sinn und Berechtigung der Anwendung einer ›Entwicklungslogik‹ des moralischen Bewußtseins (nach Piaget, Kohlberg und Habermas) auf die menschliche Geschichte« (a. a. O., S. 141). Ich meine, die differentielle moralische Bewertung moralischer Infrastrukturen von Institutionen ist eine Spezifikation der allgemeineren Frage nach der Möglichkeit einer differentiellen mora-

berg'schen Theorie in das Forschungsprogramm Diskursethik hat Apel den aus vielen guten Gründen wünschenswerten moralischen Fortschritt des Menschengeschlechts[25] in Analogie mit der Ontogenese als »Adoleszenzkrise«[26] gedeutet, einer Krise, »die auch durch die Tatsache« [!] »der unwiderrufbar eingeleiteten, aber keineswegs erfolgreich abgeschlossenen Transformation der Moral bedingt ist«.[27] Die Krise markiere einen Übergang in postkonventionelle Moralregister, der schon lange währe, nur unsicher vorankomme, aber nicht ausbleiben dürfe.[28] Kohlberg dient Apel hier als Erdung für Apels

---

lischen Bewertung von Moralen und muss mit dieser zusammen beantwortet werden (vgl. Alasdair MacIntyre: »Social Structures and their Threats to Moral Agency«. In: *Philosophy* 74 (1999), S. 311–329).

[25] Terminologisch macht Apel sich – unnötig – abhängig von Kohlbergs Modell, wenn er die Problematik als »Menschheitsaufgabe des geschichtlichen Übergangs von der *konventionellen* zur *postkonventionellen* Moral« (Apel: *Diskurs und Verantwortung* (s. Anm. 11), S. 459 u.ö.) beschreibt. Sachlich fundierter und auch anschlussfähiger an tatsächlich breitenwirksame normative Lernprozesse, wie sie Teilen der politischen Klima- und Umweltschutzbewegungen sowie in Menschenrechtsinitiativen erfolgen, erscheinen mir andere, an Max Weber und vor allem Hans Jonas anknüpfende, von Kohlberg unabhängige Formulierungen, mit denen Apel das Desiderat einer »Makroethik der Menschheit« in Begriffen einer »planetaren Verantwortungsethik« beschreibt (s. z.B. Apel: »First Things First. Der Begriff primordialer Mit-Verantwortung. Zur Begründung einer planetaren Makro-Ethik«. In: Kettner (Hrsg.): *Angewandte Ethik als Politikum*. Frankfurt a.M. 2000, S. 21–50.), oder als Übergang zu einer »Makroethik der Koexistenz und der verantwortlichen Kooperation der verschiedenen Lebensformen im planetaren Maßstab« (Apel: »Faktische Anerkennung oder einsehbar notwendige Anerkennung? Beruht der Ansatz der transzendentalpragmatischen Diskursethik auf einem intellektualistischen Fehlschluß?«. In: ders: *Auseinandersetzungen in Erprobung des transzendentalpragmatischen Ansatzes*. Frankfurt a.M. 1998, S. 221–280, hier: 263). Eine moralisch-normative Sorge um die kulturellen (materiellen und sozialen) Erhaltungsbedingungen der Gattung Mensch und ihres – vorläufig einzigen – Habitats, des Planeten Erde, ist in Kohlbergs Konstruktion moralischer Postkonventionalität überhaupt nicht enthalten. Sie ist ebenso wenig enthalten in der Ergänzung von Kohlbergs gerechtigkeitsmoralischer Perspektive durch eine Perspektive der »Solidarität«, die Habermas (»Justice and Solidarity« (s. Anm. 13), S. 244) in seiner Kohlbergkritik vorschlägt: »[T]he perspective complementing that of equal treatment of individuals is not benevolence but solidarity. This principle is rooted in the realization that each person must take responsibility for the other because as consociates all must have an interest in the integrity of their shared life context in the same way. Justice conceived deontologically requires solidarity as its reverse side«.

[26] Apel: *Diskurs und Verantwortung* (s. Anm. 11), S. 135, 190, 200, 410, 429ff., 474.

[27] A.a.O., S. 431.

[28] Oft formuliert Apel diese Krise als »Problem des Übergangs von der konventionellen (Binnenmoral der staatlichen Selbstbehauptungssysteme) zur postkonventionel-

Vision der Globalisierung von maximalen Fortschritten im allgemeinen Moralbewusstsein, die sich andernfalls als bloße Utopie und Ohnmacht des Sollens ausnehmen würde.[29]

Man wird sich der Plausibilität der Apel'schen Problemdiagnose im Kern nicht verschließen: An den »Binnenmoral[en] der Stämme, Nationen und der militanten Glaubensgemeinschaften«[30] brechen sich seit einem halben Jahrhundert die Bemühungen zur menschenrechtlichen Überformung aller starken normativen Kräfte der Weltkultur. Aber für die Globalisierung der Menschenrechte und die Kultivierung des auf sie bezogenen Menschenwürdedenkens gibt Kohlbergs ontogenetisches Entwicklungsstufenmodell viel weniger her, als Apel glauben möchte, nämlich nur dies: Gegründet auf Kohlbergs Befunde darf ich hoffen, dass ein (sehr kleiner) Teil der heute lebenden Menschheit die Ausbreitung der Menschenrechts- und Menschenwürdekultur *nicht* als Oktroi, *nicht* als wesentlich westlich, *nicht* als moralisch entfremdende Zumutung erfährt, sondern als seine sittliche Heimat.

---

len (universalistischen) Moral der Vernunftprinzipien und des persönlichen Gewissens« (Apel: *Funkkolleg Praktische Philosophie/Ethik* (s. Anm. 23), S. 190). Merkwürdig breit nimmt sich die geschichtsphilosophisch Situierung diese Übergangs aus: Apel deutet ihn als »ein Problem, das in allen Hochkulturen seit dem Auftreten der Philosophie und der Weltreligionen sich stellt, also in Europa etwa seit dem Auftreten des Sokrates« (ebd., vgl. auch S. 429 f.).

29 Apels Devise, dass der normativen Ethik zumindest wo es um makroethische Moralmuster, d. h. solcher mit Globalisierungschancen geht, eine Makrosituationsanalyse vorzuschalten, sozusagen eine Gegenwartsdiagnose, halte ich im Grundsatz für richtig. In diesen Fragen ist die Aufnahme normativ-funktionalistischer Beschreibungen der Weltgesellschaft in die normative Ethik unabdingbar. Mit seiner Unterscheidung der Diskursethik in einen »Teil A«, der das abstrakt normativ Begründbare behandelt, und einen »Teil B«, der die Erfolgsbedingungen für die Implementierung (oder Anwendung) des abstrakt normativ Begründbaren auslotet und anleitet (beide, Teil A wie B, sind normativ, Teil B allerdings ist hybrid), hat Apel eine theoretische Antwort auf die Herausforderung, dass die im Durchschnitt durchhaltbare Moral der Ausstattung der machthabenden Institutionen der Gesellschaft *folgt*, gesucht, aber nicht gefunden. Die Herausforderung der normativen philosophischen Ethik durch die kulturgeschichtliche Tatsache institutionellen Wandels und institutioneller Diversität hat bereits Gehlen unüberbietbar lakonisch auf den Punkt gebracht: »So ist auch das Zeitalter der Könige nach 5000jähriger Dauer zu Ende gegangen, sein Institutionengefüge, seine Ethik erwiesen sich als nicht vereinbar mit den Bedingungen der Industriegesellschaft, in der man jedes Ethos ausleben kann, auch das der höchsten Humanität, bloß nicht das Ethos des Kampfes von Mann zu Mann und folglich auch nicht das der Vornehmheit« (Gehlen: *Mensch und Institution*. Hamburg 1961, S. 73).

30 Apel: *Funkkolleg Praktische Philosophie/Ethik* (s. Anm. 23), S. 429.

Nota bene: Hinter Kohlbergs Konzeption einer unumkehrbaren Sequenz von zunehmend besseren Denkformen für moralisch einwandfreie Konfliktlösungen steht zwar eine empirisch beachtliche monokulturelle Längsschnittstudie (58 nordamerikanische Teilnehmer über 20 Jahre). Auch wurden einige kulturvergleichende Studien durchgeführt, allerdings nicht in der ganzen Breite von Kohlbergs *Standard Scoring Manuals*. Empirisch einigermaßen robust untermauert wurde aber nur die Konstruktion der Stufen 2, 3 und 4.[31] Die Anfangs- und Endstufen 1, 5 und 6 der »entwicklungslogischen« Sequenz sind theoretisch postulierte Konstrukte geblieben. Sie konnten empirisch nur marginal belegt werden.[32]

Der Grund für Apels erstaunliche Überschätzung des Kohlberg'schen Beitrags zum Ethos der Diskursethik[33] ist leicht aufzufinden: Apel ignoriert, dass Kohlbergs Modell über die Prävalenz von Individuen, deren Moraldenken unter postkonventionelle Stufenbeschreibungen fällt, schlicht keine Aussagen macht.[34] Apel über-

---

[31] Zu dieser Einschätzung kommt die Bildungsforscherin Monika Keller (»Moralentwicklung und moralische Sozialisation« (s. Anm. 18)) unter Berufung auf Lutz Eckensberger/Roderick Zimba: »The Development of Moral Judgment«. In: John W. Berry/Pierre D. Dasen/Tarakad S. Saraswathi (Hrsg.): *Handbook of cross-cultural psychology. Bd. 2: Basic processes and human development.* Boston/MA ²1997, S. 299–338.

[32] Mir scheint, dass leider zutrifft, was Sutter süffisant so formuliert: »Empirisch lassen sich moralische Argumentationen für diese [6.] Stufe nur noch Kandidaten entlocken, die im ethischen Denken kantischer Provenienz hinreichend geschult sind« (Tilmann Sutter: »Die Entzauberung der postkonventionellen Moral«. In: Klaus Holz (Hrsg.): *Soziologie zwischen Moderne und Postmoderne. Untersuchungen zu Subjekt, Erkenntnis und Moral.* Gießen 1990, S. 82–106, hier: 101). Kohlberg selbst ordnet unsystematisch einige »exemplary moral leaders like Lincoln, Gandhi, and Martin Luther King as cases of Stage 6« ein (Kohlberg u.a.: »The Return of Stage 6« (s. Anm. 10), S. 179). In seinem eigenen Material taucht »Stufe-6 Denken« nur bei »Joan« auf, offensichtlich einer philosophisch geschulten Person, die für das Finden des Richtigen so argumentiert, wie auch Diskursethiker argumentieren würden (vgl. a.a.O., S. 169–174).

[33] Zur Unterscheidung der im Rahmen der Diskursethik letztbegründbaren intrinsischen Moral argumentativer Diskurse einerseits und andererseits der engagierten Parteinahme für sie, die aus dieser Moral ein Ethos der Diskursivität macht, aber nicht letztbegründet werden kann, siehe Kettner: »Discourse Ethics beyond Apel and Habermas: A Realistic Relaunch«. In: *Icelandic E-Journal of Nordic and Mediterranean Studies* 6 (2011), abrufbar unter: http://nome.unak.is/wordpress/06-1/articles61/fv/ (27.12.2016).

[34] Mein Punkt, dass Kohlbergs Theorie keine Aussagen über die relative Vorkommenshäufigkeit (Prävalenz) macht, wird auch von Habermas übersehen und ist nicht identisch mit der Unterscheidung von »Entwicklungsdynamik« und »Entwicklungs-

sieht, dass der empirische Aufweis, dass einige Menschen umsichtig und komplex moralisch denken (auf den »postkonventionellen« Stufen 5 und 6) im Rahmen des Kohlberg'schen Stufenmodells *nicht* impliziert, dass alle oder auch nur viele Menschen dieses Denkniveau erreichen werden oder auch nur erreichen könnten.

Um diesen Schwachpunkt mit einer Analogie zuzuspitzen: Apel verhält sich hier zu Kohlberg wie jemand, der daraus, dass einige Menschen höhere Mathematik beherrschen, zuversichtlich schließen will, dass viele oder sogar alle Menschen hierzu in der Lage sind. Tatsächlich sind aber weder faktisch noch »im Prinzip« viele oder sogar alle Menschen hierzu in der Lage.

Guido Rappe hat in kulturvergleichenden Literaturstudien zur griechischen und chinesischen Antike die Triftigkeit der Annahme eines postkonventionellen Kultivierungssprungs der je schon konventionell verbreiteten Moral bezweifelt[35] und dies mit einer ausführlichen ablehnenden Kritik der kulturellen Wendung des Kohlberg-Ansatzes verbunden.[36] Rappes Alternativmodell von Fortschritt lässt kulturelle Lernprozesse zu, setzt aber strikt beim fortschrittlichen Individuum an:

> »Vom emergenten ersten fassbaren Punkt kultureller Erscheinungsformen – wie etwa dem Ahnen- und Totenkult – an erweist sich [...] der Gestaltkreis der Moral als ein Fließgleichgewicht, das immer wieder Anpassungs- und Ausgleichsleistungen von individuellen und kollektiven Ansprüchen erfordert, aber keinen klaren allgemeinen Fortschritt zeigt. Dieser ist allenfalls für den Einzelnen zu erzielen, der sich um Selbstkultivierung bemüht. Damit bleibt zwar der Menschheit die Hoffnung, durch das Anwachsen der Summe der moralischen Einzelnen insgesamt besser zu werden; dass dies jedoch in der Zukunft wahrscheinlich ist, dafür gibt es keine klaren Indizien«.[37]

Während Apel die Unterstützung überschätzt, die seine Vision eines globalen normativen Fortschritts zu einer »planetaren Makro-

---

struktur«, mit der Habermas die angesprochene Problematik umgehen zu können glaubt.

[35] Guido Rappe: *Die Scham im Kulturvergleich. Antike Konzepte des moralischen Schamgefühls in Griechenland und China.* Bochum 2009, hier: S. 258–268.

[36] Rappe: *Ethik und Rationalitätsformen im Kulturvergleich: Eine Kritik am Postkonventionalismus. Band 1: Interkulturelle Ethik.* Berlin 2004, hier: S. 567–686 u. 865–944.

[37] Rappe: *Die Scham im Kulturvergleich* (s. Anm. 35), S. 268.

Ethik«[38] durch Kohlbergs Theorie vermeintlich erhält, widmet er den wirklich bedeutsamen kollektiven Lernprozessen, die in der Kultivierung und Globalisierung der Menschenrechtskultur und des Menschenwürdedenkens Ausdruck finden, erstaunlich wenig diskurstheoretische Aufmerksamkeit.[39]

2.2 *Die unhaltbare Hypothese der Invarianz der Sequenz gegenüber kultureller Variation*

Die Entwicklungspsychologin Monika Keller versucht in ihren kulturvergleichenden Forschungen zur Entwicklung soziomoralischer Kompetenz von dem entwicklungslogischen Denkansatz Kohlbergs zu retten, was zu retten ist, muss dafür aber zugeben, dass kulturelle Unterschiede sehr bedeutsam für Unterschiede in der Entwicklung moralischer Urteilsformen sind.

> »Die Idee einer zunehmenden Verinnerlichung von moralischen Werten bildet den Kern von Sozialisationstheorien, die einen Verlauf vom Eigeninteresse zur Übereinstimmung mit sozialen Werten und möglicherweise moralischer Autonomie postulieren. […] Unsere Resultate zeigen, dass dieses westliche Sozialisationsmodell nicht universell ist und dass es asiatischen Personen nicht gerecht wird, bei denen prosoziale Orientierungen auch in der frühen Entwicklung dominieren. Übereinstimmend damit bestätigt sich das Bedürfnis nach sozialer Harmonie als ein ausgeprägtes Charakteristikum des soziomoralischen Denkens in asiatischen Gesellschaften einschließlich Chinas«.[40]

Kohlbergs Annahme, dass die Stufensequenz 1 bis 6, wenn sie (zum Teil) durchlaufen wird, invariant gegenüber kultureller Variation durchlaufen wird, ist also empirisch nicht zu halten. Vielmehr wird man von einer Verschränkung ausgehen müssen, die zwischen einer-

---

[38] Apel: »First Things First« (s. Anm. 25).

[39] In Apels *Diskurs und Verantwortung* (s. Anm. 11) werden Menschenrechte nur *en passant* erwähnt. In den in Apels *Auseinandersetzungen* (s. Anm. 25) gesammelten Aufsätzen wird nur festgestellt, dass die erklärten Menschenrechte ohne Rekurs auf die diskursive Begündungsform nicht begründet werden können (S. 817), was nicht verwundert, und global konstitutionalisiert werden »sollten« (S. 833).

[40] Keller u.a.: »Denken über moralische Verpflichtung und interpersonale Verantwortung im Zusammenhang unterschiedlicher Kulturen«. In: Wolfgang Edelstein/Gertrud Nunner-Winkler (Hrsg.): *Moral im sozialen Kontext*. Frankfurt a.M. 2000, S. 375–406, hier: 400.

seits kulturellen, also im Modus von kulturellen Wir-Gruppenzugehörigkeiten auf die individuellen Selbstbildungsprozesse wirkenden Faktoren, andererseits strikt individualpsychologischen, also im Modus von eigenen Sinnkonstruktionsleistungen des Subjekts wirkenden Faktoren bestehen. Keller meint:

»Die Ergebnisse bestätigen aber auch den konstruktivistischen Denkansatz, der entwicklungsmäßige Änderungen nicht auf kulturelle Normen zurückführt. Individuen, weit entfernt davon, nur passive Empfänger von impliziter oder expliziter Sozialisation bei der Interaktion mit anderen zu sein, konstruieren aktiv die Bedeutung von Beziehungen und moralischen Normen. Sozialisationserfahrung in Familie und Schule ist nur eine Wurzel des Entwicklungsprozesses, eine Wurzel, die offensichtlich in der jungen Kindheit stärker als in der Adoleszenz ist. Zunehmende Einbindung in Beziehungen zu Gleichaltrigen in der Adoleszenz kann eine zweite Wurzel der moralischen Entwicklung sein, die beiden Kulturen gemeinsam scheint, so verschieden sie sonst auch sein mögen. Unsere Befunde können dahingehend interpretiert werden, dass Erfahrungen in Gleichaltrigen- und Freundschaftsbeziehungen die vorherrschenden kulturellen Bewertungen modifizieren und sogar transformieren können«.[41]

2.3 *Die unhaltbare Hypothese von der durchgängigen Prägekraft jeweiliger Strukturniveaus und Gilligans Alternative*

Mit Kohlbergs (meistens vertretener) Annahme, dass ein einmal von einer Person erreichtes Niveau *durchgängig* ihren Umgang mit moralischen Irritationen jeder Art beherrscht, ist es empirisch auch nicht besser bestellt. Nennen wir diese Annahme von der durchgängigen Prägekraft einer jeweiligen Moralstufe die »Penetranzthese«. Kohlberg muss die Penetranzthese im Fortgang der empirischen Forschung aufweichen. Die Prägekraft einer Moral M1, mit der sich die Einzelnen zu einer bestimmten Zeit ihres moralischen Bildungswegs identifizieren, für die Gesamtheit der Inhalte der Moralprobleme, mit denen die Einzelnen zurechtkommen müssen, relativiert sich offenbar durch die Variable von moralisch prägenden Gemeinschaften oder Institutionen. Das von Peters bemerkte Passungsproblem zwischen dem moralischen Selbst von Personen und den normativ mächtigen

[41] Ebd., S. 400f.

Sozialgebilden, in denen sie es ausbilden, erweist sich einmal mehr als gravierend.

An dieser Stelle möchte ich wenigstens kurz die Alternative würdigen, die Carol Gilligan in Auseinandersetzung mit Kohlbergs Modell aufgebaut und mit einer Reihe von empirischen moralpsychologischen Untersuchungen untermauert hat. Gilligan nennt die von ihr hervorgehobene Moralformation *Ethics of Care* – ein vieldeutiger Ausdruck, der Anteilnahme, Fürsorge, Für-jemanden-da-Sein und auch Pflege bedeuten kann. Deutsche Übersetzungen schwanken denn auch zwischen »Ethik der Anteilnahme«, »Ethik der Fürsorge« oder »Ethik der Verantwortung«. Ich würde den inhaltlich genaueren, aber sprachlich etwas unglücklichen Ausdruck »Moral der konkreten Mitverantwortung« vorziehen oder, einfacher, den Ausdruck »Moral der Fürsorglichkeit«. Hüten sollte man sich jedenfalls vor dem irreführenden semantischen Wink, bei »Anteilnahme« an kognitionsferne Gefühle zu denken. Fürsorglichkeit oder Anteilnahme, denen Gilligan eine eigenartige und eigenwertige moralische Dimension zuschreibt, haben ihr zufolge durchaus auch eine erkennende, umsichtige, bewusste, situationserschließende Grundlage, nämlich die *Einsicht* in die komplexe Wirklichkeit von Abhängigkeit und Freisein in konkreten, sozial bestimmten interpersonellen Beziehungen.

Wenn Gilligan überhaupt etwas für die philosophische Ethik Interessantes gezeigt hat, dann dies, dass es vernünftig strukturiertes moralisches Denken auch jenseits des im Kohlberg-Modell favorisierten Gerechtigkeitsdenkens gibt, d.h. auch jenseits von qua prinzipiiertem Ausgleich von konkurrierenden Ansprüchen von Rechten und Pflichten bzw. von moralisch berechtigten Interessen, wie in Kohlbergs Moralen der Stufen 5 und 6. So entthront Gilligan Kohlbergs Artefakt einer Gerechtigkeitsmoral, die angeblich geschlechtsunspezifisch ist und den rationalen Kern aller Moral artikulieren soll.

Die Moral der Fürsorglichkeit entwickelt sich um eine zentrale Einsicht, nämlich, »dass das Selbst und die Anderen wechselseitig voneinander abhängig sind. Die verschiedenen Einstellungen zu dieser Verbundenheit« – zu dieser *psychologischen* Tatsache über die menschliche Lebensform – »charakterisieren die drei Perspektiven[42] und ihre Übergangsphasen. In dieser Sequenz bewirkt die Tatsache der wechselseitigen Verbundenheit die zentrale, immer wiederkehrende Erkenntnis, dass, während die Ausübung von Gewalt letzten

[42] Gilligan spricht meistens von *Niveaus, Stufen* oder *Phasen,* statt von Perspektiven.

Endes für alle zerstörerisch ist, der Akt der Anteilnahme sowohl anderen als auch dem Selbst nützt«.[43]

Das erfahrungsoffene fürsorglichkeitsmoralische Denken ist eine in der Entwicklung der Einzelnen nach und nach immer realistischer werdende existenzielle Sorge: Die Sorge, Menschen in den Beziehungen, in denen man mit ihnen lebt, nicht zu schädigen. Moralisch sensu Gilligan ist »der Wunsch, andere nicht zu verletzen, und die Hoffnung, dass die Moral einen Weg zeigt, wie man Konflikte so lösen könnte, dass niemand verletzt wird«.[44] Diese existenzielle Sorge erzeugt immer neue Konflikte zwischen Selbstsorge und der Einbeziehung von Anderen in die Moral der konkreten Mitverantwortung.

Vergleichsweise beste Lösungen für diese Art von Konflikten zu finden, das ist der, wenn man so will, Motor der Entwicklung des fürsorglichkeitsmoralischen Denkens. *Moralisch vergleichsweise beste* Lösungen zu finden ist das moralische, *psychisch vergleichsweise befriedigendste* Lösungen zu finden ist das psychologische Moment in der Moral der konkreten Mitverantwortung. Die realistischste Form, die das fürsorglichkeitsmoralische Denken annehmen kann, sei dann erreicht, wenn der moralische Imperativ, Verletzungen zu vermeiden, »von einem komplexen Verständnis der psychologischen Dynamik von Beziehungen geprägt« wird.[45]

Man kann Gilligans Beschreibung ein wenig variieren, um den Kontrast zu Kohlberg schärfer zu stellen: Das Bezugsproblem der Care-Moral ist es, »die Verantwortung zu limitieren, ohne moralische Rücksichten aufzugeben«.[46] Während Kohlbergs 5. und 6. Stufe »darauf abzielt, eine objektiv faire oder gerechte Lösung moralischer Dilemmas zu erreichen, auf die sich alle rationalen Menschen einigen könnten, konzentriert sich die Verantwortungskonzeption statt dessen auf die Begrenztheit jeder spezifischen Lösung und zeigt die noch verbleibenden Konflikte auf«.[47]

Auch Gilligans Moralentwicklungsmodell beinhaltet also eine schwache Entwicklungstendenz über mehrere Moralpositionen hin-

---

43 Carol Gilligan: *Die andere Stimme. Lebenskonflikte und Moral der Frau.* München/Zürich 1984, S. 95.

44 A.a.O., S. 84.

45 A.a.O., S. 119.

46 A.a.O., S. 32.

47 A.a.O., S. 33.

weg. Gilligans Modell sieht ontogenetisch für die Fürsorglichkeitsmoral eine Reihe von zunehmend affektiv-kognitiv ausbalancierten Ausgestaltungen vor. Jede neue Ausgestaltung der Fürsorglichkeitsmoral repräsentiere ein »komplexeres Verständnis der Beziehung zwischen dem Selbst und den anderen« und »jeder Entwicklungsschritt eine kritische Neuinterpretation des Konflikts zwischen Egoismus und Verantwortung«. Das Moralurteil entwickle sich »von der anfänglichen Sorge um die Selbsterhaltung zu dem Wunsch, Gutes zu tun, und schließlich zu einem reflektierten Verständnis von Zuwendung und gegenseitiger Rücksichtnahme als dem tragfähigsten Grundprinzip für die Lösung menschlicher Beziehungsprobleme«.[48]

Gilligans *normative* These wäre demnach viel komplexer, als die einfältigen differenztheoretischen Lesarten es wahrhaben wollen, die die Fürsorglichkeitsmoral den Frauen und die Gerechtigkeitsmoral den Männern zuordnen.[49] Am Max-Planck-Institut für Bildungsforschung hat besonders Gertrud Nunner-Winkler über einen langen

---

[48] A. a. O., S. 131. Puka moniert das Ausbleiben entsprechender empirischer Untersuchungen (Bill Puka: »The Majesty and Mystery of Kohlberg's Stage 6«. In: Thomas E. Wren (Hrsg.): *The Moral Domain* (s. Anm. 10), S. 182–223, hier: 194 ff.

[49] Sorgfältige empirische Untersuchungen zeigen, dass Mädchen und Jungen früh dieselben moralischen Intuitionen erlernen und dass Männer und Frauen in der Regel beide »Sprachen« der Moral sprechen und verstehen können. Welche Moralsprache sie dann tatsächlich in einem bestimmten Zusammenhang sprechen, hängt weniger vom Geschlecht als vom Inhalt des Problems ab, genauer: vom Ausmaß ihrer persönlichen Betroffenheit (die natürlich ihrerseits wieder vom Inhalt des Problems abhängt). Vereinfacht gesagt zeigt sich: Wenn wir über Probleminhalte räsonieren, die uns (aus welchen Gründen auch immer) erfahrungsfern und gefühlsmäßig äußerlich bleiben, dann tun wir dies eher formal, prinzipiell, abstrakt; wenn wir über Inhalte nachdenken, die uns (aus welchen Gründen auch immer) innerlich angehen, dann tun wir dies eher material, kontextuell und konkret (vgl. Gertrud Nunner-Winkler: »Moralisches Wissen – moralische Motivation – moralisches Handeln. Entwicklungen in der Kindheit«. In: Michael-Sebastian Honig u. a. (Hrsg.): *Kinder und Kindheit. Soziokulturelle Muster – sozialisationstheoretische Perspektiven*. München 1996, S. 129–156.). Starke empirische und auch normative Kritik an einer voreiligen differenztheoretischen Essentialisierung der fairness/care-Differenz als Genderdifferenz hat sehr früh bereits Joan C. Tronto innerhalb der feministischen Diskussion geäußert (vgl. Tronto: »Beyond Gender Difference to a Theory of Care«. In: *Signs* 12 (1987), S. 644–663). Tronto will zeigen, dass Fürsorglichkeitsmoral nicht auf psychologische Eigenarten von Frauen zurückgeht, sondern vom hegemonialen Diskurs der Gerechtigkeitsmoralen aus sozialstrukturellen Gründen marginalisiert wird. Tronto nimmt gleichsam eine *politisierbare* Konzeption von Fürsorglichkeitsmoral gegen deren differenztheoretische Liebhaberinnen an (vgl. Tronto: *Moral Boundaries. A Political Argument for an Ethic of Care*. London 1993).

Zeitraum entsprechende Fragestellungen erforscht.[50] Gilligans ursprüngliche These, dass Männer und Frauen moralisch verschiedenartig denken, hat der empirischen Forschung nicht standgehalten.[51] Die Selbstverständlichkeit, dass die Wirklichkeit des moralischen Denkens vielgestaltig ist, lässt sich mit der Geschlechterdifferenz offenbar nicht auf interessante Weise kreuzen. Geschlechtsspezifische Unterschiede sind nicht im Denkstil nachweisbar, sondern nur in der Entwicklung von moralischer Motivation.[52] Hypothetisch am besten erklärt werden die nachweisbaren Unterschiede als Wechselwirkung von mehr oder weniger starker Identifikation mit Geschlechtsrollen und gesellschaftlich tonangebenden Geschlechtsrollenstereotypen.

2.4 *Die konfuse Hypothese vom logisch notwendigen moralischen Fortschritt*

Peters hat in den 70er Jahren bereits den Schwachpunkt entdeckt, dass Kohlberg nirgends jene ominöse Art von Notwendigkeit erläu-

---

[50] Nunner-Winkler: »Gibt es eine weibliche Moral?«. In: dies.(Hrsg.): *Weibliche Moral. Die Kontroverse um eine geschlechtsspezifische Ethik*. Frankfurt a. M. 1991.

[51] Nunner-Winkler/Marion Meyer-Nikele/Doris Wohlrab: »Gender Differences in Moral Motivation«. In: *Merrill-Palmer Quarterly* 53 (2007), 3. Artikel: »Empirical research has shown that men and women do not differ in stages of moral reasoning (vgl. Gillian R. Wark/Dennis L. Krebs: »Gender and dilemma differences in real-life moral judgment«. In: *Developmental Psychology* 32 (1996), S. 220–230; Lawrence J. Walker/Brian de Vries/Shalley D. Trevethan(1987): »Moral stages and moral orientations in real-life and hypothetical dilemmas«. In: *Child Development* 58 (1987), S. 842–858; Michael W. Pratt u. a.: »Four pathways in the analysis of adult development and aging: comparing analyses of reasoning about personal-life dilemmas«. In: *Psychol Aging* 4 (1991), S. 666–675), in type of moral orientation (vgl. Sara Jaffee/Janet S. Hyde: »Gender differences in moral orientation: A meta-analysis«. In: *Psychological Bulletin* 126 (2000), S. 703–726) or in style of norm application, i. e. rigidity versus flexibility (Rainer Döbert/Nunner-Winkler: »Wertwandel und Moral«. In: H. Bertram (Hrsg.): *Gesellschaftlicher Zwang und moralische Autonomie*. Frankfurt a. M. 1986, S. 289–319).«

[52] Moralische Motivation wird in der Forschungsliteratur üblicherweise so definiert: »A motive is defined as moral only if an individual's judgment contains an understanding of the obligatory character of the moral ought and the concern motivating the imperative behaviour is intrinsically oriented to this understanding. Thus, moral motivation is conceptualized as agents' willingness to do even at personal costs what they, to the best of their knowledge, judge to be right« (Nunner-Winkler u. a.: »Gender Differences in Moral Motivation« (s. Anm. 51).

tert, die er Niveauerhöhungen zuschreibt, wenn er die Progression von Stufe zu Stufe eine logische Progression nennt:

»I can see no kind of logical necessity in the claim that the ›good boy‹ morality of the peer-group must precede a morality more dependent on the approval of authorities, for instance, in Stages Three and Four. There may be some kind of necessity for this, connected with the logical order of the concepts concerned; but Kohlberg has not made explicit what it is any more than he has made explicit, at Stages One or Two, why children must conceive of rules as connected with punishment before they see them as connected with rewards.«[53]

Kohlbergs wissenschaftstheoretischen Ausführungen kann man eine These entnehmen, die auf eine Übersetzbarkeit von nichtnormativer Erklärung und normativer Rechtfertigung hinausläuft und folgendes besagt: Die erfahrungswissenschaftlichen Begriffe, mit denen struktural-kognitive Psychologen (wie Kohlberg) Entwicklungsfortschritte beschreiben und erklären (»Differenzierung«, »Integration«, »Äquilibrierung«, »kognitives Schema«, u.a.) einerseits und andererseits die normativ-ethischen Begriffe, mit deren Hilfe Übergänge zwischen verschiedenen Moralauffassungen M1 und M2 als Verbesserung oder Verschlechterung beschrieben und in einem moralisch-normativen Sinn bewertet werden können, müssen sich ineinander übersetzen lassen bzw. meinen ein Gleiches.

Gegen diese These spricht ein m.E. stichhaltiger Einwand: Eine kognitionspsychologisch gesehen differenziertere, integriertere, äquilibriertere etc. Moralauffassung muss dadurch nicht auch schon eine moralisch-normativ bessere oder auch nur vernünftigere Moralauffassung sein. Möglicherweise ist sie keines von beiden. Und auch zeitlich betrachtet besteht kein zwingender Grund für die Annahme, dass das zeitlich Spätere darum schon das moralisch Vorzugswürdigere sein wird.

Aus dieser Verlegenheit hülfen nur fortschrittsmetaphysische Vorannahmen. Als Kindern der Moderne und ihrer Fortschrittsnarrative sind uns solche Vorannahmen nur allzu vertraut. Aber wenn wir sie in die Moralentwicklungstheorie einschmuggeln, desavouieren wir deren vorgeblich kulturinvarianten Geltungsanspruch: wir machen diesen unter der Hand eurozentrisch und auf kulturchauvi-

---

[53] Richard S. Peters: »The Place of Kohlberg's Theory in Moral Education«. In: ders.: *Moral Development and Moral Education*. London 1982b, S. 166–181, hier: 169.

nistische Weise modern, damit aber wieder angreifbar durch kulturrelativistische Skeptiker.

Kohlberg hat die erste Form der These von der normativ-naturalistischen Übersetzbarkeit verändert.[54] Der springende Punkt für diese Veränderung ist die Einsicht, dass man offenbar schon für eine bestimmte Moralauffassung M* Partei ergreifen, also normativ moralisch denken muss, um das Resultat eines Übergangs von einer Moralauffassung M1 zu einer anderen M2 für moralisch besser halten zu können. M* kann nicht identisch mit M1 sein – wie könnte die Preisgabe von M1 sonst als das moralisch Bessere erscheinen (nämlich nach den Maßstäben von M1)? M* kann aber auch nicht identisch mit M2 sein – sonst wäre es trivial, den Übergang zu M2 für das moralisch Bessere zu halten (nämlich nach den Maßstäben von M2).

Kohlberg »löst« dieses Problem des metamoralischen Maßstabs, indem er sich nach normativen Moraltheorien umschaut, die unter Philosophen gegenwärtig Kredit haben. Diejenigen normativen Moraltheorien, die er für die philosophisch besten hält, importiert er in seine psychologische Theorie, die er wiederum für die entwicklungspsychologisch beste hält. Mit Hilfe der importierten philosophischen Ethik will Kohlberg die Schiedsrichterrolle für die moralisch-normative Bewertung von Moralübergängen besetzen. Diese Rolle überträgt er auf eine »höchste« Stufe, die Stufe 6. – Die Problematik dieser Übertragung behandele ich im Abschnitt 3.

2.5 *Die nivellierende Reduktion von postkonventioneller moralischer Diversität*

Die wichtige Botschaft, die durch die von Gilligan zum Sprechen gebrachte »weibliche Stimme« der Moral aus der naturalistischen Entwicklungspsychologie des moralischen Denkens in das normative moralische Denken der philosophischen Ethik eingebracht wird und dieses Denken produktiv verstört, lautet: Die *naturalistische* Untersuchung von vernünftigen moralischen Denkweisen, ebenso die *normative* Suche nach einer bestimmten moralisch richtigen Antwort in einer moralisch perplexen Problemlage, ist dann bereits falsch und verzerrt, wenn nur nach *einer* Moral gesucht wird. Wir sollten damit

---

[54] Vgl. Kohlberg: »Stage and Sequence« (s. Anm. 8); Kohlberg: *Essays on Moral Development, Vol. I* (s. Anm. 9), S. 178f.

aufhören, uns das vernünftige moralische Denken monistisch zurechtzudenken.[55]

»Justice reasoning« – so benennt Kohlberg (meistens) jene spezifische Kompetenz, deren Entwicklungslogik er aufzeigen will. Leider macht Kohlberg nirgends so klar, wie es wünschenswert wäre, wovon er spricht, wenn er von »Gerechtigkeit« als dem durchgängigem und auch höchsten moralischen Prinzip spricht. Kohlbergs Erörterungen der postkonventionellen Denkformen der Stufen 5 und 6 bringen Denkmotive aus *unterschiedlichen* philosophischen Prinzipienethiken ins Spiel (Rawls, Kant, Mill) und schlagen sie über den Leisten einer nur vage vorverstandenen Idee von Gerechtigkeit. Kohlbergs Idee von Gerechtigkeit liegt die Vorstellung des Rollentauschs zugrunde, die schon die Pointe der Goldenen Regel ausmacht: Wenn es für Ego und Alter in einer konflikthaften Situation eine bestimmte Transformation bzw. Lösungsmöglichkeit gibt, die es Ego ermöglicht, sich an Alters Stelle vorzustellen, und die es Alter ermöglicht, sich an Egos Stelle vorzustellen, und Ego ebenso wie Alter finden die Lösungsmöglichkeit annehmbar sowohl an ihrer eigenen Stelle wie auch an der Stelle des anderen, dann erweist sich hierdurch für sie, dass genau diese Lösungsmöglichkeit moralisch in Ordnung ist.[56]

Gilligans Einspruch gegen die monistischen Prätentionen innerhalb der philosophischen Ethik und Moralpsychologie betrifft natürlich nicht nur das Gerechtigkeitsdenken. Gerechtigkeitsdenken – Kohlbergs »justice reasoning« – ist bereits *in sich* divers und kann nur künstlich auf einen gemeinsamen Nenner gebracht werden. Wenn wir unter das »Gerechtigkeitsdenken« so diverse postkonventionelle moralische Denkformen wie Kants Kategorischen Imperativ, Kohlbergs Gleichachtung von Personen, Rawls' Gerechtigkeit als Fairness und Habermas' Interessenuniversalisierung als moralische Richtigkeit subsumieren, dann muss zunächst Wert auf die doch erheblichen *internen* Differenzen in dieser Familie moralischer Denkformen gelegt werden – ungeachtet der gemeinsamen, die Familienähnlichkeit stiftenden Intuition, dass Gerechtigkeit irgendwie auf unparteilich anwendbare unpersönliche normative Regeln oder Prin-

---

[55] Den ethischen Gewinn dieser Deutung des Gilligan'schen *oevres* würdigt Susan Hekman: *Moral Voices. Moral Selves: Carol Gilligan and Feminist Moral Theory.* Pennsylvania 1995, S. 25–33.

[56] Ob sie wirklich und in umfassender Betrachtung moralisch einwandfrei ist, ist eine andere und kompliziertere Frage.

zipien der Berücksichtigung von Belangen von Personen hinausläuft. Die monistische Prätention beginnt innerhalb der philosophischen Ethik schon dort, wo normative Ethiker (wie Kant, Rawls, Habermas u. a.) in ihren jeweiligen normativen Begriff des moralisch Richtigen das Vorurteil einbauen, die Familie der Gerechtigkeitsmoralen falle mit der Vernunftmoral *zusammen*. Und wenn Psychologen in ihre empirischen Untersuchungsmethoden solche Ethik-Positionen unkritisch investieren, wie Kohlberg, dann spiegeln sie deren monistische Anmaßungen. Der Gerechtigkeitsmonismus in der philosophischen Ethik hat bedauerliche Konsequenzen für naturalistische Forschungsprogramme (wie Kohlbergs Moralpsychologie): Die Domäne der zu erklärenden Phänomene wird unnatürlich verengt auf Moralprobleme, die sich in Gerechtigkeitsbegriffen be- und umschreiben lassen. Für normativ-ethische Forschungsprogramme (wie die Diskursethik im Gefolge von Apel und Habermas)[57] ist die bedauerlichste Konsequenz die, dass die Hegemonie einer bestimmten Moralauffassung rationalisiert und verstärkt statt aufgedeckt wird.

Die m. E. fällige Überwindung des Gerechtigkeitsmonismus in der Ethik hätte gleichsam an zwei Fronten zu erfolgen: *Innerhalb* des Gerechtigkeitsdenkens wäre der Versuchung zu widerstehen, unterschiedliche Gerechtigkeitsauffassungen normativ über den Kamm einer einzigen, mutmaßlich »höchsten« Auffassung zu scheren. Und es wäre die theoretische Sensibilität für Moralauffassungen *außerhalb* des Gerechtigkeitsdenkens zu steigern. Dabei erweist sich auch noch Gilligans Rede von »zwei Stimmen« der Moral, so eingängig diese Metapher auch ist, als unterkomplex. Das moralische Denken ist offenbar nicht nur zweistimmig, sondern polyphon.

---

[57] Dietrich Böhler hat in seinem *magnum opus* kürzlich noch einmal betont, wie wertvoll die Kohlberg'sche Moralpsychologie für die Diskursethik sei (Böhler: *Verbindlichkeit aus dem Diskurs. Denken und Handeln nach der sprachpragmatischen Wende*. München 2013, bes. S. 336–349). Böhlers Verbesserungsvorschlag für die Moral der Stufe 6, moralischer Diskurs statt nur moralisches Gedankenexperiment, um Kohlberg noch näher an die Diskursethik heranzuholen, trägt allerdings Eulen nach Athen, denn für den späten Kohlberg (»The Return of Stage 6« (s. Anm. 10), bes. S. 177) liegt die spezifische Differenz zur Stufe 5 darin, dass zur Moral der Stufe 6 »dialogue or the exchange of moral reasons in a communication based on equality and mutual respect« gehören. Böhler macht den interessanten Versuch, im Gefolge der Apel'schen Unterscheidung eines Teils A und eines Teils B innerhalb der normativen Diskursethik Kohlbergs Stufenschema mit einer Stufe 7 Moral zu überbieten (Böhler: *Verbindlichkeit aus dem Diskurs*, S. 366–373). Diesen Versuch kann ich an dieser Stelle leider nicht diskutieren.

Raummetaphorisch gesagt: Das Diskursuniversum des moralischen Denkens, der Raum der moralischen Bewertungsgründe, ist vieldimensional. Noch einmal anders gesagt: Wenn sich die philosophische Ethik besonders für solche Gestaltungen von Moral interessiert, die ihre normativen moralischen Urteile (irgendwie) von Gründen abhängig machen, über die sich vernünftig argumentieren lässt – ich würde dies die diskurstheoretische Definition des altehrwürdigen Titels der Vernunftmoral nennen –, dann kann man »nach Gilligan« nicht mehr so tun, als falle Vernunftmoral mit Gerechtigkeitsmoral zusammen. Eine Moral, die das normierende Prädikat *es ist moralisch richtig, dass (...)* mit *es ist gerecht bzw. fair, dass (...)* übersetzt, verliert nun ihr angemaßtes Definitionsmonopol innerhalb der philosophischen Ethik.

Shweder u. a.[58] weisen in ihrer kulturvergleichenden Übersicht auf die Kulturrelativität der als »postkonventionell« bestimmbaren Moralen. Z.B. könnte in der hinduistisch geprägten Kultur die nicht-kontraktualistische Sittlichkeit intakter Großfamilien das beste kulturell verfügbare Modell für Postkonventionalität abgeben. »Such an alternative postconventional conception of moral obligation might be self-consciously paternalistic, modeled after the family as a moral institution. [...] In nonabusive families, of which there are many, a combination of loyalty, deference, empathy, altruism, love, and hierarchy protects the vulnerable from exploitation, while rewarding the powerful for caring for the weak.«[59]

Ich meine, wir sollten die Gerechtigkeitsmoral als einen systematischen *Teil*bereich in die volle Vernunftmoral eingliedern, aber nicht mit ihr gleichsetzen. Dass der Bereich der Gerechtigkeitsmoral *eingegliedert* wird, verweist auf die Konkretion und Kohärenz des vernünftigen moralischen Denkens. Dieses Denken ist erst dann ganz auf seiner Höhe, wenn diverse Teilbereiche, die sich in ihm unterscheiden lassen, »zusammen« im Spiel sind. Wenn wir Gilligans Beitrag zur Ethik als Bruch mit der Magie des normativen Monismus in der Vernunftmoral verstehen wollen, dann heißt das positiv gewendet: Im Anspruch der Ethik, vernünftig zu sein, liegt der Anspruch

---

[58] Richard A. Shweder/Manamohan Mahapatra/Joan G. Miller: »Culture and Moral Development«. In: James W. Stigler/Shweder/Gilbert Herdt (Hrsg.): *Cultural Psychology. Essays on Comparative Human Development*. Cambridge 1990, S. 131–204.
[59] A. a. O., S. 200.

auf Anerkennung von (und dann: auf Auseinandersetzung mit) moralischer Diversität.

Wieder erweist sich Peters als hellsichtiger Kritiker. Schon früh erkannte er die ethische Schwachstelle in Kohlbergs mangelhafter Auseinandersetzung mit der *Vielfalt* von Prinzipienmoralen, die sich jenseits der »konventionellen«, d.h. der gesellschaftlich weit verbreiteten Moralvorstellungen der regel- und gesetzesorientierten Stufen 3 und 4 auftut.[60] Es sei gar nicht einzusehen, warum Personen, die es in ihrem moralischen Denken zu einer gewissen Autonomie gebracht haben, so dass sie systematisch über Rechtfertigungen für bestimmte Regeln, die ihrer Meinung nach moralische Anforderungen kodieren, nachdenken können, nur bei abstrakten Moralprinzipien landen müssten, oder wie Kohlberg meint, sogar nur bei einem *einzigen* abstrakten Moralprinzip, dem der Gerechtigkeit in der Gleichachtung von Personen:[61]

»Whether reflective people embody their principles in ideal constructions like Hobbes's Leviathan or Rousseau's Social Contract or whether, like Sidgwick and Price, they formulate their principles in a more mundane abstract manner seems more to do with their imaginative and literary gifts than with their level of moral reasoning. And anyway what application has the notion of level of moral reasoning to those who have reached a stage at which they keenly dispute the priority of each other's principles? And what place are we to accord to an acute and abstract-minded sceptic such as David Hume who argued that morals depend not on rational principles but on disinterested passions?«[62]

---

[60] Peters: »The Place of Kohlberg's Theory in Moral Education« (s. Anm. 53), S. 169f.

[61] »The moral point of view operationalizes the principle of respect for persons that, properly interpreted, grounds both the earlier and our current conception of Stage 6« (Kohlberg u.a.: »The Return of Stage 6« (s. Anm. 10), S. 152).

[62] Peters zieht der rationalistisch überzogenen und – im Rahmen postkonventionellen moralischen Denkens – tendenziell auf Gerechtigkeitsdenken reduzierten Theorie Kohlbergs die breitere und stärker kontextualisierte Entwicklungstheorie von Garbarino und Bronfenbrenner vor, »in which there are three stages resulting from the interactions between maturing capacities and motivations of the child on the one hand and particular characteristics of his socio-cultural milieu on the other. At the bottom is the amoral pattern with some primary hedonic principle of organisation such as self-interest or self-satisfaction. The second level includes all patterns of morality having as their dominant characteristics allegiance and orientation to some system of social agents. These include authority, peer and collective orientations. These are alternatives and may exist within and across cultures. They need not occur in any particular order in an individual. At the third level values, principles and ideas are the directing forces. This third level is Kohlberg's Stages Five and Six without the emphasis on the

Auf Kohlbergs prinzipienbasierten, »postkonventionellen« Stufen (5 und 6) spielen ja auch Gesichtspunkte menschlichen Wohlergehens *(human welfare)*, Respekt für die Personalität von Personen sowie Nachachtung der Autorität von sich selbst normativ regulierenden großen Sozialgebilden (Gesellschaften) eine Rolle. Und wenn sich das Prinzipienhafte von »Moralprinzipien« von der besonders hohen normativen Bedeutung der entsprechenden Praktiken herschreibt, die ohne die betreffenden Moralprinzipien praktisch unmöglich wären und nur mit ihnen möglich sind, dann müsste z. B. auch Wahrhaftigkeit zu den postkonventionellen Gesichtspunkten hinzugezählt werden. »At the principled level of morality, Kohlberg would then have quite a formidable ›bag of virtues‹ – justice, benevolence, respect and truth-telling«[63] – sozusagen ein hinter Kohlbergs unklarem und unplausiblen Gerechtigkeitsmonismus versteckter Prinzipienpluralismus *contre coeur.*

2.6 *Die unrealistische Relegation moralischer Gefühle*

Die Debatte über die *Ethics of Care* hat dazu geführt, dass in der moralpsychologischen Forschung die – bei Kohlberg besonders klar ausgeprägte – Fixierung auf den »kognitiven« (d. h. erkenntnisförmigen, in Form von kurzen Angaben von Gründen für Entscheidungen zur Sprache bringbaren) Anteil im moralischen Denken überdacht und von einigen Ethikern und Psychologen mit unterschiedlichen Argumenten auch infrage gestellt wurde. Möglicherweise hat alles moralische Denken zwar ein kognitives Moment, aber weder fällt das Moralische mit dem moralischen Denken zusammen, noch bildet das kognitive Moment dieses Denkens dessen selbstgenügsamen Kern.[64]

Für die Konstitution der komplexen Fähigkeit, sich moralisch zu verhalten, nämlich Verantwortung wahrzunehmen im Einklang mit

---

principle of justice« (Jim Garbarino/Urie Bronfenbrenner: »The Socialization of Moral Judgment and Behaviour in Cross-cultural Perspective«. In: Thomas Lickona (Hrsg.): *Moral Development and Behavior. Theory, Research, and Social Issues.* New York 1976, S. 70–82.)

[63] Peters: »The Place of Kohlberg's Theory in Moral Education« (s. Anm. 53), S. 178.

[64] Vgl. Martha C. Nussbaum: »Emotionen und der Ursprung der Moral«. In: Edelstein/Nunner-Winkler (Hrsg.): *Moral im sozialen Kontext* (s. Anm. 40), S. 82–115 und Leo Montada: »Moralische Gefühle«. In: Edelstein/Nunner-Winkler/Gil Noam (Hrsg.): *Moral und Person.* Frankfurt a. M. 1993, S. 259–277.

einer repräsentativen Auffassung von Mit-Betroffenheit, mit der man sich identifiziert,[65] ist die Entwicklung moralischer Gefühle womöglich genauso bedeutsam wie die rein kognitive Entwicklung moralischer Urteilskraft. Für die große Bedeutung moralischer Gefühle spricht schon die psychologische Nähe von Gefühlen zur Einfühlung und zur Phantasie bzw. zum Vorstellungsvermögen. Empathie und Imagination sind menschliche Geisteskräfte, deren Ausbildung bereits im Verständnis der Goldenen Regel, die gleichsam zum kleinen Einmaleins des moralischen Denkens gehört – dass man andere nicht so behandeln solle, wie man seinerseits von anderen nicht behandelt werden wollte – vorausgesetzt werden muss.

Eine neo-humeanische, rationalitätsskeptische (und insofern anti-kohlbergsche[66]) aktuelle Linie der Moralentwicklungspsychologie, die die emotionale Seite des moralischen Denkens ernst nimmt, vielleicht auch allzu ernst nimmt, führt interessanterweise zurück auf den im vorigen Absatz dargelegten Befund der Vielfalt moralkonstitutiver Gesichtspunkte, den Befund moralischer Diversität. Folgt man dem »sozialintuitionistischen« Ansatz von Jonathan David Haidt,[67] so hätte eine umfassende, die Vielfalt moralkonstitutiver Gesichtspunkte nicht durch theoretische Vorentscheidungen reduzierende, insofern realistische Reflexionstheorie der Moral neben Nichtschädigung und Fairness mindestens noch diverse Formen von Loyalität, diverse Formen von Autorität sowie spirituelle Vorstellungen von Reinheit als Diversifikatoren zu berücksichtigen.[68] Es wäre psychologisch naiv, annehmen zu wollen, dass kognitive Prozesse innerhalb der Vielfalt moralkonstitutiver Gesichtspunkte je dieselbe Rolle spielen und in allen gleichwichtig sein werden. Dito für affektive Prozesse. Vielmehr wird man psychologisch mit einer Vielfalt

---

[65] Kettner: »Moralische Verantwortung als Grundbegriff der Ethik«. In: Marcel Niquet/Francisco Javier Herrero/Michael Hanke (Hrsg.): *Diskursethik – Grundlegungen und Anwendungen*. Würzburg 2001, S. 65–94.

[66] Vgl. Jonathan D. Haidt: »Moral Psychology Must Not Be Based on Faith and Hope: Commentary on Narvaez (2010)«. In: *Perspectives on Psychological Science* 5 (2010), S. 182–184

[67] Haidt: »The Emotional Dog and Its Rational Tail: A Social Intuitionist Approach to Moral Judgment«. In: *Psychological Review* 4 (2001), S. 814–834; ders.: »The New Synthesis in Moral Psychology«. *Science* 316 (2007), S. 998–1002.

[68] »Morality is about more than harm and fairness. More research is needed on the collective and religious parts of the moral domain, such as loyalty, authority, and spiritual purity« (Haidt: »The New Synthesis in Moral Psychology«, S. 998).

von unterschiedlichen Konstellationen affektiv-emotionaler und kognitiver Prozesse rechnen.

2.7 *Die irreführende Vereinfachung moralischer Herausforderungen*

Abgesehen von der Abhängigkeit der Form des Gerechtigkeitsdenkens von kulturellen Umgebungen (vgl. Abschnitt 1.1) spielt der konkrete *Inhalt* von wahrgenommenen Moralproblemen in die Denkform hinein. Die Forschung zur Kohlberg-Gilligan Kontroverse hat hierfür viele Belege gesammelt.[69] Der konkrete Inhalt eines moralischen Problems moderiert zudem auch die Passung zwischen dem Moralurteil und den Beweggründen bzw. der Handlungsmotivation einer Person. Die von Kohlberg bevorzugte Dilemma-Methode kann diese psychologisch realen Zusammenhänge nicht abbilden, zum einen, weil die Methode nur Denkprozesse evoziert, statt reales Denken und Handeln in moralisch als problematisch wahrgenommenen Situationen zu rekonstruieren, zum andern, weil Kohlberg als Input für die Dilemma-Methode nur sehr simple Problemskizzen zulässt.

Das berühmt-berüchtigte Heinz-Dilemma ebenso wie die übrigen Elemente in Kohlbergs Set von Dilemmata sind im Vergleich zu realen Problemen, etwa aus Wirtschaft oder Politik (z. B. Aussperrung in Arbeitskämpfen, Bekämpfung von Terrorismus), sehr einfach. Und sie sind symmetrisch konstruiert, d. h.

> »die angebotenen Handlungsalternativen stellen auf jeder Stufe immer nur suboptimale Auswege dar, wobei sich dieser Dilemma-Charakter allerdings nur aus der Perspektive der nächsthöheren Stufe erkennen lässt. […] Dilemmata eignen sich […] also kaum zur Überprüfung des Zusammenhangs zwischen Urteilsniveau und Handlungspräferenz. […] Je komplexer und vielschichtiger ein moralisches Problem ist, desto komplexer und vielschichtiger sind auch die Verbindungen zwischen Urteilsverhalten und moralischem Handeln«.[70]

Bei realistisch komplexen moralischen Herausforderungen, z. B. politischen, wirtschaftlichen, interkulturellen zwischenmenschlichen

---

[69] Nunner-Winkler: »Gibt es eine weibliche Moral?« (s. Anm. 51); dies./Marion Meyer-Nikele/Doris Wohlrab: *Integration durch Moral. Moralische Motivation und Ziviltugenden Jugendlicher.* Wiesbaden 2006.

[70] Heidbrink: *Stufen der Moral* (s. Anm. 1), S. 95.

Moralproblemen, zeigt sich immer wieder, dass die Beurteilung »kontroverser Argumente sehr stark von der jeweiligen subjektiven Problemkonstruktion abhängt. In Bezug auf politische Probleme kann also nicht ohne weiteres davon ausgegangen werden, dass Personen Argumente höherer Moralstufen denen niedrigerer vorziehen«.[71] Dieser Befund widerspricht zwar nicht der Organisiertheit moralischen Denkens in Stufen, macht aber deutlich, dass es von intersubjektiv variierenden *Problemdefinitionen* abhängt, wie bedeutsam welche Stufe für welche Art von Problem wird.[72]

3. Probleme mit der höchstrangigen Stufe (»stage 6 morality«)

Kohlberg hat eine ontogenetisch letzte und zugleich moralisch höchste Moralauffassung postuliert, diese allerdings zu verschiedenen Zeiten verschieden charakterisiert. Während Kohlberg am locus classicus[73] von »the stage of universal ethical principles« spricht, diese auf »universal principles of justice« einengt und dann wie ein Echo von Artikel 1 der Allgemeinen Erklärung der Menschenrechte formuliert, es gehe um »the equality of human rights and respect for the dignity of human beings as individuals«, erweitert der späte Kohlberg die formale Inhaltsangabe der Stufe 6 Moral zu »respect for persons as both justice and benevolence«[74] und spricht wie ein Echo von Carol Gilligans zwei Stimmen von zwei (!) »necessary dimensions of moral relationships«, dann aber auch von »attitudes«[75] statt »dimensions«, die beim Lösen moralischer Probleme koordiniert werden müssten:

»From a stage 6 standpoint the autonomous moral actor has to consciously coordinate the two attitudes of justice and benevolence in dealing with real moral problems in order to maintain respect for persons. The way of regarding the other that we are calling benevolence views the other and human

[71] A.a.O., S. 169.

[72] Georg Lind, der einzige Psychologe in Deutschland, der die Kohlberg'sche Erbmasse transformiert hat, versucht die Kohlberge'schen Beschränkungen auf unterkomplexe Problemfälle aufzuheben, ohne die Dilemma-Methode über Bord zu werfen (Lind: *Moral ist lehrbar! Wie man moralisch-demokratische Fähigkeiten fördern und damit Gewalt, Betrug und Macht mindern kann.* Berlin [3]2015).

[73] Kohlberg: *Essays on Moral Development, Vol. I* (s. Anm. 9), S. 409 ff.

[74] Kohlberg u.a.: »The Return of Stage 6« (s. Anm. 10), S. 153.

[75] A.a.O., S. 154.

interaction through the lens of intending to promote good and prevent harm to the other. [...] On the other hand, justice views the other and human interaction through the lens of intending to adjudicate interests, that is, of intending to resolve conflicts of differing and incompatible claims among individuals.«[76]

Nun kommt eine Volte, die das genaue Gegenteil jener Priorisierung von Gerechtigkeit (Rawls: »the right«) vor allem Erstreben moralisch wertvoller Güter (Rawls: »the good«) behauptet, die Habermas, Apel und Rawls behaupten und sich dabei in sicherem kantischen Fahrwasser wähnen: »As a mode of interaction between self and others that manifests a Stage 6 conception of respect for persons, benevolence is logically and psychologically prior to what we are calling justice«.[77]

Die Koordinationsleistung, die Stufe 6 Moraldenkerinnen zu erbringen hätten, beschreibt Kohlberg nun als Finden eines Reflexionsgleichgewichts zwischen Gerechtigkeits- und Benevolenz-Intuitionen und Gerechtigkeits- und Benevolenzprinzipien:

»This coordination can be summarized thus: benevolence constrains the momentary concern for justice to remain consistent with the promotion of good for all, while justice constrains benevolence not to be inconsistent with promoting respect for the rights of individuals conceived as autonomous agents. In other words, the aim of the autonomous Stage 6 moral agent is to seek resolution of moral problems in such a way that promoting good for some does not fail to respect the rights of others, and respecting the rights of individuals does not fail to seek promotion of the best for all.«[78]

Eine Synopsis von Kohlbergs unscharfen Formulierungen des Prinzipiellen an jener *Gerechtigkeit*, die er der Stufe 6 einschreiben möchte, zeigt, dass man sie besser nicht auf die philosophisch-analytische Goldwaage legen sollte.[79] Das Prinzipielle am *Wohlwollen*, das er der Stufe 6 einschreiben möchte, deckt sich interessanterweise mit Apels und Habermas' prinzipieller diskursethischer Forderung nach wirklichem Dialog unter allen Problembetroffenen: »the attitude of recog-

---

76 A.a.O., S. 157.

77 Ebd.

78 Ebd.

79 Das Prinzip »of equal consideration of the dignity or worth of all persons« (a.a.O., S. 158), »of equal respect for the dignity of persons« (ebd.), »of equal respect for the dignity and integrity of persons« (a.a.O., S. 159), »of equal respect for human dignity« (ebd.). Letztere Version scheint Kohlberg auch für das eine integrative Prinzip zu halten (vgl. a.a.O., S. 179).

nizing the necessity of entering into dialogue in the face of disagreements about what is right«.[80]

Das folgende darf vielleicht als ein faires Resümee durchgehen: Die Moralauffassung, die Kohlberg der Stufe 6 zuordnet, bezieht aus Respekt vor der Menschenwürde prinzipiell alle Ego-Perspektiven aller Personen ein, die von den Handlungsentscheidung von (einigen) Personen betroffenen sind, und zwar in ein Gerechtigkeitsdenken, das auf wechselseitig austauschbare, auf dem Wege des Dialogs zu ermittelnde Akzeptabilität (»Reversibilität«) von Handlungsentscheidungsgründen abzielt. – Die Ähnlichkeit mit diskursethischen Auffassungen von der vernünftigen Natur der moralischen Richtigkeit ist aus der Ferne unverkennbar, allerdings zeigen sich beim Näherkommen begriffliche Unschärfen, die jedoch den Eindruck auf beiden Seiten, man ziehe am selben Strang, eher unterstützen als stören.[81]

Bisher habe ich nur Probleme der Klärung des moralisch-normativen Gehalts beschrieben, den Kohlberg in seine Konstruktion einer die Entwicklung des Moraldenkens abschließenden Stufe einschreiben will. Angenommen, sie wären gelöst. Dann stellt sich in aller Schärfe das Kardinalproblem der Konstruktion. Es betrifft den mit der Konstruktion verbundenen Anspruch, dass die Menge von Moralauffassungen M1-M6 nicht nur ein entwicklungspsychologisch erklärbares Nacheinander darstellt, sondern auch einen ethisch bewertbaren stufenweisen Aufstieg zu der moralisch superioren Form von Moral: »an order of increasing adequacy in moral reasoning«.[82]

Wenn wir die Rolle verstehen wollen, die die Annahme einer

---

[80] A. a. O., S. 160.

[81] Habermas interpretiert »die Grundvorstellung der Moraltheorie, die Kohlberg mit dem Begriff des ›ideal role taking‹ der Kommunikationstheorie von George Herbert Mead entlehnt«, als seinen eigenen »diskursethischen Grundsatz (D)« (*Moralbewußtsein und kommunikatives Handeln* (s. Anm. 13), S. 132), »daß jede gültige Norm der Zustimmung aller Betroffenen, wenn diese nur an einem praktischen Diskurs teilnehmen könnten, finden würde« (ebd.). Apel (s. Anm. 22) interpretiert Kohlbergs Umschreibungen der Stufe 6 Moral als ein unter allen Personen von allen Personen anzuerkennendes »Recht jeder Person auf gleichberechtigte Berücksichtigung ihrer Ansprüche in jeder Situation« (a. a. O., S. 326 f.) und betitelt dies als »Prinzip der personalen Gerechtigkeit« (a. a. O., S. 327) und deutet es umstandslos als Explikation der kantischen Selbstzweckformel: »Es handelt sich um das Kantsche Prinzip, dass Personen als Selbstzweckwesen einen unbedingten moralischen Wert besitzen, und das dem genau entsprechende Prinzip der formalen Gleichberechtigung aller Ansprüche von allen Personen in allen Situationen« (ebd.).

[82] Kohlberg u. a.: »The Return of Stage 6« (s. Anm. 10), S. 152.

unüberbietbar besten und insofern höchstwertigen Stufe des moralischen Denkens bzw. Gerechtigkeitsdenkens für Kohlbergs Theoriekonstruktion spielt, müssen wir die zwei Hauptgründe untersuchen, aus denen Kohlberg diese Annahme bis zuletzt für unverzichtbar hielt.

Hier ist der erste Grund: »First, one requires a clearly articulated conception of a developmental end point in order to identify the data that are to be counted as falling within the domain of morality and moral judgment«.[83] Dieser Grund ist ein methodologischer. Und es ist kein guter Grund, denn um gedankliche Elemente (oder deren Versprachlichung) als zum moralischen Denken gehörig, d. h. als moralisch oder moralisch relevant, von anderen, nicht hierzu gehörigen Elementen abzugrenzen ist lediglich ein gehaltvoller Begriff von Moral vonnöten, d. h. ein Begriff von allen möglichen als Moralauffassungen erkennbaren Moralauffassungen, nicht aber ein moralischer Superlativ, eine höchste Moral. Der gesuchte Moralbegriff muss zunächst einmal nur die Demarkation der moralischen von anders gelagerten Phänomenen leisten, nicht schon die Rangierung von Moralen innerhalb der Domäne des Moralischen überhaupt. Kohlberg geht in dem genannten methodologischen schlechten Grund gleich doppelt der metaethischen Diskussion seiner Zeit auf den Leim: Von Philosophen, die »den moralischen Gesichtspunkt« zu isolieren versprechen, möchte Kohlberg sich den Gegenstand seiner psychologischen Entwicklungstheorie abgesichert vorgeben lassen. Und er möchte seinen bevorzugten Philosophen (vor allem Rawls, später Baier und Habermas) glauben, dass sie nicht nur *den,* sondern den *vollkommenen* moralischen Gesichtspunkt artikulieren können.

Hier ist der zweite Grund: »[T]he conception of this developmental end point determines the criterion in terms of which one argues that the stage sequence represents an order of increasing adequacy in moral reasoning«.[84] Dieser Grund ist ein metaethischer und besagt: Wenn wir vorfindliche Gestalten des moralischen Denkens, Moralen, als mehr oder weniger angemessene Gestalten moralischen Denkens rangieren wollen, dann müssen wir eine dieser Gestalten in die Rolle des metamoralischen Maßstabs bringen. Diese Gestalt muss das moralische Denken in Vollkommenheit repräsentieren, sonst dürften wir sie nicht in die Rolle des metamoralischen Maßstabs brin-

---

[83] Ebd.
[84] Ebd.

gen. – Dieser zweite, metaethische Grund leuchtet formal ein, führt aber eine unaufgelöste Zweideutigkeit mit sich: Wenn wir eine bestimmte Gestalt des moralischen Denkens M* in die Rolle des metamoralischen Maßstabs bringen wollen, um andere Moralen M′, … M″ einander über- und unterzuordnen, benötigen wir bereits einen Maßstab für die Vollkommenheit von Moral, um M* auszeichnen zu können.

Habermas wie Apel behaupten, und Kohlberg übernimmt es, dass »die Konstruktion jeder Stufenhierarchie« einen »normativ ausgezeichneten Bezugspunkt« erfordere, »von dem her der jeweilige Entwicklungsprozess rückblickend als Lernprozess beschrieben werden kann. […] Mit Kohlberg bin ich der Auffassung, dass kognitivistische Ansätze in der Piaget-Tradition einen solchen normativ ausgezeichneten Zustand zwingend erfordern«.[85] »With Kohlberg (and in contrast to Bill Puka), I hold the view that cognitivist approaches in the tradition of Piaget necessarily require a normatively determined end state for learning processes«.[86] – Gegen Apel, Habermas und Kohlberg, und mit Bill Puka,[87] bin ich der Auffassung, dass kognitivistische Ansätze in der Piaget-Tradition einen solchen normativ ausgezeichneten Zustand nicht zwingend erfordern;[88] und dass, wenn sie ihn erfordern würden, Kohlbergs Stufe 6 Moral für diese Auszeichnung sich nur bedingt eignet, ebenso wie die höchsten Moralprinzipien, die im Rahmen der Diskursethik artikuliert werden.

Moralentwicklungspsychologische Ansätze, ob kognitivistisch oder nicht, erfordern darum nicht zwingend die Auszeichnung einer Bestform von Moral, weil solche Ansätze nicht zwingend die Intention beinhalten, Moralen überhaupt zu *rangieren*. Die Intention, Moralen zu rangieren, haben wir gewöhnlich als lebensweltliche ethische Akteure, nämlich dann, wenn wir uns in tiefe moralische Meinungs-

---

[85] Habermas: »Gerechtigkeit und Solidarität. Eine Stellungnahme zur Diskussion über ›Stufe 6‹«. In: Edelstein/Nunner-Winkler (Hrsg.): *Zur Bestimmung der Moral. Philosophische und sozialwissenschaftliche Beiträge zur Moralforschung*. Frankfurt a. M. 1986, S. 291–319, hier: 291. In der englischen Fassung dieses Texts formuliert Habermas das Kriterium des normativen ausgezeichneten Zustands als »criterion of stable, noncriticizable solutions« (ders.: »Justice and Solidarity« (s. Anm. 13), S. 224).

[86] Habermas: »Justice and Solidarity«, S. 224.

[87] Puka: »The Majesty and Mystery of Kohlberg's Stage 6« (s. Anm. 48).

[88] Was Piaget betrifft, kann man sich kurz fassen: Piagets Forschungen über die Entwicklung des moralischen Urteils beim Kinde kommt *pace* Habermas ohne das Postulat einer metamoralisch als die höchste zu bewertenden Moralstufe aus.

verschiedenheiten verstricken und in wirklichen Problemlagen praktisch mit »ganz anderen Auffassungen von Moral« konfrontiert sind.

Wenn wir Moralen doch auch theoretisch nach Maßgabe einer Bestform von Moral rangieren wollten, warum würde Kohlbergs Stufe 6 Moral ebenso wie die Moral im Diskurs für diese Auszeichnung sich nur bedingt eignen?

Bill Puka bringt die Grandiosität und das Mysterium von Kohlbergs Stufe 6 gut auf den Punkt: »As Kohlberg sees it, the soul of the stage sequence is reciprocal justice, universal egalitarian justice. It threads each stage to the next and ties a firm knot at the top, but for many critics and supporters (including myself) [...] the very notion of tying a knot at the end of development, at Stage 6, seems arbitrary. Certainly there is no empirical basis for it in Kohlberg's system«.[89] Wie bereits gesagt, kann die Stufe 6 Moral nicht etwa deshalb als die höchste gelten, weil die meisten Menschen sie erreichen. De facto erreicht nur ein verschwindender Bruchteil diese Stufe. In Kohlbergs Sample von moralischen Stimmen aus dreißig Jahren taucht sie nur dreimal auf. Die meisten Menschen entwickeln jenen Teil ihres moralischen Denkens, den Kohlberg abbilden will (»Gerechtigkeitsdenken«) hingegen auf »konventionellem« Niveau, d.h. bis zu den Stufen drei und vier.[90] Die höchste sei Stufe 6 vielmehr, weil die ihr zugeordnete Moralauffassung unter *Philosophen*, wie Kohlberg meint, als diejenige Form moralischen Denkens bzw. Gerechtigkeitsdenkens gilt, deren Denkprinzipien vergleichsweise am robustesten sich begründen, d.h. als vernünftigerweise zu beachtende Denkprinzipien sich erweisen lassen.[91]

Nun könnte man (wie Habermas es versucht[92]) die Stufen 5 und 6, oder zumindest die Stufe 6, als einen Spielraum von nur philosophisch verschiedenen konkurrierenden Interpretationen von ein- und

---

[89] Puka: »The Majesty and Mystery of Kohlberg's Stage 6« (s. Anm. 48), S. 182.

[90] Dass diese Tatsache ein Problem für die Diskursethiken von Apel und Habermas darstellt s. Kettner: »Normative Moralphilosophie und empirische Moralpsychologie«. In: A. Ebrecht-Laermann/A. Woell (Hrsg.): *Moral, Politik, Psychoanalyse*. Tübingen1998, S. 205–222.

[91] »Since 1958, Kohlberg has been struggling to delineate and analyze the structure of a sixth stage of moral reasoning and judgment. His method in this task has been to seek a mutually supportive correspondence between empirical examples of reasoning in response to hypothetical dilemmas and the normative theories of moral philosophers« (Kohlberg u.a.: »The Return of Stage 6« (s. Anm. 10), S. 151).

[92] Jürgen Habermas: *Moralbewußtsein und kommunikatives Handeln*, (s. Anm. 13); ders.: »Justice and Solidarity«, (s. Anm. 13), S. 224–228.

demselben normativ-moralischen Gehalt, statt als intrapsychisch repräsentierte Entwicklungsstufen (wie die Stufen 1–4) behandeln.[93] Die postkonventionelle Moral wäre ein moralphilosophischer Argumentationsraum, keine entwicklungspsychologische Stufe. Kaum jemand kommt dort an, und niemand, der dort ankommt, kommt dort auf eine naturalistisch am besten erklärbare Weise an.[94]

Damit würde man den Einwand unzureichender empirischer Belege[95] zumindest entschärfen. Allerdings hätte diese Problemabwehr den Preis, dass die Suche nach dem angeblich zwingend erforderlichen ausgezeichneten normativen Zustand (die moralisch beste Moral) dann von einem metamoralischen Maßstab abhängen würde, der nur dort gefunden werden könnte, wo er mit großer Sicherheit nicht gefunden wird, nämlich im Feld philosophischer Diskurse über erste, letzte und vorletzte Prinzipen »der« Moral, Diskurse, die überwiegend empirisch gehaltlos sind, was die Analyse von tatsächlich gelebten und weit verbreiteten moralischen Orientierungsmustern betrifft.[96]

---

93 Habermas: »The debate among moral philosophers is concerned with the question of how and by what conceptual means the same intuition potential that becomes available to everyone with the transition to the postconventional level of autonomous morality can most adequately be explained. It is a question of a better explication of an intuitive knowing, which, at the postconventional level, has already taken on a reflective character and to that extent is from the beginning already oriented to rational reconstruction. This contest can be settled only on the field of philosophical argumentation, not on that of developmental psychology« (»Justice and Solidarity« (s. Anm. 13), S. 226).

94 Das Sicheinarbeiten in ein philosophisches Diskursuniversum wird man wohl kaum als einen Schritt der ontogenetischen Normalentwicklung aller Menschen betrachten.

95 Bezeichnenderweise wurde die Stufe 6 in das reife Scoring System (Kohlberg/Colby: *The Measurement of Moral Judgment. Vol. I* (s. Anm. 10)) gar nicht mehr aufgenommen.

96 Eine der wenigen Ausnahmen bilden Bernard Gerts Versuche, die allgemein verbreitete Moral (»common morality«) zu beschreiben und zudem ihre Vernünftigkeit philosophisch zu begründen. (Für eine aktuelle Übersicht s. Bernard Gert/Joshua Gert: »The Definition of Morality«. In: Edward N. Zalta (Hrsg.): *The Stanford Encyclopedia of Philosophy* (Spring 2016 Edition). Abrufbar unter: https://plato.stanford.edu/archives/spr2016/entries/morality-definition/ (27.12.2016)) – Dass auch die Diskursethik den Fehler macht, Moral begründen zu wollen, ohne Mühe auf die Beschreibung vorkommender moralischer Vielfalt zu legen, habe ich andernorts (Kettner: »Moralische Verantwortung als Grundbegriff der Ethik« (s. Anm. 65)) moniert.

3.1 *Die unbeantwortete Frage: Woran wäre die Leistungsfähigkeit einer Moral zu bemessen, wenn nicht an einer anderen Moral?*

Die Arbeitsteilung zwischen normativer Ethik und empirisch-normativ hybrider Moralpsychologie, die sich im Rahmen des Kohlberg-Paradigmas entwickelt hat, kann man im Rückblick als ein verlockendes Tauschgeschäft zur wechselseitigen Besserstellung begreifen: Für den empirisch arbeitenden Psychologen Kohlberg ist die Aussicht auf rational hochreflektierte Grundbegriffe verlockend, für normativ arbeitende Philosophen die Aussicht, mit Hilfe einer von kulturellen Unterschieden unabhängigen ontogenetischen psychologischen Theorie sich besser gegen den skeptischen Generalverdacht wehren zu können, das vermeintlich abschlusshafte und allgemeingültige ethische Begründungsdenken der Philosophen sei am Ende doch immer nur das moralische Denken ihrer besonderen kulturellen Wir-Gruppe, in Gedanken gefasst.

Die erhoffte wechselseitige Besserstellung von Diskursethikern und Kohlbergianern muss man auf der Folie eines theoretisch drängenden Problems verstehen: Wie, wenn überhaupt, bewältigt die normative Ethik die moralische Diversität? Dass es eine Vielfalt von Moralauffassungen in der Weltkultur gibt, die Tatsache moralischer Diversität, ist so unbestreitbar wie die Existenz einer Vielfalt natürlicher Sprachen. Und hier liegt das Problem:

Können wir (Moralpsychologen und Ethiker) uns über das Faktum, dass erstpersonale Meinungen über die Demarkation moralischer von anders gelagerten Problemen auseinandergehen (»wir verstehen das moralisch Richtige so, und ihr anders«) und zu mehr oder weniger engen oder breiten, sparsamen oder reichhaltigen Auffassungen von der Natur der Moral und vom Eigensinn moralischer Probleme hinführen, auf einem gesicherten Weg erheben, um so zu unverdächtigen allgemeinen Bestimmungen der Domäne der Moral zu kommen, *ohne* unsere eigene Moral grundbegrifflich zu favorisieren? Ohne uns die Rolle eines Platzanweisers anzumaßen oder ähnliche Rollen, die mit Deutungshoheit in einem Maße verknüpft sind, dessen behauptete Nichtwillkürlichkeit und Nichtselbstbegünstigung immer wieder in Zweifel gezogen werden kann?

Die zuerst innerhalb der angelsächsischen philosophischen Ethik eingeführte Unterscheidung von Ethik und Meta-Ethik hat einmal solche gesicherten Wege versprochen (z. B. durch logische Analyse der Sprache der Moral). Inzwischen kann man wissen, dass es Holzwege waren.[97] Innerhalb des diskursethischen Paradigmas wurde das Problem der integren Integration moralischer Diversität in die normative Ethik lange Zeit übersehen und dann heruntergespielt: Bei Habermas vor allem durch die begriffliche Vorentscheidung, sogenannte »Fragen des guten Lebens« und andere existenzielle Wertfragen von den »eigentlichen« moralischen Fragen abzutrennen, bei Apel vor allem durch den vielversprechenden, jedoch nie durchgeführten Gedanken, dass die Vielfalt existierender Moralen als Ergebnis der kulturgeschichtlichen Anpassung einer moralisch-normativen Grundstruktur an unterschiedliche Kulturzustände und -lagen erklärt werden könne. Besser als in späteren Schriften hat Apel diesen Gedanken bereits 1984 im *Funkkolleg Praktische Philosophie* formuliert:

»Im Sinne meiner Auseinandersetzung mit dem Kulturrelativismus [...] muss ich hier nochmals folgendes betonen: Außer der Stufenhierarchie der Entwicklungslogik – durch die in der Tat ein normativ begründbarer Beurteilungsmaßstab für eine kritische Rekonstruktion der Geschichte in Anspruch genommen wird – bietet die Erwägung der Vielfalt menschlicher Lebens- und Handlungssituationen« – man denke etwa an die Aussetzung der Alten in gewissen arktischen Stämmen – »die Möglichkeit, gerade die kontingente Vielfalt der Sitten *ohne* die relativistische Unterstellung einer *Vielfalt moralischer Grundnormen* verständlich zu machen. Es genügt dazu vollständig, das nicht nur *moralische*, sondern auch *kognitive* (d. h. die Situationserkenntnis betreffende) Problem der *Anwendung* einer humanen Grundnorm der Gegenseitigkeit ins Auge zu fassen. – Die situationsbezogene Anwendung dieser Grundnorm ist allerdings mit dem Problem verknüpft, dass wir, im Interesse der persönlichen Identität im Wechsel der Lebenssituationen, eine bestimmte Lebenshaltung gleichsam wählen und in ihrer geschichtlichen Bedingtheit festhalten müssen. Man kann also in dieser existenziellen Notwendigkeit geschichtlich bedingter und insofern verschiedener und zufälliger Lebensformen ein Argument für die geschichtliche Relativität aller faktisch gelebten Moral erblicken. Es wäre aber falsch, diese unvermeidliche *Relativität der faktisch gelebten Moral* zugleich als ein Argument für den *Relativismus der moralischen Grundnorm an sich* auszugeben. – *Die harten Tatsachen der Kontingenz gelebter Moral sind nicht selbst Normen.*«[98]

[97] Andernorts habe ich diese Kritik ausgeführt (Kettner: »Wann haben wir ein moralisches Problem?«. In: Matthias Maring (Hrsg.): *Bereichsethiken im interdisziplinären Dialog*. Karlsruhe 2014, S. 25–44, hier bes.: S. 35–40).

[98] Apel u. a.: *Funkkolleg Praktische Philosophie/Ethik* (s. Anm. 23), S. 145.

Ich meine, man kann Apel darin folgen, dass die *Tatsache* moralischer Diversität allein noch keinen guten Grund abgibt, um moralisch so etwas wie Gleichberechtigung aller Moralen zu *fordern*, wie Kulturrelativisten dies im Überstieg zum ethischen Relativismus gerne tun. Und gewiss ist die Denkfigur, dass die Vielfalt der Sitten bzw. von Moralauffassungen »*ohne* die relativistische Unterstellung einer *Vielfalt moralischer Grundnormen* verständlich« gemacht werden könnte, theoretisch faszinierend. Doch was an dieser Denkmöglichkeit wirklich daran ist, hätte sich in ihrer Durchführung zu erweisen. Die Durchführung sucht man allerdings bei Apel und Habermas vergebens.

Zudem weckt ein Seitenblick auf ernstzunehmende aktuelle kulturevolutionäre Entwicklungstheorien erhebliche Zweifel an den Erfolgsaussichten eines solchen Versuchs, da sich mindestens zwei irreduzibel verschiedene Grundformen moralischer Verhaltensregulierung abzeichnen.[99] Was wir in größter Allgemeinheit als »das Moralische« bezeichnen, stellt sich vielleicht auch auf der elementarsten Beschreibungsebene als heterogen heraus. Womöglich ist »das Moralische« gar nicht eines, jedenfalls nicht in einem gehaltvollen Sinne.

Zum Schluss möchte ich die wichtigste Anleihe betrachten, die Apel bei Kohlberg macht. Apel ist mit Kohlberg im Konsens über eine »Stufenhierarchie der Entwicklungslogik«. Apel meint aber, diese Hierarchie tauge als »ein normativ begründbarer Beurteilungsmaßstab für eine kritische Rekonstruktion« nicht nur der Ontogenese sondern auch »der Geschichte«. Apel hält es für »in der Tat möglich, einen *faktischen*, wenn schon nicht kontinuierlichen, Fortschritt im Sinne der Entwicklungslogik des moralischen Bewusstseins geistesgeschichtlich nachzuweisen. Und die Tendenz dazu – ebenso wie die Förderung dieser Tendenz durch den Sozialisationsprozess in den Kulturen, die in ihrem Erziehungssystem die nachkonventionellen Stufen verankert haben – wird von Kohlberg an Jugendlichen der Gegenwart in verschiedenen Kulturen nachgewiesen«.[100]

Was Apel hier beschreibt, ist gewiss *kein* sicherer Weg, um die normative Natur von Moral zu begreifen, *ohne* unsere eigene Moral grundbegrifflich zu favorisieren und ohne uns die Rolle eines Platzanweisers anzumaßen. Denn wo, wenn nicht *bei uns*, finden sich jene »Kulturen, die in ihrem Erziehungssystem die nachkonventionellen

---

[99] Michael Tomasello: *A Natural History of Human Morality*. Harvard 2016.
[100] Apel u. a.: *Funkkolleg Praktische Philosophie/Ethik*, S. 144.

Stufen »verankert haben« (wie Apel meint)? – Auch beachtenswert ist Apels Gebrauch des Tendenz-Begriffs. Offenbar möchte Apel Kohlberg so deuten, als belege dessen Theorie einen noch unterhalb und unabhängig von kulturreformerischen oder pädagogischen Interventionen wirksamen, gleichsam naturwüchsigen Zug in Richtung höherer Kohlberg-Stufen. Aber: Wäre dem so, dann wäre ausgeschlossen, dass in der Masse der Repräsentanten egal welcher Kultur deren Moraldenken dauerhaft auf niedrigen Kohlbergstufen stehen bleibt. Doch genau das ist empirisch der Fall. Und selbst dort, wo man, wie »hier«, im kulturellen Westen mit anspruchsvollem Bildungssystem, die Wahrscheinlichkeit nach Kräften steigert, dass die Einzelnen zu postkonventionellen Denkformen finden, bleiben sie innerhalb der Bevölkerung selten. Ich meine daher, dass Kohlbergs Theorie bestenfalls für eine schwache Tendenzbehauptung in Anspruch genommen werden kann:

Falls Einzelne sich aus welchen Gründen auch immer von einer Moralauffassung (M′), mit der sie zunächst identifiziert sind, überhaupt wegbewegen, dann ist es wahrscheinlicher, dass die andere Moralauffassung (M″), zu der sie sich hinbewegen, eine Moral ist, die der nächsten (n + 1) Kohlbergstufe entspricht, falls M′ einer bestimmten Kohlbergstufe (n) entspricht, als dass M″ eine Moral ist, die einer vorigen (n – 1) oder einer übernächsten (n + 2) Kohlbergstufe entspricht.

Diese mit Kohlbergs Theorie in Einklang stehende schwache Tendenzbehauptung besagt gerade nicht, dass es für *jede* Stufe < 6 wahrscheinlich oder gar gleichwahrscheinlich ist, dass die Einzelnen sich von ihr weg und zur nächsthöheren hin bewegen. Es könnte ja sein, dass es hochwahrscheinlich ist, dass man sich im Verlauf des Lebens von n1 zu n4 bewegt, aber sehr unwahrscheinlich, dass man sich von n4 noch einmal wegbewegt. Die schwache Tendenzbehauptung besagt auch nicht, dass *alle* Wechsel in allen Moralauffassungen der Einzelnen, alle stattfindenden M1/M2 Übergänge, Aufstufungen von Kohlbergstufen entsprechen müssen. Es könnte ja sein, und sogar wahrscheinlich sein, dass man von einer Moral M′, die so beschaffen ist, dass sie z. B. der Kohlbergstufe n3, entspricht, zu einer Moral M″ kommt, die innerhalb des Kohlberg-Modells gar nicht abgebildet ist.

3.2 Mehr oder minder adäquate Moralen

Im vorigen Abschnitt habe ich das Problem herausgearbeitet, dass wir, wenn wir eine bestimmte Gestalt des moralischen Denkens M* in die Rolle des metamoralischen Maßstabs aller Stufen bringen wollen, um andere Moralen M′, … M″ einander über- und unterzuordnen, bereits einen Maßstab für die Vollkommenheit von Moral benötigen, damit wir M* auszeichnen können. Woher beziehen wir unseren Maßstab für die Vollkommenheit von Moral? Woran würden wir erkennen, dass wir nicht die Stufe 4 Moral sondern die Stufe 6 Moral in die Rolle des metamoralischen Maßstabs aller Stufen bringen müssen? Kohlberg hat eine besondere, auf die Stufe 6 Moral bezogene Antwort, und auch eine allgemeine, die alle Stufen gleichermaßen betrifft.

Wie im vorigen Abschnitt beschrieben, läuft Kohlbergs besondere Antwort auf folgendes hinaus: Es gibt für Philosophen eine objektiv am besten zu begründende Moralauffassung (M*), und diese erlaubt es uns, alle anderen Moralauffassungen moralisch-normativ zu rangieren. Und M* stellt sich als die Moral der Stufe 6 heraus. Apel gibt im Rahmen seiner transzendentalpragmatischen Diskursethik eine gleichsinnige Antwort.[101] Als Bestbegründung (auch von Moralprinzipien) gilt hier die Letztbegründung durch strikte Reflexion im »primordialen Diskurs der Philosophie«.[102] Auch Habermas gibt im Rahmen seiner detranszendentalisierten Diskursethik eine ähnliche Antwort, wobei hier eine Begründung (auch von Moralprinzipien) aus Präsuppositionen des kommunikativen Handelns als die objektiv beste Begründung zählt.

Der Schwachpunkt dieser besonderen Antworten besteht in dem, was sie tendenziell ausblenden: Dass es nicht der praktische Zweck von Moral ist, »philosophisch am besten begründet« zu sein. Denn: Was sich in dem hochspezifischen Praxiskontext philosophischen Begründens als »das Beste« herausstellt (nämlich als das beste relativ zu den in diesen Kontext eingelassenen epistemischen Zwecken), muss sich darum nicht auch schon in den anderen Praxiskon-

---

[101] Apel verbindet mit der moralischen Superiorität der »formal höchsten Stufe der moralischen Urteilskompetenz« die Adäquatheitsbedingung, dass die als Stufe 6 modellierte Moralauffassung uns auf »inhaltlich universal akzeptierbare bzw. konsensfähige Urteile« führen muss (*Diskurs und Verantwortung* (s. Anm. 11), S. 333).

[102] Apel »First Things First« (s. Anm. 25); Wolfgang Kuhlmann: *Reflexive Letztbegründung*. Freiburg 1985.

texten, in denen sich sein guter Sinn, seine Vernünftigkeit, seine Angemessenheit zeigen soll (vor allem dadurch, dass es dort in der Regel zu Ergebnissen führt, die – auch noch bei kritischer Betrachtung – befriedigend sind) als »das Beste« herausstellen. Es sei denn, die Bewertungsgründe (Maßstäbe, Kriterien) für »das Beste« im hochspezifischen Praxiskontext philosophischen Begründens wären identisch mit den Bewertungsgründen für »das Beste« in allen sonstigen Lebenskontexten, in denen der Unterschied des moralisch Richtigen vs. Falschen einschlägig ist.

Nur unter bestimmten unwahrscheinlichen kulturellen Bedingungen kann die Begründbarkeit einer Moralauffassung mit deren Problemlösekapazität korrelieren. Dass es keine »sozialen Verhältnisse geben soll, die gegenüber den Betroffenen nicht adäquat gerechtfertigt werden können«[103] ist eine weitreichende politische Forderung zur Reform der Moralkultur, die zwar im Namen eines Ethos der Diskursivität auch *moralisch* gefordert werden kann, die aber nicht ihrerseits dieses Ethos begründen kann.

Kohlbergs allgemeine, alle Stufen betreffende Antwort finde ich überzeugender: Das Maß der Vollkommenheit jeder Moral ist das Maß, in dem sie uns zur Lösung der moralischen Problemaspekte aller konkreten praktischen Probleme, die wir zu bewältigen haben, befähigt.[104] Allerdings schlägt diese Antwort wie ein Bumerang auf Kohlbergs Superioritätsbehauptung für die Stufe 6 Moral zurück. Denn die (wenigen) Beispiele für die überlegene problemlösende Kraft der Stufe 6 Moral[105] können allenfalls unter Problembetroffenen und anderen Adressaten überzeugen, deren moralisches Denken bereits der Stufe 5 oder Stufe 6 Moral entspricht. Kohlbergs Erwartung z. B. im Rahmen des Heinz-Dilemmas, sogar der bestohlene Apotheker müsse einsehen, dass sein Eigentumsrecht aus moralischen Gründen durch das Überlebensinteresse von Heinz' Frau relativiert wird, so dass Heinz' Diebstahl moralisch gerechtfertigt ist, wäre nur unter Apothekern auf Stufe 5 oder 6 realistisch. Da Postkonventionalisten rar sind, ist sie in Wahrheit unrealistisch. Mit Apothekern, die moralisch so denken, wie es Stufen < 5 entspricht, würde

[103] Rainer Forst: *Kritik der Rechtfertigungsverhältnisse. Perspektiven einer kritischen Theorie der Politik*. Berlin 2011, S. 33.

[104] Als moralische zählen alle Aspekte eines Problems, unter denen die Frage auftaucht, ob jemandem in einem ausweisbaren Sinne Unrecht geschieht (Kettner: »Wann haben wir ein moralisches Problem?« (s. Anm. 97)).

[105] Vgl. Kohlberg u. a.: »The Return of Stage 6« (s. Anm. 10).

ein realer Dialog vermutlich eher noch mehr Probleme erzeugen (z. B. die Zumutung, mit moralischen Anmaßungen konfrontiert zu werden), als zu ihrer Lösung beitragen.

Freilich trifft der Bumerang der allgemeinen Antwort auch die Diskursethik. Dass ihre *Argumentationsregel U* und *Diskursprinzip D* (Habermas), ihr diskursethisches *Handlungsprinzip* U^h und *verantwortungsethisches Ergänzungsprinzip*,[106] ihr *Diskurs-Moralprinzip* und *Diskurs-Verantwortungsprinzip*[107] oder ihre Moral-im-Diskurs[108] in realen Diskursen die Beteiligten sehr ausgeprägt befähigen würden, moralische Problemaspekte von konkreten praktischen Problemen gut zu lösen und dadurch ihre konkreten praktischen Probleme besser zu bewältigen, und dies nicht innerhalb eines homogenen Grüppchens postkonventioneller Virtuosen, sondern unter den realistischen Bedingungen ausgeprägter moralischer Diversität, dies erhoffen und erwarten wir Diskursethiker zwar. Empirisch gut belegt haben wir es aber noch nicht.

---

106 Apel: *Diskurs und Verantwortung* (s. Anm. 11), S. 123.

107 Böhler: *Verbindlichkeit aus dem Diskurs* (s. Anm. 57), S. 252, 282–286.

108 Kettner: »Das Spezifikum der Diskursethik ist die vernunftmoralische Normierung diskursiver Macht«. In: Peter Ulrich/Markus Breuer (Hrsg.): *Wirtschaftsethik im philosophischen Diskurs. Begründung und »Anwendung« praktischen Orientierungswissens.* Würzburg 2004, S. 45–64.

Micha Brumlik

Zur Aufhebung und Evolution des Mythos in der Religion – mit Blick auf Cassirer und Bellah

I. Phasen religiöser Entwicklung

Es war der US-amerikanische Religionssoziologe Robert Bellah, der sich schon früh an einer Theorie der religiösen Evolution versucht[1] und sich dabei in besonderer Weise für den Übergang von archaischen zu hochkulturellen Religionssystemen interessiert hat.[2] Bellah hat den Ertrag seiner Forschungen im Jahr 2011 noch einmal panoramatisch und abschließend zusammengefasst.[3] Die folgende Darstellung des Übergangs traditionaler religiöser Glaubenssysteme zur Vorstellung transzendenter Gottheiten folgt seinem Entwurf. Schon früh hat Bellah den Begriff der »Religion« definiert: Religion sei »eine Reihe symbolischer Formen und Handlungen, die den Menschen mit den letzten Bedingungen seiner Existenz in Beziehung setzen«.[4]

In seiner zusammenfassenden Darlegung unterscheidet Bellah zwischen idealtypisch gefassten Epochen, die er als »tribal«, »archaisch« oder »hochkulturell« bezeichnet auf der einen Seite und der Form religiöser Handlungssysteme, die er als »episodisch«, »mimetisch«, »mythisch« oder »theoretisch« charakterisiert.

Die genannten Epochen unterscheiden sich zunächst darin, ob sie ein ausdifferenziertes religiöses System kennen – was bei tribalen Kulturen nicht der Fall ist, in denen Handlungen zur Sicherung des

---

[1] Robert Bellah: »Religiöse Evolution«. In: Constans Seyfarth/Walter M. Sprondel (Hrsg.): *Seminar: Religion und gesellschaftliche Entwicklung*. Frankfurt a. M. 1973, S. 267–302.

[2] Rainer Döbert: »Zur Logik des Übergangs von archaischen zu hochkulturellen Religionssystemen«. In: Klaus Eder (Hrsg.): *Seminar: Die Entstehung von Klassengesellschaften*. Frankfurt a. M. 1973, S. 330–370; ders.: *Systemtheorie und die Entwicklung religiöser Deutungssysteme – Zur Logik des sozialwissenschaftlichen Funktionalismus*. Frankfurt a. M. 1973.

[3] Bellah: *Religion in Human Evolution. From the Paleolithic to the Axial Age*. Cambridge/London 2011.

[4] Bellah: »Religiöse Evolution« (s. Anm. 1), S. 268.

alltäglichen Lebens und symbolische Handlungen zur Situierung des eigenen Lebens in einem mythischen Kosmos noch nicht voneinander geschieden sind.

Das ändert sich mit dem Entstehen »archaischer Religionen«, mit dem »Auftreten eines echten Kultus mit dem ganzen Komplex von Göttern, Priestern, Verehrung, Opferung und – in manchen Fällen – Gott oder Priesterkönigtum«.[5]

Von diesen Formen der Religion sind – so in Bellahs frühem Entwurf – schließlich die sogenannten »historischen Religionen« zu unterscheiden, in denen kein kosmologischer Monismus mehr gilt und die sich dadurch auszeichnen, dass »neben die empirische Welt [...] ein gänzlich anderer Bereich universaler Realität tritt, der die höchste Wertschätzung des Menschen beansprucht«.[6]

Die Entwicklung dieser Stufen religiöser Sinnbildung folgt der gesellschaftlichen Evolution, das heißt – grob gesprochen – der wachsenden Arbeitsteilung, technischen Aneignung der Umwelt sowie der Ausbildung von Herrschaftssystemen und damit einhergehend von gesellschaftlichen Klassen. Archaische und historische Religionen entstehen in und mit hochkulturellen Gesellschaften, also mit Gesellschaften, die grundsätzlich staatlich organisiert sind – das heißt, in denen eine durch Schrift und schriftkundige Beamte vermittelte, meist einheitliche, von einem Zentrum ausgehende Herrschaft über ein größeres Territorium ausgeübt wird –, die über durch Handel und Verkehr miteinander verbundene Zentren (Städte) verfügen und deren Agrikultur geplant ist, um nicht mehr passiv den Unbilden der Jahreszeiten und des Wetters ausgesetzt zu sein. Damit geht nicht nur ein neues Verständnis der Natur einher, die nun nicht mehr – oder immer weniger – als ein holistisches, göttliches Wesen eigenen Rechts betrachtet wird, sondern auch eine Umformung der in ihr als wirkend angesehenen Kräfte zu einer Vielzahl personaler Götter mit personalen Eigenschaften.[7]

Als bestes Beispiel für eine solche Form der Hochkultur kann das pharaonische Ägypten gelten, das nicht nur Städte, stehende Heere, eine zentralisierte Verwaltung, die Schrift, Schulen und Schreiberstäbe sowie zentral gelenkte Bewässerungs- und Nahrungsmittel-

---

[5] A.a.O., S. 281.

[6] Bellah: »Religiöse Evolution« (s. Anm. 1), S. 284.

[7] Vgl. Eder: »Die Reorganisation der Legitimationsformen in Klassengesellschaften«. In: ders. (Hrsg.): *Die Entstehung von Klassengesellschaften* (s. Anm. 2). S. 288–300.

bewahrungssysteme[8] kannte, sondern eben auch Priesterkasten, ein Pantheon verschiedenster Göttinnen und Götter sowie Gottkönige,[9] die Pharaonen.[10]

Analog zu dieser idealtypischen Epochentrennung lassen sich Formen religiösen Handelns unterscheiden – Formen, die keineswegs grundsätzlich nur einer Epoche zuzuordnen sind, sondern auch und gerade in ihren anthropologisch frühen Formen auf jeder Stufe der gesellschaftlichen Entwicklung wieder auftreten können.

Bellah unterscheidet vier solcher Formen religiösen, also kulturellen Verhaltens: episodisches, mimetisches, mythisches und theoretisches. Tatsächlich, so scheint Bellah zeigen zu können, teilten frühe Angehörige der Gattung Homo sapiens bestimmte Verhaltensweisen mit Angehörigen nichtmenschlicher Primatengattungen:[11] Obwohl ganz und gar gegenwartsbezogen, lassen sich in konkreten Episoden Lerneffekte erzielen – Bellah bezeichnet diese hypothetisch rückerschlossenen Verhaltensweisen als »episodisch kulturelles« Verhalten.

»What is cultural about episodic culture is that individuals learn from the experience of previous events what kind of event they are facing, how the elements in it are situated, so that an appropriate response is possible.«[12]

Auf diese Phase kulturellen Verhaltens folgt evolutionär, was sich als »mimetische Kultur« bezeichnen lässt, die aller Wahrscheinlichkeit nach seit 150.000 Jahren besteht. Sie eröffnet aufgrund der Weiterentwicklung des menschlichen Gehirns auch die Fähigkeit zur Herstellung von Werkzeugen sowie die Fähigkeit, sich über Gesten zu verständigen und damit – gleichzeitig – zu wissen, dass andere Angehörige der Gattung ebenfalls wissend wahrnehmen können: Die Paläoanthropologie spricht hier von der Fähigkeit, auf jeden Fall der Gattung Homo sapiens, eine »theory of mind« (der anderen) zu entwickeln. Gewiss scheint mimetisches Verhalten, das in Ritualen sei-

---

[8] Jan Assmann: *Stein und Zeit. Mensch und Gesellschaft im Alten Ägypten*. München 1991.

[9] Assmann: *Herrschaft und Heil. Politische Theologie in Altägypten, Israel und Europa*. München/Wien 2000.

[10] Vgl. Marie-Ange Bonhême/Annie Forgeau: *Pharao, Sohn der Sonne. Die Symbolik des ägyptischen Herrschers*. Zürich/München 1989.

[11] Vgl. Frans de Waal: *Primaten und Philosophen. Wie die Evolution die Moral hervorbrachte*. München 2008.

[12] Bellah: *Religion in Human Evolution* (s. Anm. 3), S. 119.

nen Ausdruck findet, weniger differenziert als eine symbolische Sprechsprache auf die natürliche und soziale Umwelt Bezug nehmen zu können, gleichwohl funktioniert es bei der Ausdifferenzierung sozialer Rollen, von Emotionen und bei der Vermittlung basaler Fähigkeiten effektiver als die erst später ausgebildete Sprechsprache.

Im Anschluss an Durkheim und Mead sowie die neuesten Entwicklungen in der anthropologischen Forschung zu den Ursprüngen menschlicher Kommunikation[13] räumt nun sogar eine sprachphilosophisch begründete Theorie menschlicher Vergesellschaftung ein, dass gestisches und damit auch mimetisches Verhalten ursprünglicher sei als sprachliche Kommunikation. So vermutet etwa Jürgen Habermas, »daß in rituellen Praktiken die verschüttete phylogenetische Erfahrung einer Umstellung des sozialen Zusammenlebens von artspezifischen Verhaltensmustern auf symbolisch vermittelte Kooperationsmuster verarbeitet worden sein können«.[14]

Andere Forscher auf dem Gebiet der gesellschaftlichen Evolution vermuten, dass in Ritualen die Welt so dargestellt wird, wie sie nach Überzeugung der Beteiligten sein sollte – womit Rituale schon deutlich über die jeweils vorherrschenden Gegebenheiten hinausweisen und auf einen (gestaltbaren) Zukunftsraum verweisen.[15]

Auf eine mimetische Kultur kann nach Bellah eine »mythische« Kultur folgen, beziehungsweise Formen mythischen Denkens, also Weltbilder, die ein gemeinsam geteiltes, metaphorisches System erklärender und normativer Metaphern enthalten:

> »The mind has expanded its reach beyond the episodic perception of events, beyond the mimetic reconstruction of episodes, to a comprehensive modeling of the entire human universe. Causal explanation, prediction, control – myth constitutes an attempt at all three, and every aspect of life is permeated by myth.«[16]

Auch dafür steht beispielhaft die Religion des alten Ägypten – wurde doch dort im Sinne einer »Kosmotheologie« die Regelhaftigkeit astronomischer Abläufe mit der Gerechtigkeit irdischer Verhältnisse in

---

[13] Michael Tomasello: *Die kulturelle Entwicklung des menschlichen Denkens. Zur Evolution der Kognition*. Frankfurt a. M. 2002; ders.: *Die Ursprünge der menschlichen Kommunikation*. Frankfurt a. M. 2009.

[14] Jürgen Habermas: »Eine Hypothese zum gattungsgeschichtlichen Sinn des Ritus«. In: ders: *Nachmetaphysisches Denken II. Aufsätze und Repliken*. Berlin 2012, S. 78.

[15] Bellah: *Religion in Human Evolution*, S. 135.

[16] A. a. O., S. 134.

eins gesetzt.[17] Daran wird deutlich, dass diese Kosmotheologie eine von sich aus erkennbare, bewunderns- und anbetungswürdige Göttlichkeit kennt. Göttliches und Irdisches sind in ihr noch nicht getrennt – ihre Götter sind zwar unsterbliche, aber ansonsten den Menschen mit ihren Leidenschaften in jeder Hinsicht ähnliche Wesen, die die Grenzen des Kosmos nicht überschreiten, sondern in ihm wirken und leben.

II. Die »Achsenzeit«

Die von Karl Jaspers als erstem so genannte »Achsenzeit« schließlich zeichnet sich folglich durch zwei massive Veränderungen des Weltbilds aus: dadurch dass, erstens, das Göttliche als eine jede Welterfahrung umfassende und damit überschreitende, transmundane Größe vorgestellt und, zweitens, ebendiese Größe als einzige göttliche Kraft angesehen und so dem Vorschub geleistet wird, was später als »Monotheismus« bezeichnet werden sollte und mit einer Personalisierung des einen Gottes einhergehen kann. Zugleich werden die Kundgaben dieses einen Gottes als Ausdruck seines Willens verstanden.

Religionsgeschichtlich wird diese Entwicklung spätestens seit Sigmund Freuds 1938 fertiggestellter Schrift *Der Mann Moses und die Entstehung der monotheistischen Religion*[18] dem ägyptischen Pharao Amenophis IV., später Echnaton genannt, zugeschrieben, der aus dem ägyptischen Pantheon den Sonnengott Aton auswählte, um ihn – gegen den Protest und Widerstand der Priesterschaft der anderen Götter – zum alleinigen Gott zu erheben.[19] Dieser Versuch wurde nach Amenophis' Tod so radikal rückgängig gemacht, dass sogar Gebäudeinschriften, die an den Pharao und seinen Gott erinnern sollten, regelrecht ausgemerzt wurden.[20] Ob die mit dem Aufkommen des Monotheismus einhergehende Verbindung von Glaube an das Göttliche und moralischem Wahrheitsanspruch – so Jan Assmann in sei-

---

[17] Assmann: *Ma'at. Gerechtigkeit und Unsterblichkeit im alten Ägypten.* München 1990.

[18] Sigmund Freud: *Der Mann Moses und die monotheistische Religion.* Frankfurt a.M. 1999.

[19] Assmann: *Moses der Ägypter. Entzifferung einer Gedächtnisspur.* Frankfurt a.M. 2004.

[20] Ebd.

ner Rede von der »mosaischen Unterscheidung«[21] – vor allem oder allein im antiken Israel zum Tragen kam, dürfte bezweifelt werden.[22] Tatsächlich lassen sich identische Tendenzen der Herausbildung eines Monotheismus mit dem Anspruch auf moralische Wahrheit auch in anderen Regionen der Welt beobachten, keineswegs nur im antiken Griechenland, sondern auch in Ost- und Südasien.[23] So konnte gezeigt werden, dass sich neben und hinter der Vielfalt des Pantheons der Religionen Indiens mindestens eine philosophische Konzeption eines einzigen, transzendenten Gottes entwickelt hat:

»Die indischen Philosophen«, so Helmuth von Glasenapp,

> »verstehen unter dem ewigen Weltenherrn einen ewigen, einzigartigen, allen anderen Wesen in jeder Hinsicht überlegenen, allmächtigen und allwissenden Geist. Er hat die Welt geschaffen und zweckmäßig geordnet, er erhält und zerstört sie, er hat die natürlichen und sittlichen Gesetze ins Dasein gerufen und durch Offenbarungen verkündet [...] Er besitzt die höchste moralische Vollkommenheit und ist imstande, nicht nur vergängliche Gaben, sondern auch die Erlösung zu spenden.«[24]

Nimmt man all dies zusammen, so lassen sich mit Robert Bellahs Theorie der religiösen Evolution die gesellschaftlichen Bedingungen, unter denen sich das Problem einer gerechten Verteilung von Gütern und Übeln massiv zu stellen beginnt, genau benennen. So sind staatliche, durch Recht, wie rudimentär auch immer, integrierte, hochkulturelle Gemeinwesen die notwendige Voraussetzung für die Herausbildung eines transzendenten Gottesbegriffs, während es parallel dazu im Bereich der religiösen Haltungen um den Übergang von der »mythischen« zur »theoretischen« Phase geht. Das heißt nicht, dass eine »theoretische« Welthaltung alle anderen religiösen Haltungen

---

[21] Assmann: *Die mosaische Unterscheidung. Oder der Preis des Monotheismus.* München/Wien 2003.

[22] Micha Brumlik: »Respektabel aber falsch. Peter Sloterdijks Verschärfung von Jan Assmanns mosaischer Unterscheidung«. In: Rolf Schieder (Hrsg.): *Die Gewalt des einen Gottes. Die Monotheismusdebatte zwischen Jan Assmann, Micha Brumlik, Rolf Schieder, Peter Sloterdijk u.a.* Berlin 2014, S. 196–217.

[23] Shmuel N. Eisenstadt: »Einleitung: Der Durchbruch zur Achsenzeit in Indien und China«. In: ders. (Hrsg.): *Kulturen der Achsenzeit. Ihre Ursprünge und Vielfalt. Teil II.* Frankfurt a.M. 1987, S. 95–107; Jan C. Heesterman: »Ritual, Offenbarung und Achsenzeit«. In: Eisenstadt (Hrsg.): *Kulturen der Achsenzeit,* S. 234–252; David Shulman: »Asvatthaman Brhannada: Brahmanische und königliche Paradigmen im Sanskrit Epos«. In: Eisenstadt (Hrsg.): *Kulturen der Achsenzeit,* S. 253–282.

[24] Helmuth von Glasenapp: *Die Philosophie der Inder.* Stuttgart 1985, S. 379f.

restlos ersetzt. Vielmehr ergänzt sie mimetische und mythische Haltungen – vor allem dort, wo es um die schriftliche Fixierung der göttlichen Weisung geht. Das aber war beispielhaft in der Religion des alten Israels und später – nach dem babylonischen Exil – in der dort entstandenen jüdischen Religion der Fall.

III. Das Entstehen der jüdischen Religion: Prophetische Religion des Rechts und der Befreiung

Deshalb kann Bellah, im Einklang mit der Religionssoziologie seit Max Weber, das antike Israel als paradigmatischen Fall des Übergangs zu einer »theoretischen« Offenbarungsreligion behandeln:

»Nonetheless, ancient Israel clearly meets the standard for which we argued [...] if we remember the importance of external memory, the preoccupation with and criticism of texts, and the conscious evaluation of alternative grounds for religious and ethical practice.«[25]

Es ist von daher nur schlüssig, die biblische Exoduserzählung, die Erzählung vom Auszug aus dem Gehäuse der Hörigkeit der ägyptischen Kultur, die trotz ihres hohen Entwicklungsstandes noch nicht zwischen Immanenz und Transzendenz unterschied und aus diesem Grunde Gottkönige verehrte und in hohem Maß von Ungerechtigkeit und Unfreiheit gekennzeichnet war, zum Paradigma einer Offenbarungsreligion und damit zum Paradigma einer jeden Theologie der Befreiung und der Revolution[26] zu erklären:

Der die Kinder Israel aus dem Knechthause Ägyptens befreiende Gott gibt sich zwar indirekt namentlich zu erkennen, spricht auch aus einem Dornbusch (2. Mose 3,1–11) und heißt Moses, als er an ihm vorüberzog, nicht hinzuschauen (2. Mose 33,20), wandelt sogar als Feuersäule vor seinem Volk einher (Ex 13,21/22), bleibt aber gleichwohl unsichtbar, um schließlich am Sinai mit seinem Volk einen Bund zu schließen, der dieses verpflichtete, seine Weisungen einzuhalten (Ex 20,1–21 und 24,1–8). Man mag darüber streiten, ob diese Texte tatsächlich die ältesten der hebräischen Bibel sind – tatsächlich scheinen prophetische Texte, in denen sich der Gott der Israeliten als befreiender, universales Recht setzender und zugleich auf Ethisie-

---

[25] Bellah: *Religion in Human Evolution* (s. Anm. 3), S. 283.

[26] Michael Walzer: *Exodus und Revolution.* Berlin 1988.

rung des Verhaltens abhebender einziger Gott präsentiert,[27] älter zu sein. Die Bibelwissenschaft datiert die Abfassung der Exoduserzählung auf das sechste beziehungsweise fünfte Jahrhundert,[28] gewichtige prophetische Texte indes auf das achte Jahrhundert vor der Zeitrechnung.[29]

Als Beispiele für die Konzeption eines sich offenbarenden Gottes, der auf Universalisierung, Ethisierung und damit auch auf Individualisierung zielt, dienen im Folgenden einige Passagen aus sogenannten »kleineren« Prophetenbüchern.

So erweist sich der wahrscheinlich im achten Jahrhundert wirkende Prophet Amos als einer der frühesten Vertreter einer Art universalistischen Völkerrechts.[30] Amos lässt Gott ausdrücklich mitteilen, dass er der Befreier und damit auch Richter aller Völker, nicht nur Israels sei: »Habe ich nicht Israel herausgeführt aus dem Land Ägypten und die Philister aus Kaphtor und Aram aus Kir?« (Amos 9,7).

Der Prophet Micha[31] wiederum lässt Gott nicht nur alle Völker anrufen: »Hört, ihr Völker alle! Gib acht Erde und was sie erfüllt!« (Micha 1,2), sondern sich auch an jeden einzelnen Menschen, keineswegs nur an das Volk Israel, wenden: »Er hat dir kundgetan, Mensch, was gut ist, und was der Herr von dir fordert: Nichts anderes, als Recht zu üben und Güte zu lieben und in Einsicht mit deinem Gott zu gehen« (Micha 8,8). Hier sind – und das ist hervorzuheben – alle Mitglieder der Menschheitsfamilie einzeln angesprochen, unabhängig von ihrer ethnischen Zugehörigkeit. Und es war wiederum Amos, der den prophetischen Appell zu einem gottgefälligen, moralischen

---

[27] Bernhard Lang (Hrsg.): *Der einzige Gott. Die Geburt des biblischen Monotheismus.* München 1981; Ernst Haag (Hrsg.): *Gott, der einzige. Zur Entstehung des Monotheismus in Israel.* Freiburg i. Br. 1985.

[28] Rainer Albertz: *Religionsgeschichte Israels in alttestamentlicher Zeit 1.* Göttingen 1992, S. 71.

[29] Antoon Schoors: *Die Königreiche Israel und Juda im 8. und 7. Jahrhundert v. Chr.* Stuttgart 1998.

[30] Walter Steinle: *Amos – Prophet in der Stunde der Krise.* Stuttgart 1979; Gunther Fleischer: *Von Menschenverkäufern, Baschankühen und Rechtsverkehrern. Die Sozialkritik des Amosbuches in historisch-kritischer, sozialgeschichtlicher und archäologischer Perspektive.* Frankfurt a. M. 1989; Brumlik: »Zur Begründung der Menschenrechte im Buch Amos«. In: Hauke Brunkhorst u. a. (Hrsg.): *Recht auf Menschenrechte. Menschenrechte, Demokratie und internationale Politik.* Frankfurt a. M. 1999, S. 11–19.

[31] Vgl. Hans W. Wolff: *Mit Micha reden. Prophetie einst und heute.* München 1978.

und ethischen Lebenswandel in eine Polemik gegen jeden Kultus weiterentwickelte und Gott sagen ließ:

»Und das Heilsopfer von eurem Mastvieh – ich sehe nicht hin! Weg von mir mit dem Lärm deiner Lieder! Und das Spiel deiner Harfen – ich höre es mir nicht an. Möge das Recht heranrollen wie Wasser und die Gerechtigkeit wie ein Fluß, der nicht versiegt« (Amos 5,22).

Der als einzig bekannte, sich offenbarende Gott Israels, wie ihn die Propheten bekunden, erweist sich somit als ein transzendenter Wächter und Gesetzgeber, der von jedem Menschen (Individualisierung) ein strikt ethisches Verhalten sowie von allen politischen Gemeinschaften (Völkern), auch und gerade von Israel, die Befolgung von Recht und Moral einfordert. Robert Bellah hat das mit einer relativen Distanzierung von der je vorfindlichen Welt erklärt:

»Die Abwertung der empirischen Welt und des empirischen Selbst rückt die Idee eines neuen, verantwortlichen Selbst in den Vordergrund, eines wahren Selbst, das zu tief liegt, als daß die flüchtige Alltagserfahrung es erreichen könnte, das eine andere Realität über sich weiß, eine Realität, deren Konsistenz die wechselnde, nur sinnliche Wahrnehmung Lügen straft.«[32]

Auffällig ist, dass die prophetische Verkündigung ganz im Sinne der Theorie des Achsenzeitalters zwar hochkulturelle, staatlich organisierte Gesellschaften voraussetzt, die Verkünder selbst jedoch keine Angehörigen solcher Großmächte sind, sondern Mitglieder eines Kleinstaates, den sie gleichwohl von der Warte ihrer universalistischen Moral nicht milder kritisieren als jene Großmächte, die Israel zerstörten und Juda in Abhängigkeit hielten und bedrohten. Es war nicht zuletzt Max Weber, der genau darin eine politisch durchaus gefährliche Form öffentlicher, zwar nicht politisch gemeinter, wohl aber politisch wirksamer Demagogie erkannte:

»Wenn dieser Prophet«, so Weber über Amos, »Gottes Zorn über Israel verkündigt, weil man das Prophezeien zu unterdrücken versuche, so war das etwa das gleiche, wie wenn ein moderner Demagoge Preßfreiheit verlangt.«[33]

---

[32] Bellah: »Religiöse Evolution« (s. Anm. 1), S. 268; vgl. Rainer Döbert: »Zur Logik des Übergangs von archaischen zu hochkulturellen Religionssystemen« (s. Anm. 2), S. 356f.

[33] Max Weber: *Gesammelte Aufsätze zur Religionssoziologie. Bd. 3.* Tübingen 1988, S. 285.

Weber formuliert negativ, was sich auch positiv ausdrücken lässt – dass nämlich die Propheten viele Eigenschaften moderner Intellektueller aufweisen: die nicht vorhandene professionelle Zuständigkeit im Gegensatz zur Priesterschaft, einen Anspruch, eine Anmaßung, sich auch ohne Amt und Zuständigkeit zum Ganzen des Gemeinwesens zu äußern, sowie ein nicht auf die Folgen des eigenen Handelns blickendes Engagement. Das führt – psychologisch und hinsichtlich des eigenen Moralbewusstseins – zu einer Entfremdung von der eigenen Herkunftsgemeinschaft und zu einer Überbietung der bisherigen moralischen Konventionen, die aus deren Inhalten selbst nicht mehr begründet werden kann. Im Falle individueller moralischer Entwicklung spricht die kognitivistische Entwicklungspsychologie hier vom Übergang, oder genauer, vom Übersprung von einer im besten Fall konventionellen Moral des Brauchs oder vorfindlichem Rechts zu einer universalistischen, »postkonventionellen« Moral.[34]

Die Instanz dieses Übersprungs war im Fall der Propheten Gott, die Weise, in der sie diese Instanz für sich wahrnahmen, das, was später als »Offenbarung« bezeichnet werden sollte. Entscheidend für das, was, in allen Religionen, als »Offenbarung« gelten kann, ist ihre »Unableitbarkeit« aus dem Vorherigen. Ein mehr als achthundert Jahre später bekannt gewordenes Beispiel ist die plötzliche Bekehrung Paulus' vom Verfolger messiasgläubiger Juden zu ihrem ersten und vornehmsten Prediger, Theologen und Propagandisten: das »Damaskuserlebnis«, wie es in der Apostelgeschichte (Apg 9,3–9) geschildert wird. Auch Mohammed wird noch einmal rund sechshundert Jahre später eine solche an nichts Vorhergehendes anschließende Offenbarung widerfahren.

IV. Offenbarung und Transzendenz

Ein Offenbarungserlebnis ist somit immer an einen Einzelnen oder an eine Gruppe gebunden: Es ist dann eine Frage seiner beziehungsweise ihrer persönlichen Glaubwürdigkeit oder Überzeugungskraft

---

[34] Wolfgang Edelstein u. a. (Hrsg.): *Moral und Person.* Frankfurt a. M. 1993; Lawrence Kohlberg: *Die Psychologie der Moralentwicklung.* Frankfurt a. M. 1995; ders.: *Die Psychologie der Lebensspanne.* Frankfurt a. M. 2000; Edelstein/Gertrud Nunner-Winkler (Hrsg.): *Morality in Context.* Amsterdam 2005; vgl. dazu mit Blick auf die religiöse Entwicklung: Fritz Oser/Paul Gmünder: *Der Mensch – Stufen seiner religiösen Entwicklung: ein strukturgenetischer Ansatz.* Gütersloh 1982.

oder, wenn man so will, des religiösen Charismas, ob der Inhalt dieser Offenbarung von anderen geteilt und übernommen wird. Dann aber – und auch darauf hat der Religionssoziologe Max Weber hingewiesen – erweist sich »charismatische Herrschaft« als ein nicht auf Dauer zu stellendes Übergangs- und Krisenphänomen:

»Das Charisma ist die große revolutionäre Macht in traditional gebundenen Epochen. Zum Unterschied von der ebenfalls revolutionierenden Macht der ›ratio‹ die entweder geradezu von außen her wirkt: durch Veränderung der Lebensumstände und Lebensprobleme und dadurch mittelbar der Einstellung zu diesen, oder aber: durch Intellektualisierung, *kann* Charisma eine Umformung von innen her sein, die, aus Not oder Begeisterung geboren, eine Wandlung der zentralen Gesinnungs- und Tatenrichtung unter völliger Neuorientierung aller Einstellungen zu allen einzelnen Lebensformen und zur ›Welt‹ überhaupt bedeutet.«[35]

Akzeptiert eine Gemeinschaft die Botschaft und Weisung ihres charismatischen Führers, so wird sie schließlich, nachdem die offenbarende Kraft ihres Führers versiegt ist, dessen Botschaft zu verwalten, zu institutionalisieren haben: die »Veralltäglichung« des Charismas und die Verwaltung entsprechender Inhalte.

Veralltäglichung und Institutionalisierung sind aber nicht mit dem identisch, was anfangs als »Vernunft« im Gegensatz zu »Offenbarung« angesprochen wurde. »Vernunft« in diesem Sinne lässt sich auch nicht mit dem in eins setzen, was Weber unter »Intellektualismus« verstanden hat, nämlich einen durch die praktische Lebenslage des Bürgertums bedingten Rationalismus »rein als solchen, speziell die metaphysischen Bedürfnisse des Geistes, welcher über ethische und religiöse Fragen zu grübeln nicht durch materielle Not gedrängt wird, sondern durch die eigene innere Nötigung, die Welt als einen *sinnvollen* Kosmos erfassen und zu ihr Stellung nehmen zu können«.[36]

Anders als bei Weber und seinem Begriff des »Rationalismus« sollen jedoch hier unter »Vernunft« Institutionen und vor allem ihre Verfahren verstanden werden; Verfahren, die es erlauben, durch intersubjektive Nachvollziehbarkeit den Sinn einer Offenbarung und die aus ihm folgenden Lebensregeln zu entfalten, zu erörtern, zu verändern und gegebenenfalls neuen Lebenslagen anzupassen. Es waren keineswegs nur die griechisch oder lateinisch argumentierenden Kir-

[35] Weber: *Wirtschaft und Gesellschaft.* Tübingen 1922, S. 185.

[36] A. a. O., S. 337 f.

chenväter, die diese Form (religiöser) Vernunft begründet haben, sondern vor allem das gleichzeitig wirkende rabbinische Judentum, das die Ersetzung von »Offenbarung« durch »Vernunft« deutlicher noch und klarer als die Kirche geltend machte.

Das nachzuzeichnen setzt aber eine Erläuterung, was das rabbinische Judentum war und ist, voraus – wozu hier nicht mehr die Zeit ist. Gleichwohl: Robert Bellah hat, wenn ich recht sehe, die Arbeiten Ernst Cassirers, eines Schülers des jüdischen Kantianers Hermann Cohen, zumal dessen *Philosophie der symbolischen Formen* jedenfalls nicht ausdrücklich zur Kenntnis genommen. Ansonsten hätte er jenen, auch von ihm akzentuierten Übergang vom Mythos zur Religion noch deutlicher, als ohnehin schon getan, akzentuiert.

»Jede Religion«, so Cassirer im zweiten Band der Philosophie der symbolischen Formen,

> »sieht sich in ihrer Entwicklung an einen Punkt geführt, am welchem sie diese ›Krisis‹ bestehen, an dem sie sich von ihrem mythischen Grund und Boden lösen muß. Aber in der Art dieser Loslösung verfahren die verschiedenen Religionen nicht gleichartig – sondern hierin eben bekundet jede ihre besondere geschichtliche und geistige Eigenart. Und immer wieder zeigt sich hierbei, daß die Religion, indem sie sich ein neues Verhältnis zur mythischen Bildwelt gibt, damit zugleich in ein neues Verhältnis zum Ganzen der ›Wirklichkeit‹, zur Gesamtheit des empirischen Daseins tritt. Sie kann die ihr eigentümliche Kritik dieser Bildwelt nicht vollziehen, ohne zugleich das wirkliche Dasein in sie einzubeziehen. Denn eben weil es hier noch kein losgelöstes ›objektiv‹ Wirkliches im Sinne der sondernden theoretischen Erkenntnis gibt, weil vielmehr die Anschauung der Wirklichkeit in die mythische Vorstellungs-, Gefühls- und Glaubenswelt noch wie eingeschmolzen ist, muß auch jede andere Stellung, die das Bewußtsein zu dieser letzteren gewinnt, auf die Gesamtansicht des Daseins überhaupt zurückwirken.«[37]

Das scheint – wenn ich mit einer provokativen Schlussbemerkung schließen darf – auch heute der Fall zu sein. Die neueste analytische und Religionsphilosophie jedenfalls – etwa bei Thomas Nagel, Martin Hailer und zuletzt Holm Tetens zieht den naturalistischen »Myth of the Given«, also den Anspruch des Physikalismus, das Ganze menschlicher Existenz reduktiv erklären zu wollen, mit guten Gründen in Zweifel. Um noch einmal Cassirer das Wort zu geben – auch gegenwärtig scheint zu gelten:

---

[37] Ernst Cassirer: *Philosophie der symbolischen Formen II. Das mythische Denken.* Darmstadt 1997, S. 286.

»Die Idealität des Religiösen setzt daher nicht nur das Ganze der mythischen Gestaltungen und Kräfte zu einem Sein niedriger Ordnung herab, sondern sie richtet diese Form der Negation auch gegen die Elemente des sinnlich-natürlichen Daseins selbst.«[38]

[38] Ebd.

Hauke Brunkhorst

Evolution des Rechts

1. Take-Off

Die soziale Evolution bildet ein Kontinuum mit der natürlichen, aber evolutionärer Wandel muss aus ihrer unnatürlichen Natur erklärt werden. Sprache und Arbeit bestimmen im Wortsinn die Natur der Gesellschaft.[1] Sie sind Erfindungen der organischen Evolution, die den Take-Off einer emergenten Stufe der Evolution ermöglicht haben, deren Veränderungen aber nicht mehr durch genetische Variation und natürliche Selektion erklärt werden können. Symbole und Sprechakte drängen das Reich der Gene in die organische Umwelt der Gesellschaft ab. An die Stelle der genetischen tritt *kommunikative Variation*. Fast jeder Satz, den wir ausstoßen, ist neu und wurde noch nie zuvor so formuliert, ist also immer abweichend, eine Variation.[2] Die natürliche Selektion, die schon im organischen Leben nur der vermutlich wichtigste, aber kaum der einzige Mechanismus evolutionären Wandels sein dürfte,[3] wird durch eine Mixtur aus *sozialer Se-*

---

[1] Zur Evolution von Arbeit und Sprache: Antré Leroi-Gourhan: *Hand und Wort.* Frankfurt a. M. 1980. Die Sprache ist neben der Arbeit das zweite *missing link* zwischen Natur und Geist. Sie ist wie die Kunst Überwindung des Dualismus »von Natur und Freiheit«, der als »Grundgegensatz […] die gesamte Kantische Systematik beherrscht – einerseits *gesellschaftliche Produktion:* ›wahrhaft geistige Schöpfung‹, andererseits ›ein *Produkt der Natur*‹« (Ernst Cassirer: *Geist und Leben.* Leipzig 1993, S. 239; vgl. auch ders.: *Philosophie der symbolischen Formen.* Bd. 1. Darmstadt 1988, S. 99 ff., 124 ff.; ders.: *Philosophie der symbolischen Formen.* Bd. 2. Darmstadt 1987, S. 14 ff., 46 f.; vgl. auch ders.: *Versuch über den Menschen. Einführung in eine Philosophie der Kultur.* Hamburg 1996, S. 93).

[2] Noam Chomsky: *Aspekte der Syntaxtheorie.* Frankfurt a. M. 1969.

[3] Charles Darwin: *Die Entstehung der Arten.* Hamburg 2008, S. 474; vgl. auch Stephen J. Gould/Richard C. Lewontin: *The Spandrels of San Marco and the Panglossian Paradigm: A Critique of the Adaptationist Programme.* S. 8 f. (http://www.aaas.org/spp/dser/03_Areas/evolution/perspectives/Gould_Lewontin_1979.shtml, zuletzt aufgerufen am 04.04.2012); vgl. auch Gould: *The Structure of Evolutionary Theory.* Cambridge/Massachusetts u. a. 2002. S. 2 f., 147, 254. Auf die von Darwin selbst ein-

lektion (Interessen, Funktionsimperative) mit normativen und kognitiven *Lernprozessen,* die Adaptionsverbesserungen Grenzen ziehen und durch Sozialisationsprozesse vererbt werden, vollständig substituiert.

Angetrieben wird die soziale Evolution durch die Negationsleistungen der Sprache. Die Enttäuschung normativer Erwartungen, der Widerspruch gegen Imperative und der Streit über Geltungsansprüche lassen den Variationspool rasch wachsen und erzwingen den Take-Off. »Alle Geschichte ist die Geschichte von Klassenkämpfen«,[4] in denen es um materielle *und* ideelle Interessen geht.[5] Nur die Negation hat die Kraft zur reflektierenden Reflexion,[6] nicht die Affirmation. Die Negation macht den Anfang. Zwar setzt die Negation implizite Normen, sei es des richtigen Inferenzverhaltens (Wer A sagt, muss auch B sagen), sei es des richtigen Handelns, voraus.[7] Aber diese Normen werden *als* Normen erst durch die reflexive Kraft der Negation *hervorgebracht,* und zwar in dem doppelten Sinn, dass sie jetzt erst als solche erkannt (also explizit) werden, solche Erkenntnis sie jedoch *zugleich* im Sinne des *producere* hervorbringt, also konstituiert und erzeugt und damit erst die Trennung (Ausdifferenzierung) des gesellschaftlichen Bewusstseins von der Natur vollzieht. Wenn nie jemand eine Norm negieren würde, wäre die Befolgung von Normen vom Vollzug von (deterministischen oder statistischen) Naturgesetzen vollkommen ununterscheidbar. Das aber heißt: Es gäbe keinen Unterschied.

---

gestandene Grenze der Erklärungskraft natürlicher Selektion weist schon hin: Cassirer: *Das Erkenntnisproblem in der Philosophie und Wissenschaft der neueren Zeit.* Bd. 4. Darmstadt 1994, S. 173 f.; ähnlich Martin Gutmann: »Begründungsstrukturen von Evolutionstheorien«. In: Ulrich Krohs/Georg Toepfer (Hrsg.): *Philosophie der Biologie*. Frankfurt a. M. 2005, S. 249–266, hier: 253 f.

4 Karl Marx/Friedrich Engels: *Manifest der kommunistischen Partei*. Stuttgart 1997, S. 19.

5 Max Weber: *Religionssoziologie*. Bd. 1. Tübingen 1978, S. 252.

6 Knapp und klar im Anschluss an Jean Piaget: Thomas Kesselring: *Jean Piaget*. München 1988, S. 87 ff.

7 Anne Reichold: »Normativity and Negativity in Hauke Brunkhorst's *Critical Theory of Legal Revolutions*«. In: *Philosophy & Social Criticism* 41 (2015), S. 985–993.

2. Evolutionäre Rolle von Religion und Recht

In der Form religiöser Weltbilder werden die Menschen sich des vollkommen profanen Potentials ihres alltäglichen Sprachgebrauchs bewusst, das darin besteht, das Bestehende durch Negation zu transzendieren. Die Religion *entfesselt* dieses Potential – alle großen Revolutionen sind immer auch religiös motiviert – und *bindet* es zugleich an die bestehenden Herrschaftsverhältnisse. Die entlarvende Kritik der Religion ist deshalb nur die andere Seite der Kritik, die ihren wahren Gehalt aufzeigt.[8] Ob der wahre Gehalt der Religion mit den sparsamen Mitteln der *bewusstmachenden* Kritik allein geborgen werden kann, oder ob es doch noch eines, wie immer schwachen Rückgriffs auf die *rettende* Kraft einer theologisch motivierten Kritik bedarf, ist bis heute unentschieden.[9]

Mit der großen, eurasischen Transformation der Achsenzeit (ca. 1200 vor bis an den Beginn unserer Zeitrechnung) ist das Negationspotential, dass der Mythos trotz aller Poesie, Ironie und Selbstreflexion noch neutralisieren konnte, freigesetzt worden. Erst die unerträglich gewordenen und nicht mehr durch pagane Theodizeen des Glücks legitimierbaren Ungerechtigkeiten, die dem Formwandel egalitär integrierter und segmentär differenzierter Gesellschaften zu scharf hierarchisierten und politisch organisierten Klassengesellschaften gefolgt sind, haben zur axiomatisch durchrationalisierten (Monotheismus) Differenzierung von Transzendenz und Immanenz geführt.[10] Deren kritischer, normativer Gehalt kommt in den prophetischen Theodizeen des Leids besonders klar zum Ausdruck. Denn »allzu häufig war individuell unverdientes Leid. Und keineswegs nur nach einer ›Sklavenmoral‹, sondern auch an den eigenen Maßstäben der Herrenschicht gemessen, waren es allzu oft nicht die Besten, sondern die ›Schlechten‹, denen es am besten geriet«.[11] Die Theodizeen des Leids delegitimieren das Herrschaftsgefüge urban zentrierter und sozial stratifizierter Imperien (die Welt des aristokratischen ›zoon po-

---

[8] Gerd Wartenberg: *Logischer Sozialismus. Die Transformation der Kantischen Transzendentalphilosophie durch Charles S. Peirce*. Frankfurt a.M. 1971.

[9] Jürgen Habermas: »Bewußtmachende oder rettende Kritik – Die Aktualität Walter Benjamins«. In: Siegfried Unseld (Hrsg.): *Zur Aktualität Walter Benjamins: aus Anlaß des 80. Geburtstags von Walter Benjamin*. Frankfurt a.M. 1972, S. 173–224.

[10] Shmuel N. Eisenstadt: »Allgemeine Einleitung«. In: ders. (Hrsg.): *Kulturen der Achsenzeit. Bd. 1*. Frankfurt a.M. 1987, S. 21.

[11] Weber: *Religionssoziologie*. Bd. 1 (s. Anm. 5), S. 244.

litikon‹) und verschaffen ihm noch im selben Atemzug eine neue Legitimationsgrundlage.

Mit der großen eurasischen Transformation der Achsenzeit werden im Kollektivbewusstsein schriftbasierter Gesellschaften erstmals normative Constraints verankert, die universalistisch begründet sind (Goldene Regel). Sie halten nicht nur das Bewusstsein egalitärer Vergesellschaftung wach, das die ersten 100.000 Jahre der Menschheitsgeschichte, die der agrarischen Landnahme vorhergegangen sind, bestimmt hat.[12] Sie konfrontieren auch und vor allem den Funktionsimperativ systemischer Umweltanpassung mit universellen Gerechtigkeitsvorstellungen: Nicht die Gerechtigkeit soll durch Anpassungsimperative, die Anpassung soll durch Gerechtigkeitsimperative begrenzt werden.

Die Unterscheidung von Immanenz und Transzendenz wird damit zur eigentlichen Triebkraft aller Klassenkämpfe und im Zuge religiös motivierter Rationalisierung (Lernprozesse in Verbindung mit Klassenkämpfen) immer weiter in die Gesellschaft internalisiert, ohne je ganz zu verschwinden.[13] Freilich bleibt das transzendierende Potential der religiösen (und philosophischen) Weltbilder solange *latent,* solange *Religion, politische Klassenherrschaft und Recht* einen – trotz der immer wieder aufbrechenden Spannungen – *einheitlichen, nach außen geschlossenen Komplex* bilden. Das Bewusstsein normativer Constraints, die imperialer Klassenherrschaft umkämpfte Grenzen ziehen, ist zwar nicht ganz unwirksam, bleibt jedoch auf den kulturellen Hintergrund der Gesellschaft beschränkt, bricht allenfalls punktuell hervor und wird nirgends zur herrschaftsbrechenden Norm, sozusagen zur Verfassung der Gesellschaft. Dazu kommt es in der westeuropäischen (damals noch weströmischen) Weltprovinz erst zur Zeit der Päpstlichen Revolution.

Von den protestantischen des 16. und 17. Jahrhunderts über die atlantischen des 18. bis zu den sozialen Revolutionen des 20. Jahrhunderts sind alle großen Revolutionen *Rechts- und Verfassungsrevolutionen,* und sie unterscheiden sich nur dadurch von allen anderen Gewaltausbrüchen der Geschichte. Alle großen Revolutionen wälzen die rechtlichen Grundlagen der Gesellschaft um und schaffen eine neue Rechtsform, in der die emanzipatorische Seite des Rechts

---

[12] Jean-Jacques Rousseau: *Diskurs über die Ungleichheit.* München 1990.

[13] Poul F. Kjaer: »A Review of Brunkhorst Critical Theory of Legal Revolutions«. In: *Journal of Law and Society* 42 (2015), S. 312–318, hier: 313.

mit seiner repressiven zu einer widersprüchlichen Einheit verschmolzen ist. Gleichzeitig ermöglicht die neue, zum Funktionssystem ausdifferenzierte Form des Rechts überhaupt erst die funktionale Differenzierung der Religion (12. Jhd.), der Politik und des Staates (17. Jhd.), der Geldwirtschaft (19. Jhd.), des Erziehungssystems (20. Jhd.) und aller übrigen Spezialeinrichtungen der modernen Gesellschaft. Kein Funktionssystem ohne Recht. Im Sinne einer notwendigen Voraussetzung ist das Recht das Führungssystem der sozialen Evolution moderner Gesellschaften, zumindest gilt das für die westlichen Provinzen der Weltgesellschaft. In marxistischen Terms könnte man sagen, dass die *Rechtsform die Produktionsverhältnisse* (im 19. Jahrhundert: Privateigentum, freier Arbeitsvertrag) bestimmt, während die *Produktionsverhältnisse* mit wachsender Ausdifferenzierung und Erpressungsmacht des ökonomischen Systems immer deutlicher *den Inhalt des Rechts* bestimmen (›Klassenjustiz‹).

3. Die Leistung der Päpstlichen Revolution

Mit der Päpstlichen Revolution des 11. Jahrhunderts beginnt in der westeuropäischen Weltprovinz die Zeit der modernen Gesellschaft, was auch von der neueren Mittelalterforschung, soweit ich sie übersehe, immer häufiger bestätigt wird.[14] Das wichtigste Resultat der Päpstlichen Revolution war die im 12. und 13. Jahrhundert vollzogene, *gleichzeitige Differenzierung und Kopplung von Religion und Recht.*[15]

Der Päpstlichen Revolution ist ein langer, normativer (und kognitiver: neue Agrartechniken, Architektur, Städte und Straßenbau) Lernprozess vorhergegangen, der in heftige Klassenkämpfe der vielfach versklavten und geknechteten Bauern und Kleriker (damals ca. 1/3 der männlichen Bevölkerung) verwoben war.[16] Die moralische,

---

[14] Knapp: Brunkhorst: *Critical Theory of Legal Revolutions – Evolutionary Perspectives*. New York/London 2014, S. 90 ff.

[15] Kjaer: »A Review of Brunkhorst Critical Theory of Legal Revolutions« (s. Anm. 13), S. 314; siehe auch: Harold Berman: *Law and Revolution. The Formation of the Western Legal Tradition*. Cambridge 1983.

[16] Vgl. Peter Landau: »Frei und Unfrei in der Kanonistik des 12. und 13. Jahrhunderts am Beispiel der Ordination der Unfreien«. In: Johannes Fried (Hrsg.): *Die abendländische Freiheit*. Sigmaringen 1991. S. 177–196, hier: 180 ff.; Brigitte Szabó-Bechstein: »›Libertas ecclesiae‹ vom 12. bis zur Mitte des 13. Jahrhunderts – Verbreitung und

sozial-kognitive Leistung der Revolution bestand vor allem in der radikalen *Verallgemeinerung, Beschleunigung* und *Verrechtlichung* dieses Lernprozesses. Das emanzipatorische Potential einer der vielen transzendentalen Erlösungsreligionen Eurasiens wurde aus der *kulturellen Latenz* entbunden und *im Recht inkarniert.*[17] Nur so konnte es zum massenwirksamen Durchbruch eines (zumindest in der Weltregion des ehemaligen Imperium Romanum) neuen, *universellen und abstrakten Freiheitsbewusstseins* kommen.[18]

Auch wenn der allgemeine Freiheitsbegriff erst sehr viel später (in der Zeit der Protestantischen Revolution und der Aufklärung) zur politischen Doktrin, theoretisch durchdrungen und als solcher artikuliert wurde, wird er doch schon im Unabhängigkeitsstreben der neuen Städte des 12. und 13. Jahrhunderts »zu einer Aussageform politischer Zielsetzung«.[19] Zugleich wird die »Dichotomie von Freiheit und Unfreiheit« »Schlüssel zur Wahrnehmung fremder Kulturen und Völker«.[20] Erstmals erkennen »Theologen, Philosophen und Juristen, wiederholt auch Notare, die Verfasser von Urkunden also, [...] in der Willensfreiheit die anthropologische Grundlage menschlicher Freiheit schlechthin«.[21] Erst wenn die Juristen und Notare ihr Werk vollendet haben, steigt die Eule der Minerva auf, um den praktisch längst etablierten Begriff (›sie wissen es nicht, aber sie tun es‹) explizit zu machen. Der Freiheitsbegriff gewinnt aber schon lange, bevor er philosophisch expliziert und begründet wird, Herrschaft legitimierende *und* de-legitimierende Kraft. Er wird im Zuge der Päpstlichen Revolution zum rechtlich »daseienden Widerspruch« der entstehenden modernen Gesellschaft.[22] Als *freier Wille* »durchsetzt Freiheit«,

---

Wandel eines Begriffs seit der Prägung durch Gregor VII.«. In: Fried (Hrsg.): *Die abendländische Freiheit*, S. 147–175, hier: 147 f.; Karl Leyser: »Von sächsischen Freiheiten zur Freiheit Sachsens. Die Krise des 11. Jahrhunderts«. In: Fried (Hrsg.): *Die abendländische Freiheit*, S. 67–83, hier: 68 ff., 78 ff.

[17] Berman: *Law and Revolutiuon* (s. Anm. 15); Brunkhorst: *Critical Theory of Legal Revolutions* (s. Anm. 14), S. 90 ff.

[18] Leyser: »Von sächsischen Freiheiten zur Freiheit Sachsens« (s. Anm. 16), S. 67 ff.

[19] Fried: »Einleitung«. In: ders. (Hrsg.): *Die abendländische Freiheit* (s. Anm. 16), S. 7–16, hier: 12.

[20] A. a. O., S. 13.

[21] A. a. O., S. 14; Kurt Flasch: »Freiheit des Willens: 850–1150«. In: Fried (Hrsg.): *Die abendländische Freiheit* (s. Anm. 16), S. 17–47, hier: 39, 41.

[22] Georg Wilhelm Friedrich Hegel: *Wissenschaft der Logik.* Werkausgabe Bd. 2. Hamburg 1975, S. 59. In der Rechtsphilosophie ist die Seite des Widerspruchs im Begriff deutlich abgeschwächt. Auf einen hochsignifikanten Fall, die pseudo-dialekti-

so Johannes Fried, »alle Lebensbereiche der abendländisch-christlichen Gesellschaft«: Freiheit wird praktischer »Gegenstand aller Rechtskreise, der Volksrechte ebenso wie der Hof-, Land- oder Stadtrechte, der *canones* wie der *leges*«.[23]

Die Tendenz zur reflektierenden Abstraktion der Freiheit überhaupt kommt in dem immer schärfer artikulierten Gegensatz von Freiheit und Knechtschaft und der negativen Definition von *Freiheit als Ausschluss von Knechtschaft* zum Ausdruck und ergreift im Paradigmenwechsel vom vorrevolutionären Verlangen von der einzelkirchlich privilegierten *ecclesia libera* (und dem *monasterium liberum*) zur universalkirchlichen Parole der Revolution: *»Libertas ecclesiae!«* Gregors VII. 1075 die (weitgehend analphabetischen) Massen der Bauern, des unteren Klerus und verarmten, niederen Adels, ergänzt um die, für den Erfolg der Revolution nicht minder wichtige Parole, das *Recht schütze die Schwachen*.[24]

Die *libertas ecclasiae* hat es in sich. Sie drückt erstmals in einem allgemeinen Begriff aus, was durch die Revolution dann tatsächlich (absichtlich *und* unabsichtlich) umgesetzt wurde, das *Erlösungsversprechen einer Religion*, die sich von ihrer, nun als Versklavung erfahrenen, Einbettung in den politisch-juristisch-religiösen Komplex befreien wollte und zu diesem Zweck die *abstrakte Rechtsform universeller Korporationsfreiheit*, die durch die erfolgreiche Revolution dann verwirklicht wurde, vorwegnahm.[25]

Die frommen Mönche des gelehrten Rechts hatten im lang gesuchten, endlich, wenige Jahre vor Ausbruch der Revolution, wiederentdeckten Corpus Justinianum des römischen Zivilrechts einen im Recht verkörperten Weg, der *in* dieser Welt zur universellen Befreiung und Erlösung *vom* Elend dieser Welt in einer anderen führt, gesucht. Methodisch sollte – unter Zuhilfenahme der griechischen Dialektik und ermöglicht durch das systematische, akademische Studium des Rechts an eigens zu diesem Zweck eingerichteten Schulen (Bologna) – das kanonische mit Hilfe des römischen Rechts vereinheitlicht und systematisiert werden.

---

sche Begründung der Erbmonarchie macht aufmerksam: Karl-Heinz Ilting: »Die Struktur der Hegelschen Rechtsphilosophie«. In: Manfred Riedel (Hrsg.): *Materialien zu Hegels Rechtsphilosophie*. Frankfurt a. M. 1975, S. 52–78, hier: S. 69 f.

[23] Fried: »Einleitung« (s. Anm. 19), S. 15; Berman: *Law and Revolution* (s. Anm. 15).

[24] Berman: *Law and Revolution* (s. Anm. 15); Szabó-Bechstein: »Libertas ecclesiae« (s. Anm. 16), S. 147 ff.

[25] Brunkhorst: *Critical Theory of Legal Revolutions* (s. Anm. 14), S. 110 ff., 118 ff.

Herauskam, um es kurz zu machen, ein autonomes, selbstreferentiell geschlossenes *Rechtssystem*, das *niemand gewollt hatte* und das zu jenem Zeitpunkt noch nicht einmal als solches erkennbar war. Die gelehrte Systematisierung des kanonischen Rechts im Medium griechisch-arabischer Philosophie und römischen Rechts verlief planmäßig nach der methodischen Formel Gratians: *Concordia Disconcordiam Canonum*. Der tatsächliche Weg von der antiken Rechts*ordnung* zum modernen Rechts*system* aber war ein gänzlich ungeplanter, kausaler Effekt der gleichzeitig vermehrten *Anwendung* (planmäßige Einrichtung von Instanzenzügen, formalisierten Gerichtsverfahren mit starken Rechten des Beklagten) und der (ebenso planmäßigen) *akademischen Professionalisierung* des gelehrten Rechts zwischen 1130 und 1239.[26] Das Recht wurde auf diese Weise zum Medium, die durch die Revolution entfesselte Komplexität, an der die Revolution ansonsten erstickt wäre, zu reduzieren.

Das so entstandene, erste moderne Recht vereinigte in sich die *emanzipatorische* Kraft der Erlösungsreligion, mit dem die in der Revolution zur Herrschaft gelangte Klasse der Kleriker die Welt reformieren und dem Gottesreich näher rücken wollte, mit dem römischen Zivilrecht, das, wie alles Zivilrecht, ein reines *Koordinationsrecht der herrschenden Klasse* war. Die höchst unwahrscheinliche Verbindung ist das Resultat einer reflektierenden Abstraktion der christlichen Inkarnationslehre, die vom dogmatischen, konkretistischen und personalisierenden Narrativ (der Person Jesu) abgezogen und auf das abstrakte Recht übertragen wurde. Der Kosmos wurde als Corpus Christi und der Corpus Christi als juristische Körperschaft verstanden.[27]

Modern ist dieses Recht in *normativer* Hinsicht, weil schon auf dieses, nicht aber auf das vorhergehende Recht die, von Kant über Hegel bis Habermas immer wieder variierte, paradoxe Definition des *Rechts als Freiheit* passt.

Dabei ist der moderne Begriff des Rechts, das nur noch positives, also änderbares Recht ist, vorausgesetzt. Faktisch beginnt der Positivierungsprozess mit der Päpstlichen Revolution, während die Ak-

---

[26] Zur Professionalisierung des Rechtssystems zwischen 1130 und 1239 vgl. James A. Brundage: »The Rise of the Professional Jurist in the Thirteenth Century«. In: *Syracuse Journal of International Law and Commerce* 20 (1994), S. 185–190; Brundage: *Medieval Canon Law*. London 1995; Fried: *Die Entstehung des Juristenstands im 12. Jahrhundert*. Köln 1974.

[27] Brunkhorst: *Critical Theory of Legal Revolutions* (s. Anm. 14), S. 121 f.

teure sich dessen erst sehr viel später, im 19. und 20. Jahrhundert bewusst werden konnten, weil erst jetzt *alles* Recht in den Sog des Positiven geraten war. So wie, nach Marx' berühmter Einsicht, der »ungeheure Fortschritt von Adam Smith« in der politischen Ökonomie darin bestand, den Begriff *abstrakte Arbeit*, die schon ihren ersten Formen zugrunde lag, als Form der Arbeit überhaupt erkannt zu haben, so bestand der ›ungeheure Fortschritt von Hans Kelsen‹ in der Einsicht, dass das *positive Recht* die universelle Rechtsform ist – was erst in dem Moment erkannt werden konnte, in dem Arbeit und Recht überall auf der Welt zu *realen Abstraktionen* geworden waren.[28]

Darin liegt aber auch die Ambivalenz des Rechts, das Freiheit ist. Es ist nämlich nicht nur freier Wille, sondern auch dessen Dasein, das solche Freiheit immer schon begrenzt, auch wenn es sie nur aus freiem Willen begrenzen sollte. Modern ist das Recht, das lange vor der modernen Demokratie des 20. Jahrhunderts entstand, nicht nur in normativer, sondern auch in *funktionaler* Hinsicht. Erst durch die *widersprüchliche Verbindung* von Emanzipation und Repression in *einem* Funktionssystem konnte das Recht die Leistung vollbringen, *Klassenherrschaft und Ausbeutung zu stabilisieren* und die Macht der Herrschaft in einer Weise zu steigern, die in der Geschichte ihresgleichen sucht. Kein Wunder, dass es nicht nur den Klerikern zu einer historisch unvergleichlich dichten Hegemonie über den ganzen westlichen Kontinent verhalf, sondern auch von den mächtigen Königen sofort kopiert und in den nächsten Jahrhunderten zum wichtigsten Medium der späteren Ausdifferenzierung politischer Macht und territorialstaatlicher Organisation gemacht wurde.[29] Aber ohne die Sta-

---

[28] Marx: *Grundrisse der Kritik der politischen Ökonomie.* Berlin 1953, S. 24 f.; daran anschließend auch Habermas: *Theorie des kommunikativen Handelns.* 2 Bde. Frankfurt a. M. 1982, S. 591 ff.; zu Kelsen siehe auch: Jochen von Bernstorff: *Der Glaube an das universale Recht. Zur Völkerrechtstheorie Hans Kelsens und seiner Schüler.* Baden-Baden 2001, S. 39 ff., insbes. 49 ff.

[29] Nur zu den Klerikern: »How did the clerics do this? – […] Papal law […] had its basis in a new and unique *microphysics of power.* The clerics were present everywhere, in the cities, in the countryside, in the smallest village, in the darkest wood, and on the rough seas. Robert I. Moore makes a striking comparison between the European clerics and the Chinese mandarins. The system of parishes covered the whole space of Western Europe, and everywhere in Western Europe it determined the daily rhythm and the rhythm of the year, the time of work and the time of pleasure, the performance of sexuality, the sins, confessions and penances. Compared with such a tremendous and comprehensive power, which allowed for the control, not only of the external, but also the internal faculties of its subjects, of the darkest soul and the

bilisierungsleistung ungeplanter und schwer kontrollierbarer Systembildung wären, um es zu wiederholen, auch die emanzipatorischen Errungenschaften dieser und aller späteren Revolutionen in die Latenz des kulturellen Hintergrunds zurückgefallen und politisch und rechtlich letztlich unwirksam geblieben.

Während erst die Vielzahl korporativer Freiheitsrechte, die vielen Volks-, Hof-, Land- und Stadtrechte, *canones* und *leges* dem Drang nach *allgemeiner Freiheit*, »sich der Knute zu entziehen« und »die Schollengebundenheit abzuwerfen«, Raum gaben, bedurfte es

---

farthest province of Christendom, the mere coercive power of the Roman proconsuls or the Chinese mandarins was weak (Moore: *Die erste europäische Revolution*. München 2001, S. 193 ff.). A mandarin, who travelled from Sian to one of the far provinces, had absolute power as long as he was present in a given province. But absolute power is weak (siehe Niklas Luhmann: *Macht*. Bielefeld 2003). For that reason, he never could substantially break the rule of the provincial nobles. Why? The well educated elite of mandarins never cared about tiny local issues, the ignoble, trivial but heavy burdens of farmers, the inheritance disputes of shepherds, the conflicts of *all* people, burghers, bondmen and slaves, poor and rich, over fishing rights, bridge tolls, water ditches, childcare problems, tavern-brawls and so on. Therefore, they never could gain lasting power over the province. But the much less well educated, but huge mass of *clerici* could, because for them nothing was too small and trivial, too ignoble and ugly to activate their concern. They were even concerned with the education of the uneducated masses and the ›uncivilized‹ rural population. They followed the law of Christ to teach all nations. They knew that the essence of power was its microphysics, the disposition over fish ponds, lower education, the sexual use of everyone's body, the disagreement over rights of ways, and so on. The clerics were among the first ›who offered the principal form of lower education, governed by general and local canon law rules‹ (John Witte: *Law and Protestantism: The Legal Teachings of the Lutheran Reformation*. Cambridge 2002, S. 290). […] The most important point is that the clerics had the means to care about the microphysics of power, and these means consisted in the system of canon law that shaped their professional and private life, their administrative competences and legal actions, and enabled them to *implement, apply and enforce the same legal norms everywhere in Europe*, in Rome as well as in Colonia, in Trondheim as well as in Catania, in Riga as well as in Capo di Finistere in the furthest west of Spain. The secret of the pastoral power of the *clerici* was the legal proceduralization of domination and rule, the formalization of administration, and, finally, the transformation of the soul into the prison of the body (Michel Foucault: *Überwachen und Strafen*. Frankfurt a.M. 1976) which Max Weber once called a ›powerful, unconsciously shrewd arrangement for the breeding of capitalist individuals‹ (Weber: »Die Entfaltung der kapitalistischen Gesinnung«. In: ders.: *Die protestantische Ethik*. Bd. 1. München 1969, S. 358 f.). […] The clerics strived for the rights of the poor and the disenfranchised, but at the same time they discovered that the exploitation of liberated labour was much more effective than the exploitation of slave labour. Modern capitalism has a long pre-history« (Brunkhorst: *Critical Theory of Legal Revolutions* (s. Anm. 14), 144 ff.).

der konfessionellen Territorialstaatsbildung mit ausdifferenzierter politischer Macht, um den allgemeinen Begriff der Freiheit gegen die angemaßte Souveränität des Staates Jahrhunderte später politisch zur Geltung zu bringen.[30]

4. Recht als formbestimmendes Leitsystem moderner Gesellschaften

Die entscheidende Weichenstellung der Päpstlichen Revolution bestand also darin, dass der (durchaus theokratisch motivierte) Kampf für die Freiheit der Kirche aus zunächst rein theologischen Gründen in den Bahnen des Rechts verlief und dadurch, ganz unbeabsichtigt ein autonomes Rechtssystem hervorbrachte, das

1. die *Herrschaft über die Schwachen* (Bauern), deren Klasseninteressen nach ihrem Dienst für die Sache der Revolution rasch in Vergessenheit gerieten, wie kaum ein anderes Herrschaftssystem zuvor zu stabilisieren und zu steigern in der Lage war.[31] Zugleich aber bot dasselbe Recht den *Schwachen mehr Möglichkeiten* als die konkreten, personengebundenen Herrschaftsverhältnisse des alten Europa, *im Medium des Rechts zurückzuschlagen* und dessen emanzipatorischen Gehalt gegen seine Herren (und deren Juristen) stark zu machen. Schon deshalb bleibt das funktional ausdifferenzierte, moderne Recht der politischen Öffentlichkeit und dem allgemeinen Leben des Volkes (Lebenswelt) bis heute enger verbunden als die (mittlerweile) vollständig ausdifferenzierte Geldwirtschaft. Seit der Päpstlichen Revolution waren alle großen Revolutionen schon deshalb Rechtsrevolutionen, weil sich *progressive und revolutionäre Bewegungen in komplexen Gesellschaften nur im Medium des schon existierenden und doppelt, emanzipatorisch und repressiv kodierten öffentlichen Rechts bilden können.*[32]

Es ist deshalb kein Zufall, dass die revolutionären Bauern (der Gemeine Man) 1525, als die südwestdeutsche Revolution ausbrach, den Gang zum Reichskammergericht schon hinter sich hatten und,

---

[30] Vgl. Jürgen Miethke: »Bildungsstand und Freiheitsforderung (12. bis 14. Jahrhundert)«. In: Fried (Hrsg.): *Die abendländische Freiheit* (s. Anm. 16), S. 221–247, hier: 224 f.

[31] Moore: *Die erste europäische Revolution* (s. Anm 29).

[32] Kjaer: »A Review of Brunkhorst Critical Theory of Legal Revolutions« (s. Anm. 13), S. 314.

beraten von Juristen Zwinglis, den *Sachsen- und Schwabenspiegel* radikal uminterpretierten, um ihnen den *neuen* Rechtssatz zu entlocken, der Mensch sei frei, und folglich auch der bis dahin zumeist leibeigene Gemeine Man.[33] Ebenso wenig ist es ein Zufall, dass – gut 250 Jahre später – Sieyés die revolutionäre Nationalversammlung am 17. Juni 1789 nicht auf der grünen Wiese des Naturzustands ausgerufen, sondern, ohne rhetorischen Schwung, als ordnungsgemäßen Antrag in der alten Ständeversammlung, also innerhalb der Geltungsgrenzen des alten Rechtscodes, eingebracht hat.[34] Und doch war der 17. Juni der erste Tag vom Ende der Jahrtausende alten Staatsform der Monarchie und der Beginn einer ganz neuen Rechtsgenossenschaft. Dasselbe gilt auch von der amerikanischen Unabhängigkeitserklärung, die sich der ausgedienten Leier der uralten Tyrannenanklage bedient, um lauter neue Rechtssätze über das Selbstbestimmungsrecht der Völker und die gleichen Rechte aller Menschen, die ihrerseits juristische Quellen radikal uminterpretieren, in die Welt zu setzen.

Die Revolution, in der oft, aber nicht immer die besseren Argumente, die kognitiven Einsichten, die inklusivere Moral und die erweiterten Sensibilitäten den schnellen Tod der Revolutionäre, den Terror und den Gegenterror *überdauern*, erzeugt, *wenn* sie *als* Argument, Einsicht, Moral und Sensibilität überleben und weiter verwendet (und nicht doch noch vergessen) werden, einen *ratchet effect*, einen Sperrklinkeneffekt. Diesem Effekt ist in der Regel keine Konterrevolution, keine Gegenreformation, keine Restauration gewachsen. Die revolutionären Ideen, mit denen seit 1776 (Amerikanische Unabhängigkeitserklärung) in vielen institutionellen Formen in der ganzen atlantischen Region (einschließlich der Karibik und Südame-

---

[33] Peter Blickle: *Die Revolution von 1525*. München/Oldenburg 2004; ders.: *Von der Leibeigenschaft zu den Menschenrechten. Eine Geschichte der Freiheit in Deutschland*. München 2003. Das gilt ebenso für die Kämpfe der subalternen Land- und Stadtbevölkerung des globalen Südens, die man nicht zur neuen Urchristenheit verklären sollte, zumal schon die letztere nicht besonders erfolgreich war und ohne die sukzessive Verrechtlichung (die schon im römischen Imperium beginnt) eine bedeutungslose Sekte geblieben wäre. Zu den Kämpfen der Subalternen vgl. Thore Prien: »Kosmopolitismus und Gewalt. Fragen an die Weltinnenpolitik mit Blick auf Vertreibung, Landgrabbing und die Kämpfe der Subalternen«. In: Franziska Martinsen/Oliver Flüger (Hrsg.): *Gewaltbefragungen. Beiträge zur Theorie von Politik und Gewalt*. Bielefeld 2013, S. 165–183.

[34] Im Einzelnen vgl. jetzt auch Horst Dreyer: »Revolution und Recht«. In: *Zeitschrift für öffentliches Recht* 69 (2014), S. 805–853.

rikas) experimentiert wurde, hatten sich 1814, als die Revolutionsarmeen Napoleons geschlagen waren, bereits in der Geschichte verkörpert. Dass eine Ständeversammlung sich zur Nationalversammlung erklärt, das Volk sich eine Verfassung gegeben, die Regierung der Revolution das Kircheneigentum säkularisiert, die Nation einen globalisierten Bürgerkrieg überlebt und der Wohlfahrtsausschuss mit der Zwangsverbürgerlichung, Verurteilung und Hinrichtung des Königs die Republik mitten im monarchistischen Europa überhaupt denkbar gemacht hat, »vergißt sich nicht mehr«.[35] Die Ironie der Geschichte wollte es, dass der republikanische (noch lange nicht demokratische) Verfassungsstaat am 31. März 1814, als Zar und König zu den Klängen des Trabmarsches der Kavallerie in Paris einzogen, irreversibel, genauer und schwächer: zum *normativen Constraint* der nachfolgenden Rechtsevolution wurde.[36]

2. Die Religion, so stellt es sich dem soziologischen Beobachter im Nachhinein dar, konnte sich im Zuge der Päpstlichen Revolution nur deshalb von der übrigen Gesellschaft ablösen und autonom werden, weil sich zugleich (und ganz gegen Absicht und Interesse der papistischen Kleriker, wie wir gesehen haben) das Recht als Funktionssystem ausdifferenziert hat. Das *Recht* steht damit am *Ursprung der funktional differenzierten Gesellschaft* und bestimmt auch ihren Fortgang, weil sich alle späteren Differenzierungen von Funktionsbereichen – von Religion und Politik über Ökonomie und Wissenschaft bis Familie und Kunst – nur im Medium des Rechts vollziehen konnten.

Das Recht gehört deshalb ebenso zur *Basis der Gesellschaft* wie die politische Macht und die Ökonomie, wenn auch aus verschiedenen Gründen. Das *kapitalistische System* ist das Funktionssystem mit der *größten Erpressungsmacht*, das von der Erpressungsmacht des Staates und der allgemeinen Öffentlichkeit, die über das öffentliche Recht auf den demokratischen Staat einwirkt, wenn überhaupt, nur mühsam in Schach gehalten werden kann. Aber die Ökonomie ist bislang nicht das *Leitsystem* der Gesellschaft, sondern nach wie vor das Recht, was man an der Entwicklung der Europäischen Union noch einmal exemplarisch (und im Guten wie im Bösen) nachvollziehen

---

[35] Immanuel Kant: *Streit der Fakultäten*. In: *Werke* Bd. 11. Hg. von Wilhelm Weischedel, 12 Bde. Frankfurt a. M. 1977, S. 361.

[36] Volker Sellin: *Die geraubte Revolution. Der Sturz Napoleons und die Restauration in Europa*. Göttingen 2001.

kann.[37] Es bestätigt sich also, was ich eingangs behauptet hatte: Während die *Rechtsform die Produktionsverhältnisse und die Bildung von Funktionssystemen* bestimmt, bestimmen die *Produktionsverhältnisse und die mächtigsten Funktionssysteme den Inhalt des Rechts.*

Soweit das Recht jedoch demokratisch programmiert ist – wie weit es das jeweils ist, ist eine empirische Frage –, ist es das Medium der Verwirklichung öffentlicher Selbstbestimmung. Denn das demokratisch bestimmte Recht programmiert die Weise, in der das Recht die Komplexität normativ anspruchsvoller, posttraditionaler und individualistischer Verständigungsverhältnisse reduziert. Wo immer die oft engen (und systemisch induzierten) Grenzen demokratischer Programmierung liegen, es macht einen Unterschied ums Ganze, ob die Programme von klerikalen Eliten, bürgerlichen Privateigentümern oder von allen Gesetzesadressaten geschrieben werden. Solange die Demokratie imstande ist, das Recht zu programmieren und seine Durchsetzung zu sichern, ist die Idee, Geschichte mit Willen und Bewusstsein zu machen, keine bloße Illusion.

5. Ende der Vorstellung?

Aber die existierende Idee der Demokratie ist heute in eine tiefe Krise geraten. In ihrem derzeitigen Zustand jedenfalls scheint sie dem wachsenden Druck der ökonomischen Erpressungsmacht des globalen kapitalistischen Systems kaum noch standhalten zu können. Damit könnte sich das Zeitalter, in dem ein doppelt, emanzipatorisch und herrschaftskonform codiertes Recht das Leitsystem der Gesellschaft war, seinem Ende zuneigen.

Infolge der dreißig- bis vierzigjährigen Herrschaft der neoliberalen Episteme in weiten Segmenten der Weltgesellschaft – am wenigsten noch in Südostasien – ist die egalitäre Demokratie, so wie wir sie kennen, auch dort, wo ihre Verfassungsinstitutionen noch intakt sind, marginalisiert worden. Da nicht der Staat dem Recht, sondern seit der Päpstlichen Revolution das Recht (im Guten wie im Bösen) dem Staat vorhergeht, konnte das Recht sich, wie schon Kelsen rich-

---

[37] Kaarlo Tuori: »The Many Constitutions of Europe«. In: ders./Suvi Sankari (Hrsg.): *The Many Constitutions of Europe*. Oxford 2010, S. 3–30; Brunkhorst: *Das doppelte Gesicht Europas*. Frankfurt a. M. 2014.

tig gesehen hat, ohne allzu große Schwierigkeiten vom Staat ablösen und globalisieren. Das hat berechtigte Hoffnungen auf eine Regionalisierung (Europa) und Globalisierung der demokratischen Verfassung jenseits des Staats gemacht. Sie sind immer noch die einzige realistische Utopie (Konstitutionalisierung des Völkerrechts, Demokratisierung von Regional- und Kontinentalregimen).

Gleichzeitig jedoch hat sich die kapitalistische Ökonomie, zunächst intentional (Thatcher, Reagan), dann autopoietisch globalisiert und aus *state-embedded markets* sind *market-embedded states* geworden.[38] Es ist, wie zuletzt die permanent gewordene Krise der EU zeigt, nicht ausgeschlossen, aber zunehmend unwahrscheinlich, dass eine demokratisch legitimierte politische Macht so weit über den Staat hinauswachsen könnte, dass sie dem *globalisierten Kapital eine auch nur annähernd gleiche Steuerungs- und Rechtsmacht entgegensetzen* kann. Ob man das dann Staat nennt oder nicht, ist sekundär, auf die Steigerung und Bündelung nicht nur kommunikativer, sondern auch demokratisch legitimierter, öffentlicher Verwaltungsmacht aber kommt es an. Ohne sie herrschen Banken und Investoren nach Belieben.

Für die Möglichkeit des Wachstums demokratischer Macht jenseits des nationalen Staats scheint zu sprechen, dass sich, zumindest im Europa der Eurokrise der *intergouvernmentale Politikmodus des technokratischen Exekutivföderalismus erschöpft hat* und kaum noch regenerierbar sein dürfte. Daher die nur zu berechtigte Angst des politischen Führungspersonals, wenn erst mal auch nur der kleinste Staat fällt, falle das ganze, auf tönernen Füßen gebaute Gebäude in sich zusammen. Der Nationalstaat ist am Ende, schon lange der Erpressungsmacht der globalisierten Wirtschaft nicht mehr gewachsen.

Leider schwinden gleichzeitig die Hoffnungen auf eine transnationale, demokratische Alternative. Stattdessen zeichnet sich eine postdemokratische und historisch vorbildlose Machtübernahme durch das Wirtschaftssystem selbst ab, der *autoritäre Liberalismus.*[39] Dessen Machtübernahme vollzieht sich in Europa in atemberaubendem Tempo. In jüngster Zeit sind zur europaverfassungsrechtlich gesicherten, jeder einfachen oder Verfassungsgesetzgebung der Par-

---

[38] Wolfgang Streek: »The Crisis of Democratic Capitalism«. In: *New Left Review* 71 (2011), S. 1–14.

[39] Mike Wilkinson: »Authoritarian Liberalism in the European Constitutional Imagination: Second Time as Farce?«. In: *European Law Journal* 21 (2015), S. 313–339.

lamente entzogenen Prärogativgewalt der EZB eine Serie neuer Institutionen und Mechanismen hinzugetreten, die von der Bankenunion über Bankenaufsicht, ESM (Europäischer Stabilitätsmechanismus) bis zur Umwandlung des demokratischen in ein umfassendes »Wettbewerbs-« und »Schuldenverfassungsrecht« reichen.[40] Sie bilden zusammen mit eng verflochtenen Private-Public-Partnerships und rein zivilrechtliche Organisationen einen dichten Kordon, deren Sperren politische Entscheidungen, seien sie nun intergouvernmentaler oder demokratischer Natur, nur dann passieren können, wenn sie den Nachweis ökonomischer Vernunft erbringen. An die Stelle der Mehrheitsmeinung des Wahlvolks ist mehr und mehr die herrschende Meinung der Juristenzunft (Europäischer Verfassungsgerichtsverbund) getreten, und mittlerweile werden beide immer unverhohlener durch die herrschende Meinung der hegemonialen Wirtschaftstheorie und ihrer Chefökonomen substituiert.

Das könnte der Anfang vom Ende jener widersprüchlichen Verbindung von Emanzipation und Repression sein, die das europäische Recht seit der Päpstlichen Revolution geprägt hat. Im Weltrecht scheint das einzige Medium von Demokratie und Verfassung, das öffentliche Recht, derzeit den Kontakt zur Zivilrechtsevolution zu verlieren, und nun auch in Europa. Mit der Abkopplung vom nationalen und internationalen öffentlichen Recht aber könnte das global blühende, transnationale Zivilrecht zu einem Recht mutieren, das Herrschaft stabilisiert, ohne länger auf emanzipatorische Sperrklinkeneffekte achten zu müssen. Am Ende wäre das Weltrecht die Wiederkehr einer neuen Gestalt des imperialen römischen Zivilrechts in der Weltgesellschaft. Das wäre dann ein Recht, das ganz ohne Wahrheitsanspruch und Erlösungshoffnung auskommt und an dessen Horizont Demokratie und Menschenrechte nur noch als Ruinen und museale Kompensationskultur fortbestehen.

Mit dem Schwinden der sozialintegrativen Kraft der Religion – »der Glaube an Gott ist heute keine unabdingbare Voraussetzung mehr. Es gibt Alternativen.«[41] – hätte sich dann auch das emanzipatorische Potential des Rechts erschöpft, zumal dann, wenn das nach wie vor lebendige Motivationspotential der Religion sich nur noch im

---

[40] Zum interessanten Terminus »Schuldenverfassungsrecht« vgl. Thomas Thiel: »Grenzen der Gemeinschaft«. In: *FAZ* 13. Mai 2015, S. N4. Dieser stammt von Ulrich Hufeld.

[41] Charles Taylor: *Ein säkulares Zeitalter.* Frankfurt a. M. 2009, S. 15.

fundamentalistischen Weltbürgerkrieg global operierender Sekten nicht nur des Islamischen Staats, sondern aller Religionsgemeinschaften, die ihren Ursprung in der Achsenzeit haben, entlädt.

Aber ein solcher Schluss wäre voreilig. Denn das emanzipatorische Potential des Rechts ist – spätestens seit der Atlantischen Verfassungsrevolution des 18. Jahrhunderts – zumindest begrifflich nicht mehr an die Substanz der Religion gebunden. Auch der Art. 1 des Grundgesetzes ist nur noch positives Recht einer im Übrigen republikanisch auf Selbstgesetzgebung (Art. 20 GG) eingeschworenen Menschenwürde. Heiliggesprochen wurde zuletzt, als die Bourgeoisie noch selbstbewusst und nicht nur reich war, das Privateigentum im Art. 17 der Französischen Erklärung der Rechte des Menschen und des Bürgers vom August 1789 (und nur dieses eine Recht). Seit dessen Heiligkeit verblasst ist, haben sich Recht und Demokratie von allen heiligen Familien emanzipiert. Ob das langt, um der Erpressungsmacht des kapitalistischen Weltwirtschaftssystems auch ohne die Motivationskraft der Religion, ohne die bis heute keine der großen Rechtsrevolutionen (auch nicht die säkularen des 18. und die atheistischen des 20. Jahrhunderts) ausgekommen ist, noch einmal eine vergleichbare Macht entgegenzusetzen, ist eine offene Frage.

Georg Lohmann

Impliziert die Entwicklung der Menschenrechte einen normativen Fortschritt?

1. Einleitung

Kant war der Meinung, dass ein möglicher Fortschritt der Menschheit zum Besseren wenn, dann nur durch Anzeichen der Rechts- und Verfassungsentwicklung der letzten Jahrhunderte in der europäischen Geschichte belegt werden könnte. In dieser Perspektive kann man auch die erstaunliche Entwicklung der Menschenrechte in der jüngeren Geschichte sehen. Die Menschenrechte sind ja nicht eine ewige Idee, sondern durch und durch historisch. Sie haben sich, grob gesprochen, aus vielerlei Vorformen in historisch und systematisch unterschiedlichen Konzeptionen seit dem ausgehenden 18. Jahrhunderts entwickelt (dazu unten). Und so, wie der Begriff des Fortschritts zugleich mit dem Begriff der Geschichte historisch entsteht,[1] liegt es nahe, diese geschichtliche Entwicklung der Menschenrechte als Fortschritt zu deuten. Aber in welchem Sinne?

Dafür ist zunächst entscheidend, welchen Fortschrittsbegriff man zu Grunde legt. Ich werde deshalb eine gemäßigte Fortschrittskonzeption vorschlagen, die für unsere Fragestellung erhellend sein kann (2), und dann fragen, ob die historische Entwicklung zu den Menschenrechten als solchen als Fortschritt gedeutet werden kann und was dabei der normative Maßstab des Besseren ist, der hier angelegt wird (3.1). Aus dieser Perspektive ist dann auch die Entwicklung der unterschiedlichen Menschenrechtskonzeptionen zu betrachten (3.2). Schließlich sind die internen Entwicklungen in der gegenwärtigen internationalen Konzeption zu deuten, die offenbar als Fort- und Rückschritte in unterschiedlichen Hinsichten zu bewerten sind (4), so dass abschließend die geschichtsphilosophische Frage

---

[1] Siehe Reinhart Koselleck: »Fortschritt«. In: Otto Brunner/Werner Conze/R. Koselleck (Hrsg.): *Geschichtliche Grundbegriffe, Bd. 2.* Stuttgart 1975, S. 352.

nach der Bedeutung einer Fortschrittsannahme insgesamt für die Menschenrechtsentwicklung gestellt werden kann (5).

2. Fortschritt in welchem Sinne?

Die Fortschrittskategorie kann es einem scheinbar einfach oder schwer machen. Schwer: wenn man versucht, einen kontinuierlichen, notwendig objektiven Fortschritt zu behaupten, dann muss man einmal das Kriterium des Besseren angeben und begründen können, zweitens aber auch eine gerichtete, kontinuierliche und objektiv notwendige Entwicklung, den Prozess des Fortschreitens, explizieren können. Theorien, die mit diesem anspruchsvollen Fortschrittsbegriff operieren, haben es schwer.

Für manche erscheint das zu schwer, und so wird versucht, einen leichten Fortschrittsbegriff zu konzipieren. Nach ihm geht es darum, zwei zeitlich unterschiedliche normative Zustände A und B zu unterscheiden und zu sagen, dass B später als A und B besser als A ist. Man nimmt aber keine notwendige Entwicklung von A zu B an, sondern konstatiert nur, dass es eine, auch kontingente, Entwicklung zwischen A und B gegeben hat und B besser als A ist. Besteht dann aber zwischen A und B ein Fortschritt? Ich würde sagen: nein. Zum Begriff des Fortschritts gehört ein notwendiges Fortschreiten, er ist eine Prozesskategorie, nicht eine Zustandsbeschreibung. Und dieser Prozess des Fortschreitens muss eine irgendwie angebbare Richtung und Notwendigkeit aufweisen.

Nun ist der Begriff der Notwendigkeit selbst mehrdeutig und hat eine komplexe Begriffsgeschichte.[2] Aristoteles unterschied drei Grundbedeutungen, die m. E. auch für unsere Fragestellung erhellend sind: »notwendig« bezieht sich einmal auf das »Lebensnotwendige [...]« oder »zum guten Leben Notwendige [...]«, bezeichnet zweitens das, was mit »Zwang oder Gewalt« sich gegenüber dem »Freiwilligen und Vorsätzlichen« (in Bezug auf Menschen) durchsetzt, und drittens ist damit gemeint, »dass etwas sich nicht anders

[2] Siehe den Artikel »Notwendigkeit«. In: Joachim Ritter u.a. (Hrsg.): *Historisches Wörterbuch der Philosophie* Bd. 6. Basel 1984, Sp. 946–986 (unterschiedliche Autoren).

verhalten kann«.[3] Je nachdem welche dieser drei Teilbedeutungen von »notwendig« zur Bestimmung von Fortschritt verwendet wird, ergeben sich andere und diskussionsbedürftige Fortschrittsbedeutungen. Einmal wird unter Fortschritt eine gerichtete Entwicklung verstanden, die das zum (guten) Leben Notwendige hervorbringt oder sichert. Das kann einmal, *positiv*, als ein teleologisch gerichteter Prozess verstanden werden, der auf ein gegebenes Ziel gerichtet ist, oder aber *negativ*, als Prozess, in dem das dem guten Leben Entgegenstehende verhindert oder aufgehoben wird. Hier passt eine Deutung von »notwendig«, die man bei Heidegger findet,[4] die aber auch genehmes Wortspiel vieler sozial engagierter Veranstaltungen oder Predigten ist:[5] »notwendig« meint wörtlich ein »Wenden der Not«, dann ein Überwinden der Not und damit einen Fortschrittsprozess, der das zum (guten) Leben Notwendige schrittweise und verbessernd via negationis hervorbringt. In der zweiten Bedeutung ist ein notwendiger Fortschritt eine prozesshafte Entwicklung, die das konkrete Wollen der Menschen überwältigt, die, wie die objektivistischen Fortschrittstheorien annahmen, mit schicksalhafter Macht und/oder unaufhaltsamen Zwang sich durchsetzt. In der dritten Bedeutung ist die fortschreitende Entwicklung ohne Alternative. Das Fortschreiten ist in dem Sinne notwendig, dass es eine gerichtete, kontinuierliche Entwicklung zum Besseren ist; Rückschritte wären ausgeschlossen. Ein solcher Fortschritt wäre gesetzmäßig und/oder naturnotwendig.[6]

Die Begriffsgeschichte von »Fortschritt« zeigt nun,[7] wie vielfältig und zunehmend umfassender von Fortschritt geredet wurde, bis schließlich die Hybris, »den« objektiven Fortschritt von Wissenschaft und Industrie mit Naturbeherrschung und der Erzeugung von Glück und Freiheit in Eins zusetzen, und »den« Fortschritt selbst als Subjekt

---

[3] Ich folge hier Ursula Wolf: »Notwenigkeit«. In: J. Ritter u.a. (Hrsg.): *Historisches Wörterbuch der Philosophie* (s. Anm. 2), Sp. 947f.

[4] Martin Heidegger spielt auf diese Wortbedeutung an, z.B. M. Heidegger: *Beiträge zur Philosophie (Vom Ereignis)*. Gesamtausgabe Bd. 65. Frankfurt a.M. 2003, S. 45f.

[5] Zahlreiche Belege im Internet, zum Beispiel: »10. Sozialkonferenz Basel: Not wenden – notwendig!« 11.–12. Nov. 2014, oder: »Not wenden ist notwendig«, Gottesdienst vom 11.10.15 in Strengelbach. Ich verzichte auf die genauen Angaben.

[6] Und nimmt damit eine weitere, seit der Neuzeit höchst umstrittene Bedeutung von »notwendig« als »kausal notwendig« auf, siehe Art. »Notwendigkeit« (s. Anm. 2), Sp. 971ff.

[7] Siehe den vorzüglichen Artikel von Joachim Ritter: »Fortschritt«. In: ders. (Hrsg.): *Historisches Wörterbuch der Philosophie* (s. Anm. 2), Sp. 1032–1059.

»der« Geschichte zu bestimmen,[8] die Fortschrittsrede selbst als Illusion und Verhängnis diskreditiert.[9] Benjamins Bild vom Angelus Novus, der über ein Feld der Zerstörung durch den Sturm des Fortschritts aus dem Paradies getrieben wird,[10] war daher für lange Zeit prägend für eine vorherrschende Fortschrittsskepsis. Wo von »Fortschritt« positiv geredet wurde, flackerten die Warnlichter des Ideologieverdachts auf.

Deshalb wundert es, wenn in jüngster Zeit die Fortschrittskategorie wieder salonfähig zu werden scheint. So redet Axel Honneth von einem Fortschritt in der geschichtlichen Entwicklung,[11] allerdings in klarer Abgrenzung von den optimistischen Konzeptionen eines »gesetzmäßigen Fortschritts in der menschlichen Geschichte«, die seit der Aufklärung über die Frühsozialisten bis zu Karl Marx bestimmend waren.[12] Honneth will stattdessen, wie auch Rahel Jaeggi,[13] im Anschluss an John Dewey, ein »experimentelles Geschichtsverständnis« seiner Fortschrittskonzeption unterlegen, »dem zufolge der historische Prozeß auf jeder folgenden Stufe wieder neue, erst zu erschließende Potentiale für Verbesserungen bereithält«.[14] Diese Verbesserungen freilich sind die jeweils in den realen Konstellationen zu ergreifenden Maßnahmen, um »Kommunikationsbarrieren und interaktionshemmende Abhängigkeiten« zu beseitigen, die der Verwirklichung »sozialer Freiheit« entgegenstehen. »Notwendig« ist dieser experimentalistische Fortschritt nur in dem obigen ersten Sinne, als eine je neu zu bestimmende schrittweise Negation von Hindernissen »sozialer Freiheit«, als die das orientierende gute Leben gedeutet wird. Erleichtert hat sich diese Fortschrittskonzeption von den beiden anderen obigen Bedeutungen von »notwendig«: weder wird eine, das konkrete Wollen der Menschen überwältigende, objek-

[8] Koselleck: »Fortschritt« (s. Anm. 1), S. 388.

[9] So Karl Löwith: »Das Verhängnis des Fortschritts«. In: Helmut Kuhn/Franz Wiedmann (Hrsg.): *Die Philosophie und die Frage nach dem Fortschritt*. München 1964, S. 15 ff.

[10] Walter Benjamin: »Über den Begriff der Geschichte. These IX«. In: Siegfried Unseld (Hrsg.): *Walter Benjamin – Illuminationen*. Frankfurt a. M. 1977, S. 255.

[11] Axel Honneth benutzt die Deutung einer fortschrittlichen Geschichtsentwicklung häufiger, z. B. in A. Honneth: *Das Recht der Freiheit*. Frankfurt a. M. 2011; ich beziehe mich hier auf seine jüngste und ausführliche Deutung, in: Axel Honneth: *Die Idee des Sozialismus*. Frankfurt a. M. 2015.

[12] Honneth: *Die Idee des Sozialismus* (s. Anm. 11), S. 73 ff., 81 f.

[13] Rahel Jaeggi: *Kritik von Lebensformen*. Frankfurt a. M. 2014, S. 392 ff. u. 423 ff.

[14] Honneth: *Die Idee des Sozialismus*, S. 96.

tive Entwicklung angenommen, noch sind auf jeder Stufe der Entwicklung Rückschritte und Regressionen ausgeschlossen. Ja, das experimentalistische Selbstverständnis dieser Fortschrittskonzeption müsste sogar einräumen, dass auch das letztlich orientierende Kriterium des Besseren, »soziale Freiheit«, nicht schon feststeht, sondern auf jeder Stufe neu bestimmt werden müsste. Soweit aber geht dieser Experimentalismus nicht: Die experimentellen Versuche, die vorschwebende »Idee des Sozialismus« zu verwirklichen, beziehen sich nur auf die jeweils neu auszuprobierenden »Möglichkeiten« und Aktivitäten, um Verhinderungen sozialer Freiheit aufzuheben. Zu ihr selbst gibt es keine (vernünftige) Alternative.[15]

Damit aber wird, auch das ein Hegelsches Motiv, die Fortschrittsidee selbst nicht absolut gesetzt oder, wie noch bei Kant, als »Fortschritt vom Schlechten zum Besseren« bis zur »Vollkommenheit«[16] und bis ins Unendliche hin gedeutet.[17] Honneth begrenzt daher die Fortschrittsidee auf die Deutung eines sittlichen Lernprozesses, den die Menschen in ihrer Geschichte machen. Mit Kant stützt er seine Fortschrittsannahmen auf »geschichtliche Ereignisse«, die sich in »institutionellen Errungenschaften«[18] niedergeschlagen haben. Für Kant war die Französische Revolution ein solches »Geschichtszeichen«, an dem die Fortschrittshoffnung sich hat festmachen können,[19] für Honneth sind es die schon erreichten institutionellen Verwirklichungen von sozialer Freiheit in den Sphären von Familie, Gesellschaft und Staat, die seine Fortschrittshoffnung nähren. Die als Fortschrittsentwicklung gedeuteten Lernprozesse sind freilich nicht automatisch, sie können Rückschritte und Regressionen nicht ausschließen, aber sie sind, durchaus in der dritten obigen Bedeutung, »notwendig« in dem Sinne, dass es zu ihnen keine vernünftige Alternative gibt.

Ich kann diese depotenzierte Fortschrittsidee für meine Fra-

---

[15] Siehe die zustimmende Zitation von John Deweys Deutung der »Idee der Demokratie«, in: A. Honneth: *Die Idee des Sozialismus* (s. Anm. 11), S. 105 f., Fn. 109.

[16] Immanuel Kant: *Muthmaßlicher Anfang der Menschengeschichte*. In: *Werke*, Akademie-Textausgabe Bd. VIII. Berlin 1969, S. 115.

[17] Siehe Georg Wilhelm Friedrich Hegel: *Die Vernunft in der Geschichte*. Hamburg [5]1955, S. 180.

[18] Honneth: *Die Idee des Sozialismus*, S. 116.

[19] Siehe dazu Honneth: »Die Unterhintergehbarkeit des Fortschritts. Kants Bestimmung des Verhältnisses von Moral und Geschichte«. In: ders., *Pathologien der Vernunft*. Frankfurt a. M. 2007, S. 9–27.

gestellung übernehmen, nehme aber nicht als orientierenden Maßstab Honneths umfassende Konzeption einer »demokratischen Lebensform«, sondern, näher an Kant bleibend, nur den normativen Gehalt der rechtlichen Konzeption der Menschenrechte. Aber auch hier müssen mehrere Fragen beantwortet werden: Wovon wird Fortschreiten ausgesagt? Was ist das Kriterium des Besseren, zu dem fortgeschritten wird? Ist das Fortschreiten kontinuierlich? Und in welchem Sinne ist es ein notwendiges Fortschreiten? Und schließlich: Warum gibt es einen Fortschritt? Oder: Warum spricht man von Fortschritt?

3. Ist die Menschenrechtsentwicklung ein Fortschritt?

Die Entwicklung der Menschenrechte ist ein Fortschreiten zum Besseren, und zwar sowohl die historische Entwicklung zu den Menschenrechten als solchen (3.1) wie dann auch die Entwicklung unterschiedlicher Konzeptionen der Menschenrechte (3.2).

3.1 Die Entwicklung zu den Menschenrechten

Die Menschenrechte als solche beruhen auf geschichtlichen Prozessen der Individualisierung und Generalisierung im, wie Hegel sagen würde, »Bewußtsein der Freiheit«, demzufolge in geschichtlichen Epochen (für Hegel: orientalische, griechische, germanisch-christliche) zunächst einer, dann einige, dann alle wissen, dass sie frei sind. Für Hegel strukturiert sich die Weltgeschichte nach dieser Einteilung, nach der »wir [...] wissen, daß *alle* Menschen an sich frei, der Mensch als Mensch frei ist«.[20] Auf dem Bewusstsein dieser Basis, so könnten wir mit Hegel sagen, beruhen die Menschenrechte. Das Kriterium des

[20] Hegel: *Die Vernunft in der Geschichte* (s. Anm. 17), S. 63. Neben Hegel haben natürlich viele andere diese Prozesse der Individualisierung und »Wertgeneralisierung« (Talcott Parsons) behandelt, zuletzt Hans Joas: *Die Sakralität der Person*. Berlin 2011, S. 260 ff. Etwas anders gelagert sind Ansätze, die eine Entwicklung einer vorauszusetzenden »Rechtskultur« für die Entwicklung individueller, subjektiver Rechte untersuchen; siehe z. B. Lawrence M. Friedman: »Is There a Modern Legal Culture?«. In: *Ratio Juris* 7 (1994), S. 117–131; oder: Georg Mohr: »Was ist eine Rechtskultur?«. In: Hans Jörg Sandkühler (Hrsg.): *Recht und Kultur: Menschenrechte und Rechtskulturen in transkultureller Perspektive*. Frankfurt a. M. 2011, S. 9–20.

normativ Besseren, gemäß dem hier von Fortschritt gesprochen werden kann, ist die Anerkennung der gleichen Freiheit aller Menschen. Das ist einmal ein moralisch zu explizierendes Kriterium, das historisch in freilich unterschiedlichen Ansätzen, von natur- und vernunftrechtlichen Positionen bis zu Kants universalistischer Achtungsmoral begründet und ausgewiesen worden ist. Für die Entwicklung der Menschenrechte ist nun entscheidend, dass im Zuge dieser moralischen Fortschrittsentwicklung in zunehmendem Maße auch *gleiche subjektive Rechte für alle* gefordert wurden und damit eine (die?) Idee der Menschenrechte sich schrittweise herausgebildet und artikuliert hat.[21]

Aber können wir auch sagen, dass es ein notwendiges kontinuierliches Fortschreiten der Geschichte zu diesem Besseren gibt? Hegel glaubte noch an einen lenkenden Weltgeist, der die Weltgeschichte im Prozess des Zu-sich-Selbstkommens durchdringt und bestimmt. Diese starke (und letztlich unhaltbare[22]) Annahme eines Subjekts der Geschichte ist nicht identisch mit der Annahme eines notwendigen Fortschreitens, und kann und muss daher aufgegeben werden, ohne dass die Annahme eines notwendigen Fortschreitens (in einem spezifischen Sinn) mit aufgegeben werden müsste.[23] Nach den obigen Überlegungen zum Fortschrittsbegriff beziehe ich die Annahme eines notwendigen Fortschreitens aber nicht auf eine objektivistisch ablaufende Entwicklung, sondern auf Lernprozesse, die die beteiligten Menschen selbst »im Bewusstsein ihrer Freiheit« machen. Notwendig sind diese Lernprozesse zunächst in dem negativen Sinn, dass sie Überwindungen von Not sind. Das Fortschreiten in der Entwicklung

---

[21] Das ist auch der Gesichtspunkt, auf den Thomas Gutman in seinem anregenden Aufsatz die Vermutung einer Fortschrittsentwicklung der Menschenrechte bezieht. Siehe T. Gutmann: »Normenbegründung als Lernprozess? Zur Tradition der Grund- und Menschenrechte«. In: Ludwig Siep u.a. (Hrsg.): *Von der religiösen zur säkularen Begründung staatlicher Normen*. Tübingen 2012, S. 295–314.

[22] Siehe dazu Jürgen Habermas: »Über das Subjekt der Geschichte«. In: ders.: *Kultur und Kritik*. Frankfurt a.M. 1973, S. 389–398.

[23] Auch Hegel scheint nicht nur eine objektivistische Fortschrittskonzeption zu haben, sondern durchaus (auch?) Fortschritt aus der handlungsleitenden Orientierung heraus zu verstehen; diese These vertritt Pirmin Stekeler-Weithofer: »Vorsehung und Entwicklung in Hegels Geschichtsphilosophie«. In: Rüdiger Bubner/Walther Mesch (Hrsg.): *Die Weltgeschichte – das Weltgericht?* Stuttgart 2001, S. 141–168. Siehe auch Emil Angehrn: »Vernunft in der Geschichte? Zum Problem der Hegelschen Geschichtsphilosophie«. In: *Zeitschrift für Philosophische Forschung* 35 (1981), S. 341–364.

zu den Menschenrechten hin ist ein »Wenden von Not«, genauer eine Abwehr von Rechtfertigungen für Exklusionen und Ungleichbehandlungen von Menschen, die die Not dieser Menschen zu rechtfertigen suchten; es ist ein Abwenden von Notsituationen und Noterfahrungen, durch die zunächst nur normativen Forderungen gleicher subjektiver Rechte für alle Menschen.[24] Wir können auch sagen, die Menschenrechte sind historische Antworten auf besondere historische Not, sind rechtliche Konstrukte zur Abwendung von Not, und sie müssen dazu politisch gewollt und durch Meinungs- und Willensbildungsprozesse politisch gesetzt und rechtlich gefasst werden. Sie sind daher keineswegs nur schlichte moralische Ansprüche, sind nicht einfach ein rechtliches Korrelat zu moralischen Verpflichtungen, sondern sind, begrifflich wie real, historisch situierte, politisch gewollte und durch einen Gesetzgeber entschiedene Rechtskonstruktionen innerhalb eines Rechtssystems.[25] Allerdings, das ist die Wahrheit in der (zu) häufig vertretenen Auffassung, dass die Menschenrechte rein moralische Rechte sind: die Menschenrechte beanspruchen, moralisch begründbar zu sein, genauer, die mit ihnen verbundenen normativen Behauptungen und Forderungen erheben den Anspruch, auch moralisch begründbar zu sein. Legt man dieses komplexere Verständnis der Menschenrechte zu Grunde,[26] so kann man nun auch den Begriff des »notwendigen Fortschreitens« im obigen Sinn von »notwendig« erläutern: Die historische Entwicklung zu den Menschenrechten hin ist insofern ein »notwendiges« Fortschreiten, insofern in der Begründungsdimension eine immer besser begründbare Basis für das Haben von Menschenrechten sich herausgebildet hat. Es geht um »praktische Notwendigkeit«, um ein praktisches, politisch gewolltes und normativ begründbares Sollen und Können, nicht um eine automatische, unabhängig von menschlichen Handlungen ablaufende Entwicklung, die quasi gesetzmäßig notwendig voranschreitet. Eine

---

[24] So auch Arnd Pollmann: »Lernen aus historischem Unrecht? Zur menschenrechtlichen Bedeutung der Erfahrung von Krieg, Gewalt und Entwürdigung«. In: Thomas Gutmann u.a. (Hrsg.): *Genesis und Geltung. Historische Erfahrung und Normenbegründung in Moral und Recht.* Tübingen 2015.

[25] Zu dieser Auffassung der Menschenrechte siehe Lohmann: »Menschenrechte zwischen Moral und Recht«. In: Stefan Gosepath/G. Lohmann (Hrsg.): *Philosophie der Menschenrechte.* Frankfurt a.M. 1998, S. 62–95.

[26] Siehe Lohmann: »Zur moralischen, juridischen und politischen Dimension der Menschenrechte«. In: Hans Jörg Sandkühler (Hrsg.): *Recht und Moral.* Hamburg 2010, S. 135–150.

solche Annahme lag, bona fide, der zu Beginn erwähnten Kantischen Rede vom notwendigen Fortschreiten der Rechtsinstitutionen zu Grunde. Zwar versuchte Kant noch, dem Begriff des Notwendigen den Anschein einer Naturnotwendig zu geben, da seiner Meinung nach »die Natur« von uns als in diesem Sinne zweckmäßig aufgefasst werden muss, doch zeigt sich diese Unterstellung einer Naturzweckmäßigkeit letztlich als eine ebenfalls pragmatische Annahme (siehe unten).[27]

Im Anschluss an Kant können wir jetzt auch das Kriterium des Besseren in der Menschenrechtsentwicklung genauer bestimmen. Normatives Kriterium in der zum Besseren fortschreitenden historischen Entwicklung zu den Menschenrechten hin ist nicht ein moralisches Ideal eines gemeinsamen Guten Lebens, auch nicht vollendete Tugendhaftigkeit oder eine umfassende Konzeption »sozialer Freiheit« oder sozialer Gerechtigkeit, sondern die viel abstraktere und sprödere Konzeption eines »weltbürgerlichen Zustandes der öffentlichen Staatssicherheit«.[28] In der genauen begrifflichen Bestimmung dieses »weltbürgerlichen Zustandes« kann man sich durch Kant anregen lassen, sollte ihm aber nicht eins zu eins folgen.[29] Interessant ist nun, dass die genauere Bestimmung dieses normativen Kriteriums selbst historisch sich gewandelt hat, weil wir unterschiedliche Konzeptionen der Menschenrechte unterscheiden können. Wir können uns daher fragen, ob denn auch »die« Menschenrechte selbst so etwas wie eine implizierte, »innere« Fortschrittsentwicklung durchgemacht haben. Auch die unterschiedlichen Konzeptionen der Menschenrechte scheinen sich zu einer jeweils besseren Konzeption hin entwickelt zu haben, aber was bedeutet es, wenn hier von einem notwendigen Fortschreiten die Rede sein soll?

---

[27] Zu Kants unterschiedlichen Fortschrittskonzeptionen siehe Pauline Kleingeld: *Fortschritt und Vernunft: Zur Geschichtsphilosophie Kants*. Würzburg 1995.

[28] Kant: *Idee zu einer allgemeinen Geschichte in weltbürgerlicher Absicht*. In: *Werke* (s. Anm. 16), S. 26.

[29] Siehe Lohmann: »Kant als Anreger. Menschenrechte und Menschenwürde nach Kant«. In: Reza Mosayebi (Hrsg.): *Kant und Menschenrechte*. Berlin/Boston 2017, S. 153–173.

3.2 *Zur Entwicklung der Menschenrechtskonzeptionen*

Ich will hier zunächst nur eine überblickshafte und grobe Einteilung der historischen Entwicklung unterschiedlicher Entwürfe der Menschenrechte geben. Wir können drei historisch und systematisch unterscheidbare Konzeptionen der Menschenrechte benennen: Von den *nationalen Konzeptionen* des ausgehenden 18. Jahrhunderts (in Nordamerika: *Virginia/Unabhängigkeitserklärung;* in Frankreich: *französische Revolution*) können wir eine *internationale Konzeption* seit der Gründung der *Vereinten Nationen* (VN) unterscheiden. Strittig ist, ob Globalisierungen und *global governance* schließlich eine *transnationale Konzeptionen* von Menschenrechten (»Konstitutionalisierung der Völkerrechts«) erfordern oder entwickeln und normativ wünschenswert erscheinen lassen.[30]

Als eine hinreichend eigenständige Konzeption sind Menschenrechte systematisch und historisch erst in den revolutionären, demokratischen *einzelstaatlichen* Verfassungen im Ausgang des 18. Jahrhunderts festzustellen. In Nordamerika (1776) und in Frankreich (1789) sind die ersten Menschenrechts*erklärungen* im Zusammenhang mit *revolutionären* Gründungs*akten* zugleich Bestand*teile* der ersten modernen demokratischen Verfassungen.[31] In diesen, wie ich sie nennen möchte, »nationalen« Konzeptionen binden sie als verfassungsrechtliche Bürgerrechte die politischen Gewalten (Legislative, Exekutive und Judikative) der gerade gegründeten Demokratien an die Beachtung der Bürger- *und* Menschenrechte und machen so deren, in je unterschiedlicher Weise naturrechtlich begründeten,[32] fun-

---

[30] Zu der Unterscheidung von Konzeptionen der Menschenrechte siehe Christoph Menke/Arnd Pollmann (Hrsg.): *Philosophie der Menschenrechte. Zur Einführung.* Hamburg 2007; und Lohmann: »Menschenrechte und transnationale Demokratisierungen. Überforderungen oder Erweiterungen der Demokratie?«. In: Michael Reder/Maria-Daria Cojocaru (Hrsg.): *Zukunft der Demokratie.* Stuttgart 2014, S. 64–77; Lohmann: »Different Conceptions and a General Concept of Human Rights«. In: *Fudan Journal of the Humanities and Social Sciences* 8 (2015), S. 369–385.

[31] Siehe Hauke Brunkhorst: »Die amerikanische Unabhängigkeitserklärung und die Virginia Declaration of Rights von 1776«. In: Pollmann/Lohmann (Hrsg.): *Menschenrechte. Ein interdisziplinäres Handbuch.* Stuttgart 2012, S. 91–98; und Brunkhorst: »Die Französische Revolution und die Erklärung der Rechte des Menschen und des Bürgers von 1789«. In: Pollmann/Lohmann (Hrsg.): *Menschenrechte,* S. 91–98, 99–105. Siehe auch Menke/Francesca Raimondi (Hrsg.): *Die Revolution der Menschenrechte.* Frankfurt a. M. 2011.

[32] Siehe zu diesen unterschiedlichen naturrechtlichen Begründungen J. Habermas:

damentalen und auch universellen Anspruch geltend. In Wirklichkeit aber genügen sie den egalitären und universellen Ansprüchen der Menschenrechte nicht und schließen – zwar nicht begrifflich, aber faktisch – Sklaven, Frauen und nicht-weiße Menschen weitgehend von der Trägerschaft der Menschenrechte aus.

Der universelle Anspruch der deklarierten Rechte wird daher einmal politisch gesetzt und zum anderen naturrechtlich abstützend begründet und benötigt zu seiner Bestimmung eine jeweils bestimmte, durch den jeweiligen Verfassungs- und Gesetzgeber vollzogene demokratische Meinungs- und Willensbildung und politische Gewaltenteilung.[33] Er steht von Beginn an in einer Spannung zu dem notwendigen Partikularismus der einzelstaatlich gefassten, konkreten demokratischen Selbstbestimmung.[34] Zunächst scheint er historisch-politisch seine normative Kraft zu verlieren, wie man z. B. an der noch lange anhaltenden Beibehaltung der Sklaverei in Nordamerika und an der Niederschlagung des revolutionären Sklavenaufstandes in Haiti durch französische Truppen, bei dem die Sklaven sich auf die gerade deklarierten Menschenrechte der Französischen Revolution beriefen, sehen kann. Im Fortgang der Geschichte aber ist der moralisch (naturrechtlich) begründete Universalitätsanspruch für die Verwirklichung der Menschenrechte, ihre *Universalisierung und Egalisierung*, von großer, auch politischer Bedeutung, und lässt sich durch politische und rechtliche Entscheidungen nicht mehr *normativ* außer »Geltung« setzen. Wir können hier daher von einem, weil ohne normative Alternative: »notwendig« fortschreitenden Lernprozess sprechen, der sich, wie man z. B. in der umkämpften Entwicklung eines allgemeinen und gleichen Wahlrechts für Arbeiter und Frauen im 19. und 20. Jahrhundert sehen kann, nach und nach in entsprechende Rechtsinstitutionen und Verfassungen niederschlägt.[35]

»Naturrecht und Revolution«. In: ders.: *Theorie und Praxis*. Frankfurt a. M. 1990, S. 89–127.

[33] Das zeigt sehr gut Brunkhorst, a. a. O. (s. Anm. 31).

[34] Siehe dazu Lohmann: »Demokratie und Menschenrechte, Menschenrechte und Demokratie«. In: *Jahrbuch für Recht und Ethik*, Bd. 19. Berlin 2011, S. 145–162.

[35] Brunkhorst untersucht in einer umfassenden Studie die Rolle von Rechtsrevolutionen, »caused by class struggle and other structural conflicts between social groups«, für eine evolutionäre Entwicklung des Rechts. Dabei behandelt er die jeweiligen neuen normativen Ansprüche als »normative constraints«, die in Verfassungen und Rechtsordnungen sich niederschlagen und evolutionäre Anpassungsprozesse in Richtung auf einen »Kantian constitutional mindset« (Martti Konskenniemi) provozieren. Brunkhorsts anregende Studie ist daher so etwas wie eine evolutionstheo-

Von diesen *nationalen Konzeptionen* unterscheidet sich die gegenwärtig dominante *internationale Konzeption* der Menschenrechte, die nach dem Zweiten Weltkrieg im Rahmen des Völkerrechts durch die *Vereinten Nationen* (VN) als Bestandteil des internationalen Rechts geschaffen wurde. Die *Allgemeine Erklärung der Menschenrechte* (AEMR) von 1948 ist nicht mehr der Selbstverpflichtung einer einzelnen nationalen Volksgemeinschaft, sondern einer *internationalen* Deklaration souveräner Staaten im Rahmen des Völkerrechts geschuldet. In der Folge verursachen die Spannungen zwischen dem traditionellen staatlichen Souveränitätsanspruch und den deklarieren »subjektiven Rechten« einzelner Menschen eine »stille Revolution des Völkerrechts«,[36] durch die – zumindest dem prinzipiellen Anspruch nach, wenn auch oftmals nicht faktisch – der verfasste Menschenrechtsschutz eines Staates nun »im Rahmen seiner bestehenden völkerrechtlichen Verpflichtungen zu einer internationalen Angelegenheit *(international concern)* geworden«[37] ist. Erreicht wurde diese völkerrechtliche Verbindlichkeit der Menschenrechte nicht schon 1948, mit der AEMR, sondern erst 1966 mit den beiden *Internationalen Menschenrechtspakten über bürgerliche und freiheitliche Rechte* (IPbfR) und über *wirtschaftliche, soziale und kulturelle Rechte* (IPwskR). Dafür aber müssen die Menschenrechte nicht bloß als *reine* moralische Rechte verstanden werden, wie sie aus widersprechenden Motiven von den historischen Akteuren zunächst verstanden wurden, sondern sie müssen nun von vornherein in den nicht aufeinander reduzierbaren Dimensionen der Politik, des Rechts und der Moral konzipiert werden.[38]

Naturrechtliche Begründungen der Universalisierungs- und Egalisierungsansprüche der Menschenrechte erschienen angesichts der »Verbrechen gegen die Menschheit« als wirkungslos und diskreditiert,[39] und wurden, so kann man es rückblickend verstehen, ersetzt

---

retische »Parallelaktion« zu diesen, freilich viel bescheideneren Überlegungen zur möglichen Fortschrittsentwicklung der Menschenrechte. Siehe Brunkhorst: *Critical Theory of Legal Revolutions*. New York/London 2014.

[36] Eckhart Klein: *Menschenrechte. Stille Revolution des Völkerrechts und Auswirkungen auf die innerstaatliche Rechtsanwendung*. Baden-Baden 1997.

[37] Klein: »Die völkerrechtliche Entwicklung nach 1948«. In: Pollmann/Lohmann (Hrsg.): *Menschenrechte* (s. Anm. 31), S. 123.

[38] Dazu Lohmann: »›Menschenrechte‹ angesichts ihrer Geschichtlichkeit«. In: *Deutsche Zeitschrift für Philosophie* 3 (2016), S. 464–478.

[39] Diese Kritik bekanntlich bei Hannah Arendt, zuerst in: Hannah Arendt: »Es gibt nur ein einziges Menschenrecht«. In: *Die Wandlung* 4 (1949), S. 754–770; siehe auch

durch den neu gesetzten und interpretierten Begriff der Menschenwürde.[40] Er wird jetzt historisch zum ersten Mal zur Begründungen der Menschenrechte herangezogen. Wie immer die konkreten Motive auch beschaffen sein mögen, seit den internationalen Menschenrechtspakten von 1966 fungiert »Menschenwürde« als Begründung dafür, dass Menschen, die nicht eigene Staatsbürger sind, gleichwohl als Träger von Rechten in allen Staaten der Welt anerkannt werden müssen. »Menschenwürde« gibt damit souveränen Staaten einen normativen und völkerrechtlich verbindlichen Grund, Nichtstaatsbürger als gleiche Träger von Rechten anzuerkennen. Der rechtlich gleiche Wertstatus, der mit der Anerkennung jedes Menschen in seiner Menschenwürde ihm zugeschrieben wird, »bürgt« so für das Haben von Rechten.[41]

Damit aber ist zugleich ein Schritt in eine normative Weiterentwicklung im Verständnis der Menschenrechte gesetzt, der letztlich auf eine neue, nun transnationale und demokratische Konzeption der Menschenrechte hinausläuft. Denn die historisch neue Auffassung von »Menschenwürde« verlangt ein Rechtssystem, in dem alle nicht nur als Träger ihrer Rechte gleich sind, sondern alle auch in der gleichen Weise (Mit-)Autoren ihrer Rechte sind. »Menschenwürde« enthält daher einen republikanischen (oder demokratischen) Anspruch, wie Menschenrechte bestimmt werden soll(t)en[42] und geht

Stefanie Rosenmüller: »Hannah Arendt«. In: Pollmann/Lohmann (Hrsg.), *Menschenrechte* (s. Anm. 31), S. 79–83.

[40] Siehe Lohmann: »Menschenwürde als ›soziale Imagination‹. Über den geschichtlichen Sinn der Deklaration der Menschenrechte und Menschenwürde nach 1945«. In: Nikolaus Knoepffler/Peter Kunzmann/Martin O'Malley (Hrsg.): *Facetten der Menschenwürde*. Freiburg/München 2011, S. 54–74.

[41] Lohmann: »Die rechtsverbürgende Kraft der Menschenwürde. Zum menschenrechtlichen Würdeverständnis nach 1945«. In: *Zeitschrift für Menschenrechte* 1 (2010), S. 46–63.

[42] Lohmann: »Menschenwürde als ›Basis‹ von Menschenrechten«. In: Jan C. Joerden u. a. (Hrsg.): *Menschenwürde und Medizin. Ein interdisziplinäres Handbuch*. Berlin 2013, S. 179–194. Das ist in vielen Hinsichten der Interpretation ähnlich, die Rainer Forst dem Würdebegriff im Kontext der Menschenrechte gibt. Siehe Rainer Forst: »Die Rechtfertigung der Menschenrechte und das grundlegende Recht auf Rechtfertigung. Eine reflexive Argumentation«. In: Gerhard Ernst/Stephan Sellmaier (Hrsg.): *Universelle Menschenrechte und partikulare Moral*. Stuttgart 2010, S. 63–96, insbes. 87 f.; Rainer Forst: »Der Grund der Kritik. Zum Begriff der Menschenwürde in sozialen Rechtfertigungsordnungen«. In: Rahel Jaeggi/Tilo Wesche (Hrsg.): *Was ist Kritik?* Frankfurt a. M. 2009, S. 150–164.

damit *normativ* weit über den damaligen und gegenwärtigen Stand völkerrechtlicher Institutionen hinaus.

Gleichwohl könnte man mit etwas Optimismus sagen: Die Menschenrechte sind gegenwärtig (im Rahmen der *internationalen Konzeption*) in vielen Staaten der Welt auf der einen Seite verfasste Grundrechte in einem (mehr oder weniger) demokratischen Gemeinwesen, auf der andern Seite aber Normen des internationalen Völkerrechts,[43] die auch nicht-demokratische Staaten (in unterschiedlicher Weise) binden. Zugleich entwickeln sich, angestoßen und herausgefordert durch die vielen Prozesse einer ungesteuerten Globalisierung, transnationale, regionale und globale Formen der politischen Regelung, die zumeist durch Vereinbarungen zwischen Regierungsvertretern, Experten und transnationalen Unternehmen und Organisationen zustande kommen. Diese Formen transnationaler *governance* geschehen ohne demokratische Mitwirkung der Betroffenen, und sie sind vielfach auch nur indirekt und selektiv durch einzelstaatliche demokratische Legalisierungen gedeckt und kontrollierbar.[44]

Hier entstehen nun Forderungen und Ansätze für eine dritte, eine *transnationale Konzeption* der Menschenrechte, in denen die demokratische Konstitution von Menschenrechten sich auch in transnationalen Verhältnissen Geltung verschaffen soll. Paradigmatisch dafür ist das Menschenrechtsregime in der Europäischen Gemeinschaft[45] mit seinen vorerst gescheiterten Versuchen einer Europäischen Verfassung. Wie aber kann und soll der universelle Gehalt der Menschenrechte mit dem scheinbar notwendigen Partikularismus demokratischer Selbstbestimmung in diesen transnationalen Verhältnissen vermittelt werden?[46] Und wie sollen und können die auch hier auftretenden Begründungsanforderungen eingelöst werden?

---

[43] Lohmann: »Menschenrechte zwischen Verfassung und Völkerrecht«. In: Marten Breuer u.a. (Hrsg.): *Der Staat im Recht. FS für Eckart Klein zum 70. Geburtstag*. Berlin 2013, S. 1175–1188.

[44] Hendrick Enderlein u.a. (Hrsg.): *Handbook on Multi-Level Governance*. Cheltenham 2010.

[45] Anne Peters/Tilmann Altwicker: *Europäische Menschenrechtskonvention*. München 2012.

[46] Siehe dazu die Vorschläge von Jürgen Habermas, der seine ursprüngliche Frage »Hat die Konstitutionalisierung des Völkerrechts noch eine Chance?« (In: ders.: *Der gespaltene Westen*. Frankfurt a.M. 2004, S. 113–193), nun mit Hilfe der Idee einer »gespaltenen Souveränität« eine neue und differenzierte Fassung gibt. Siehe auch Habermas: *Im Sog der Technokratie*. Frankfurt a.M. 2013.

Normatives Kriterium für diese menschenrechtsinterne Entwicklung der unterschiedlichen Menschenrechtskonzeptionen ist der Grad der Realisierung eines demokratischen oder republikanischen Verständnisses der Menschenrechte: alle als Träger und Mitautoren ihrer Menschenrechte.

In welchem Sinne aber kann man von einer praktisch notwendigen Entwicklung, von einem Fortschritt sprechen? In einem gewissen Sinne sind die mit Stockungen und Rückschlägen gezeichneten Entwicklungen der Universalisierung und Egalisierung der Menschenrechte nur quantitative Veränderungen: immer mehr Menschen werden in die Menschenrechtsregime einbezogen und immer mehr werden Ungleichheiten zwischen ihnen gemildert oder aufgehoben.[47] Hegel, der das unendliche Ideal der Perfektibilität als letztlich »ganz unbestimmt« kritisiert, hat auch für rein quantitative Fortschritte kein gutes Wort: »Immer mehr Kenntnisse, feinere Bildung, – lauter solche Komparative«. Ein quantitatives Fortschreiten »ist eben das Gedankenlose«.[48] Aber Hegel vergisst hier, dass das qualitativ Neue, das die Menschenrechte in der Geschichte der Rechtsinstitutionen bedeuten, sich erst auf den Wegen quantitativer Ausdehnungen und Entwicklungen herausbildet: es ist ein Umschlagen von Quantität in Qualität, wenn die Prozesse der Universalisierung und Egalisierung, die die Menschenrechte normativ fordern, in der Abfolge der Menschenrechtskonzeptionen verwirklicht werden. Getragen wird dieses quantitative Fortschreiten von sozialen Kämpfen, in denen die in den Menschenrechtsdeklarationen zunächst nur rhetorisch behauptete Gleichheit aller Menschen in den Weisen immanenter Kritik eingefordert und Schritt für Schritt verwirklicht werden. Praktisch notwendig sind diese Prozesse quantitativer Verbesserungen nur in dem Sinne, dass sie aus einer normativen Perspektive jeweils als besser begründbar erscheinen. Historisch gesehen sind sie oft Resultat von kontingenten historischen Bedingungen und dann von politischen Machtkompromissen unterschiedlicher Akteure, und nur sehr selten, gewissermaßen in Glücksstunden der Geschichte,[49] sind sie als Aus-

[47] Das betont auch T. Gutmann: »Normenbegründung als Lernprozess?« (s. Anm. 21), S. 306 ff.

[48] Hegel: *Die Vernunft in der Geschichte* (s. Anm. 17), S. 150.

[49] So erscheint, paradoxerweise, rückblickend die Situation nach dem Zweiten Weltkrieg, als die Erschütterungen über die geschehenen »Verbrechen gegen die Menschheit« die Völker der Welt zu neuen institutionellen Ordnungen bewegten.

druck eines bewusst intendierten Zieles eines politischen Konsenses Momente eines historischen Lernprozesses.[50]

4. Fort- und Rückschritte in der internationalen Konzeption

Ich will diese Dialektik von erkämpfter Quantifizierung und möglichen Umschlagen in eine neue, qualitativ verbesserte Form nun abschließend an Fortschrittsentwicklungen innerhalb der internationalen Konzeption der Menschenrechte verdeutlichen. Diese werden zugleich konterkariert von einem »Zuviel des Guten«, bedenklichen Rückschlägen oder Rückentwicklungen in zentralen Hinsichten des Menschenrechtsprojekts. Das kann ich aber nur selektiv behandeln, indem ich einige Züge dieser komplexen Konzeption exemplarisch und auch nur höchst skizzenhaft anspreche.

Schauen wir auf die Vorgeschichte der AEMR vor und während des 2. Weltkrieges, so erscheint die AEMR zunächst als ein nicht gewolltes Nebenprodukt der VN-Gründung durch die Siegermächte, die diesen durch NGOs in einem gewissen Sinne abgedrungen wurde. Und auch die Geschichte der AEMR, die seit ihrer rechtlich nicht verbindlichen Proklamation 1948 es sehr schwer hatte, völkerrechtlich verbindlich zu werden (erst 1966, gespalten in Zivil- und Sozialpakt), ist nicht eine gradlinige und von Akteuren intendierte Entwicklung zum Besseren gewesen, sondern ein durch kontingente Machtkonstellationen ermöglichtes Fortschreiten. Für die einen waren die Menschenrechte nur Mittel zur Durchsetzung menschenrechtskonträrer Ziele,[51] für andere ein für sie selbst unverbindliches Mittel zur Durchsetzung wirtschaftlicher oder politischer Interessen,[52] für dritte schließlich ein normatives Ideal, das sie zur Bestimmung erlittener Ungerechtigkeiten und Entwürdigungen und zur argumentativen

---

[50] Eine überzeugende Rekonstruktion und Interpretation dieser komplexen Entwicklungen findet sich bei Brunkhorst: *Critical Theory of Legal Revolutions* (s. Anm. 35), S. 380 ff.; siehe auch Koskenniemi: *The Gentle Civilizer of Nations. The Rise and Fall of International Law 1870–1960*. Cambridge 2004.

[51] Insbesondere während der Periode des »Kalten Krieges« war eine jeweils nur selektive Auffassung der Menschenrechte ein probates Mittel, um den jeweils anderen: Sowjetunion oder USA, der Menschenrechtsverletzungen zu beschuldigen. Siehe Jan Eckel: *Die Ambivalenz des Guten. Menschenrechte in der internationalen Politik seit den 1940ern*. Göttingen ²2015, S. 109 ff.

[52] Das scheint insbesondere für die Menschenrechtspolitik auf dem amerikanischen Kontinent zu gelten. Siehe Eckel: *Die Ambivalenz des Guten* (s. Anm. 51), S. 183 ff.

Waffe im Kampfe für politische Unabhängigkeit[53] benutzen konnten und schließlich für weitere Gruppen durchaus idealisierte, normative Orientierung ihrer Kämpfe gegen Ungerechtigkeiten, willkürliche Staatsgewalt und gravierende Ungleichheiten, die sie in nahen und fernsten Teilen der Welt ausmachten.[54] Trotz der kontingenten Entstehung und trotz der weiterhin nicht kontinuierlichen Entwicklung lassen sich aber die internationalen Menschenrechte als Realisierungen praktischer Lernprozesse in den Dimensionen von Moral, Recht und Politik verstehen, deren Fortschrittlichkeit freilich durch Konstruktionsfehler der internationalen Konzeption konterkariert werden. Analytisch lassen sich diese Entwicklungen in moralischer, rechtlicher und politischer Hinsicht voneinander abheben, in der geschichtlichen Wirklichkeit sind sie (»naturgemäß«) miteinander verwoben.

4.1

In *moralischer* Hinsicht erscheinen die Menschenrechte immer umfassender begründet werden zu können. Die moralischen Begründungen beziehen sich dabei auf die normativen Behauptungen, die mit den, durch internationale Verträge oder nationale Verfassungen, politisch gesetzten, rechtlich gefassten Menschenrechten verbunden sind.[55] Auf diese Weise entwickeln sie sich zu einem globalen normativen Maßstab legitimer staatlicher Gewalt. Das ist selbst etwas his-

---

[53] Zur differenzierten und ambivalenten Rolle der Menschenrechte in antikolonialen Kämpfen siehe Eckel: *Die Ambivalenz des Guten*, S. 260 ff.

[54] Insbesondere die seit den 1960 Jahren prominenter werdenden und seit den 1970 Jahren öffentlichen Einfluss gewinnenden internationalen NGOs sind hier zu nennen, siehe Samuel Moyn: *The Last Utopia*. Cambridge/London 2010; Eckel: *Die Ambivalenz des Guten* (s. Anm. 51), S. 207 ff. Aber auch die Menschenrechtsgruppen, die in den europäischen Ostblockstaaten sich nach dem KSZE-Prozess gebildet haben und in unterschiedlicher Weise für die Demokratisierung ihrer Länder gekämpft haben, beriefen sich nicht unwesentlich auf die Verwirklichung der Menschenrechte (a. a. O., S. 711 ff.).

[55] D. h. es geht hier nicht um die Begründung einer universalistischen Moral überhaupt, sondern diese kann zur Begründung der spezifischeren normativen Behauptungen der internationalen Menschenrechtskonzeption herangezogen werden. Siehe dazu näher Lohmann: »Was muss man wie bei den ›Menschenrechten‹ begründen?«. In: Daniela Demko/Gerd Brudermüller/Kurt Seelmann (Hrsg.): *Menschenrechte. Begründung – Bedeutung – Durchsetzung*. Würzburg 2015, S. 23–43.

torisch Neues,[56] und für die Zukunft die Kennzeichnung einer neuen Entwicklungsstufe, hinter die, normativ gesehen, nicht ohne Begründungsverlust zurückgegangen werden kann

Faktisch aber sind die mit den Menschenrechten *formal* gegebenen Ansprüche auf Universalität, Egalität, Individualität und Kategorizität ebenso wie die jeweils *inhaltlichen* Bestimmungen eines konkreten Menschenrechts umstritten. Auch wenn man hier durchaus einen Begründungspluralismus durch unterschiedliche Moralkonzeptionen einräumen kann,[57] so ist doch, was und wie begründet werden soll, nicht beliebig. Allerdings ist diese These erläuterungsbedürftig. Zunächst einmal müssen die normativen Behauptungen, die politisch gesetzt und rechtlich in den Menschenrechtsdokumenten formuliert sind, moralisch geprüft und begründet werden. Dabei sind die Strukturunterschiede zwischen Moral, Recht und Politik zu beachten. Das politisch Gesetzte und das rechtlich Gefasste gehen auf Legitimität beanspruchende, letztlich aber gemeinsame, öffentliche *Entscheidungen* einer politischen Rechtsgemeinschaft oder auf beauftragte Instanzen der Rechtsanwendung und -durchsetzung zurück. Das moralisch Richtige aber basiert nicht auf gemeinsamen *Entscheidungen* einer moralischen Gemeinschaft, sondern auf *überzeugenden Gründen* in der »Welt der Gründe«. Was in dieser freien und eigensinnigen »Welt« als »gelungene Begründung« akzeptiert werden kann, kann nicht durch rechtliche oder politische Entscheidungen hergestellt oder ersetzt werden. Aus diesen, durch Entscheidungen nicht zu bindenden moralischen Überzeugungen speist sich die *politische* Kraft und Bedeutung rein moralischer Auffassungen der Menschenrechte: Was, moralisch gesehen, als richtig behauptet wird, weiß sich gegenüber politischen oder sonstigen Einwänden immun; moralisch begründete Menschenrechte bleiben zu fordernde

---

56 Diesen Punkt betont auch Stefan Gosepath: »Mit den Menschenrechten [ist] etwas erreicht, was in der bisherigen Geschichte ohne Beispiel ist: eine globale, transkulturelle und transnationale moralische Ordnung« (Gosepath: »Der Sinn der Menschenrechte nach 1945«. In: Gerhard Ernst/Stephan Sellmaier (Hrsg.): *Universelle Menschenrechte und partikulare Moral.* Stuttgart 2010, S. 17–32, hier: 18).

57 So auch Gosepath: »Universalität der Menschenrechte – Ein Erklärungsansatz«. In: Günter Nooke/Georg Lohmann/Gerhard Wahlers (Hrsg.): *Gelten Menschenrechte universal? Begründungen und Infragestellungen.* Freiburg 2008, S. 195–203; Lohmann: »Zur Verständigung über die Universalität der Menschenrechte. Eine Einführung«. In: G. Nooke u. a.: *Gelten Menschenrechte universal?*, S. 47–60; Lohmann: »Warum nicht: Eine relative Begründung der Universalisierung der Menschenrechte!«. In: *Erwägen, Wissen, Ethik. Forum für Erwägenskultur* 2 (2013), S. 263–266.

Menschenrechte, auch wenn sie aus politischen oder anderen Gründen sich nicht rechtlich durchgesetzt haben.

Darüber hinaus bezieht sich der moralische Begründungsanspruch nicht bloß auf die Vorgaben und Resultate der politischen Rechtssetzung und juridischen Rechtsanwendung, sondern ebenso auf die Prozesse der Rechtsetzung und Rechtsanwendung selbst. Nimmt man nun als normativen Maßstab für die Entwicklung der Menschenrechtskonzeption jenen oben angesprochenen republikanischen oder demokratischen Gehalt der neu entworfenen Menschenwürde, nach der die Träger der Menschenrechte auch ihre Mitautoren sein sollen, so erfüllt die internationale Konzeption diese Ansprüche wegen ihres Demokratiemankos nur höchst unzureichend, und es ist auch konzeptionell offen, ob und wie eine transnationale Konzeption der Menschenrechte diese Ansprüche erfüllen kann (dazu unten). Die ungebundene Moral scheint daher die Menschenrechtskonzeptionen selbst zu überfordern, auf jeden Fall aber treibt sie die gegenwärtigen Formen als noch verbesserungsfähig (fortschrittsfähig) vor sich her.

Zugleich haben sich aber auch die Ansprüche verändert, die an eine akzeptable moralische Begründung zu stellen sind. In den nationalen Menschenrechtskonzeptionen waren die Menschenrechte natur- oder vernunftrechtlich begründet und beriefen sich dabei mit »Natur« oder »Vernunft« auf gewissermaßen externe oder »vertikal« zu verstehende Begründungsinstanzen, denen die politischen Rechtsetzungen zu folgen glaubten. In der internationalen Konzeption erscheint es so, als ob die Menschenrechte sich aus den jeweiligen Interessen souveräner Staaten ergeben, die durch wechselseitige Verträge sich nur auf der Basis von Selbstverpflichtungen binden. Das ist sicherlich einer der Gründe, warum hier naturrechtlich klingende Begründungsmodelle noch attraktiv erscheinen, die gewissermaßen die Rechtfertigung für das Haben von Menschenrechten noch auf eine Instanz jenseits der konkreten Menschen beziehen.

An Hand der neuen Begründungsfunktion der »Menschenwürde« kann man sich nun aber klarmachen, dass nun nur »horizontale« Begründungsmodi angemessen sind, weil die grundlegende Gleichwertigkeit aller Menschen es ausschließt, dass nur einige die Menschenrechte setzen und begründen, auch wenn sie sie für alle gleich setzen würden. Deshalb müssen auch bei den Begründungen der entsprechenden normativen Ansprüche alle in der gleichen Weise, also diskursiv, beteiligt sein können. Dieser horizontale Begründungsmodus[58] ist aber nicht so zu verstehen, als ob er von der politischen Forderung demokratischer Rechtssetzung abgeleitet würde. Er ist durchaus aus moraltheoretischen und begründungstheoretischen Überlegungen eigenständig zu gewinnen.[59] Von ihm aus gesehen zeigt sich das Manko einer nur völkerrechtlich vertraglichen Konstitution der Menschenrechte überdeutlich, und der moralische Lernprozess fordert einen Fortschritt in Richtung auf eine demokratische Rechtssetzung der Menschenrechte, also eine transnationale Menschenrechtskonzeption.

4.2

In *rechtlicher* Hinsicht gibt es gegenüber den nationalen Menschenrechtskonzeptionen eine Reihe von entscheidenden Erweiterungen: Der Umfang der Rechte ist nicht mehr nur auf Freiheitsrechte und einige politische Rechte beschränkt, sondern um wirtschaftliche, soziale und kulturelle Rechte erweitert. Zunächst werden diese sozialen Rechte wie Rechte zweiter Klasse behandelt, und ihre Sonderbehandlung im Sozialpakt von 1966 (IPwskR) zeigt, dass die mit ihnen verbundenen Pflichten gewissermaßen in das Belieben nationaler Souveränität gestellt werden. Solange darüber hinaus die Menschenrechte vornehmlich nur als Abwehrrechte gegenüber staatlicher Willkür und Gewalt verstanden wurden, und sie nur als »negative« Rechte in dem Sinne verstanden wurden, dass ihnen nur negative Pflichten entsprechen, war diese Entschärfung auch normativ unauffällig und weitgehend akzeptiert. In dem Maße aber, wie sie, auch dies ein historischer Lernprozess, zunehmend als Rechte aufgefasst werden, denen negative und positive Pflichten *(to respect, to protect and to help or fulfill)* entsprechen,[60] werden die mit ihnen verbunden

---

[58] So auch die Argumentation von Forst: *Das Recht auf Rechtfertigung. Elemente einer konstruktivistischen Theorie der Gerechtigkeit.* Frankfurt a. M. 2007.

[59] Diese Idee lag von Anfang an Jürgen Habermas' Diskursethik zu Grunde. Siehe jetzt zusammenfassend J. Habermas: »Diskursethik«. In: ders.: *Philosophische Texte, Bd. 3.* Frankfurt a. M. 2009; siehe auch Forst: *Das Recht auf Rechtfertigung* (s. Anm. 58); meine eigene Position in Lohmann: »Ethik der radikalen Endlichkeit«. In: *Information Philosophie* 1 (2014), S. 5–11.

[60] Zur Geschichte dieser Entwicklung siehe Manfred Nowak: *Einführung in das internationale Menschenrechtssystem.* Wien/Graz 2002; zur Systematik siehe Corinna Mieth: »Unterlassungs-, Schutz- und Hilfspflichten«. In: Pollmann/Lohmann (Hrsg.): *Menschenrechte* (s. Anm. 31), S. 224 ff.

Rechtspflichten normativ unabweislicher und für nationale und transnationale Regelungen eine Herausforderung.[61]

Parallel zu diesen Erweiterungen in den normativen Inhalten der Menschenrechte werden nun eine Vielzahl von völkerrechtlichen und regionalen Menschenrechtskonventionen[62] verabschiedet, die die »Differenzierung und Spezifizierung bei der menschenrechtlichen Normierung«[63] vorantreiben, sodass man schon von einer »Normenflut« (E. Klein) sprechen kann, die die Staaten zu überfordern scheint.[64] Die Komplexität der Normierungen führt zu dauernden Interpretationsproblemen, die aber bleiben zunächst in der Hand von Experten, die als beauftragte Vertreter einzelner souveräner Staaten die internationalen Menschenrechtsregime gestalten und weiterentwickeln,[65] und die dabei bestenfalls durch demokratische Entscheidungen in den einzelnen Staaten, oftmals unzureichend, kontrolliert werden.

Auch in Hinsicht auf Rechtsanwendung und -durchsetzung der durch Menschenrechte begründeten Pflichten ist eine erstaunliche, in der Gründungsphase der VN nicht absehbare Entwicklung zu verzeichnen.[66] Von Monitoring-Verfahren bei fast allen Konventionen, über Berichts- und Beschwerdeverfahren, der Bildung von speziellen VN-Gremien zur Sicherung und Durchsetzung von Menschenrechten (VN-Hochkommissar für Menschenrechte, VN-Menschenrechts-

---

[61] Siehe z. B. Lohmann: »Soziale Menschenrechte und die Grenzen des Sozialstaats«. In: Wolfgang Kersting (Hrsg.): *Politische Philosophie des Sozialstaats.* Weilerswist 2000, S. 351–371; Lohmann: »Normative Perspectives on Transnational Social Rights«. In: Andreas Fischer-Lescano/Kolja Möller (Hrsg.): *Transnationalisation of Social Rights.* Cambridge u. a. 2016, S. 49–65.

[62] Dazu Christian Tomuschat: *Human Rights. Between Idealism and Realism.* Oxford 2008; siehe auch die Artikel zu »Spezielle UN-Abkommen«. In: Pollmann/Lohmann (Hrsg.): *Menschenrechte* (s. Anm. 31), S. 305–330.

[63] Siehe Eckhart Klein: »Die völkerrechtliche Entwicklung nach 1948«. In: Pollmann/Lohmann (Hrsg.): *Menschenrechte* (s. Anm. 31), S. 124.

[64] Anne Peters: »Der internationale Menschenrechtsschutz: Risiko und Chancen aktueller Ausweitungen«. In: Christian Starck (Hrsg.): *Recht und Willkür.* Tübingen 2012, S. 91–129; siehe auch G. Lohmann: »Werden die Menschenrechte überschätzt? Über Missbrauch, problematische Ausweitungen und Grenzen der Menschenrechte«. In: *Zeitschrift für Menschenrechte* 2 (2014), S. 9–23.

[65] Zum Beispiel in den General Comments. Siehe Deutsches Institut für Menschenrechte (Hrsg.): *Die »General Comments« zu den VN-Menschenrechtsverträgen.* Baden-Baden 2005.

[66] Siehe zusammenfassend E. Klein: »Die völkerrechtliche Entwicklung nach 1948« (s. Anm. 63), S. 126 ff.

rat) bis zur Bildung transnationaler, regionaler (paradigmatisch europäischer) und globaler Menschenrechtsgerichte[67] reicht die Palette von immer mehr und immer differenzierteren Institutionen der Rechtsdurchsetzung und -sicherung. Zugleich aber werden ihre wesentlichen Schwächen immer deutlicher: Sie bleiben von den kontingenten Entscheidungen der souveränen Vertragsstaaten abhängig und sind häufig auch nur unter der vorrangigen Bedingung der Beachtung nationaler Selbstbestimmung selbst konzipiert. Im Völkergewohnheitsrecht und in den allgemeinen Rechtsprinzipien sind zwar weitere Rechtsquellen des Völkerrechts anzuerkennen, die durchaus universelle und grundlegende Impulse zur Geltung bringen können und in eingeschränkten Bereichen auch solche Staaten binden, die nicht durch entsprechende Verträge sich gebunden haben *(jus cogens)*.[68] Und auch wenn die bei vielen Konventionen nachträglich eingeführten Individualbeschwerdeverfahren ein Fortschritt im Menschenrechtsschutz sind,[69] so bleibt doch die Rechtsdurchsetzung für den Einzelnen in der Regel auf einen gut funktionierenden demokratischen Verfassungsstaat verwiesen. Nur im europäischen Raum sind individuelle Klagen vor transnationalen europäischen Gerichten möglich, ein »Weltgerichtshof für Menschenrechte«[70] erscheint aus unterschiedlichen Gründen umstritten.

Nur noch hinweisen kann ich auf die Entwicklungen im globalen Recht. Hier vermischen sich das Völkerrecht der Menschenrechte mit unterschiedlichen Varianten von »soft law« und zivilen Rechtsregimen internationaler Unternehmen und Akteuren. Der allgemein festgestellte Rechtspluralismus auf der globalen Ebene ist eine besondere Herausforderung für den Menschenrechtsschutz, der von der traditionellen ILO (International Labour Organisation) über freiwilligen Verantwortungsregelungen wie »Global Compact« bis zu den

---

[67] Siehe Stefanie Schmahl: »Internationales Menschenrechtsregime«. In: Pollmann/Lohmann (Hrsg.): *Menschenrechte* (s. Anm. 31), S. 390–397; Anna Goppel: »Internationale Gerichtsbarkeit«. In: Pollmann/Lohmann (Hrsg.): *Menschenrechte*, S. 401–406.

[68] Siehe Klein: »Die völkerrechtliche Entwicklung nach 1948«. In: Pollmann/Lohmann (Hrsg.): *Menschenrechte* (s. Anm. 31), S. 125 f.

[69] Siehe Norman Weiß: »Überblick über die Erfahrungen mit Individualbeschwerden unter verschiedenen Menschenrechtsabkommen«. In: *Archiv des Völkerrechts* 1 (2004), S. 142–156.

[70] Manfred Nowak: »Ein Weltgerichtshof für Menschenrechte«. In: *Vereinte Nationen* 5 (2008), S. 205–211.

Versuchen, direkte Menschenrechtsverpflichtungen internationaler Unternehmen zu schaffen, reichen.

Insgesamt kontrastiert eine immer umfassendere und differenzierter werdende Produktion von rechtlichen Normen mit zwar erstaunlichen Entwicklungen in den Institutionen der Rechtsdurchsetzung und Rechtskontrolle, die aber insgesamt doch schwach, selektiv und opportunistisch von den Entscheidungen souveräner Staaten abhängig bleiben und/oder aber nur über unzureichende Sanktionsmittel verfügen.

4.3

In *politischer* Hinsicht ist sicherlich der Wandlungsprozess staatlicher Souveränität eine erstaunliche, wenn auch umstrittene Fortschrittsentwicklung. Ist schon mit Gründung der VN die klassische, »westfälische« Souveränitätskonzeption in ihren Außenbeziehungen eingeschränkt, so bewirkt die nach und nach etablierte internationale Kontrolle innerstaatlichen Menschenrechtsschutzes[71] nicht nur eine Einschränkung der klassischen Souveränitätskompetenzen nach innen, sondern geradezu eine Wandlung des Souveränitätsbegriffes selbst: Souverän ist ein Staat nun, wenn er gegenüber Verfassung und Menschenrechten verantwortlich handelt.[72] Doch ist dieser Verantwortungsbegriff der Souveränität so etwas wie ein normatives Ideal, in der internationalen Menschenrechtskonzeption normativ angelegt, aber politisch umstritten, und, schaut man auf gegenwärtig zu beobachten Renationalisierungstendenzen in der internationalen Politik, offenbar in weiter Ferne.

Ähnlich zwiespältig erscheint die Behebung des oben schon häufiger angesprochenen demokratischen Mankos der internationalen Konzeption. Normativ gesehen verlangen unterschiedliche moralische Überlegungen und die Begründungsfunktion der »neuen« Menschenwürde, dass die Menschen nicht nur Träger, sondern auch Mitautoren ihrer Rechte sind oder sein können. Dazu müsste die

---

[71] Wichtig, wenn auch umstritten: International Commission on Intervention and State Sovereignity: *The Responsibility to Protect*. Ottawa 2001.

[72] Habermas: »Der europäische Nationalstaat – Zu Vergangenheit und Zukunft von Souveränität und Staatsbürgerschaft«. In: ders.: *Die Einbeziehung des Anderen*. Frankfurt a. M. 1996, S. 128–153.

Rechtsstellung des Einzelnen nicht nur hinsichtlich seiner Rechtsfähigkeit international entwickelt werden,[73] sondern auch die Rechtssetzung selbst, nicht nur in nationalen, sondern auch regionalen und globalen Umfängen demokratisch organisiert sein,[74] statt wie bisher wesentlich den Entscheidungen klassisch souveräner Staaten zu folgen. Aber nicht nur aus normativer Perspektive, auch aus einer Vielzahl neuartiger Probleme[75] sind transnationale politische Regelungen und Rechtssetzungen erforderlich. Dafür sind die vorhandenen Governance-Verfahren (z. B. G 7 oder G 20 Treffen) in vielen Hinsichten zu unwirksam oder zu selektiv. Und die Mängel der völkerrechtlichen Willensbildungen der VN sind offensichtlich: Sie sind in ihren Entscheidungen normativ selektiv, haben mit dem Organ des Sicherheitsrates ein oft willkürlich und nach Maßgabe partikularer Machtinteressen entscheidendes Instrument und sind in der Durchsetzung von Resolutionen und Beschlüssen oftmals wirkungslos.[76] Daher gibt es nun eine intensiv geführte Diskussion, wie aus der Perspektive der Menschenrechte globale Demokratisierungen der vorhandenen internationalen Strukturen der VN gestaltet werden könnten und sollten.[77]

Wie auch immer die Fortschritte in der Reform oder Revolution der gegenwärtigen politischen Strukturen der VN gesehen werden oder sich entwickeln, sie werden von einer engagierten Öffentlichkeit beobachtet, kritisiert und beeinflusst.[78] Dabei nimmt die öffentliche

---

[73] Siehe dazu jetzt die umfassende Studie von Anne Peters: *Jenseits der Menschenrechte: Die Rechtsstellung des Individuums im Völkerrecht*. Tübingen 2014.

[74] Obwohl es kein explizites Menschenrecht auf Demokratie gibt, scheint es doch überzeugend zu sein, dass eine ungeschmälerte Realisierung aller politischen Menschenrechte eine demokratische politische Selbstbestimmung bewirken würde. Siehe Lohmann: »Spannungen zwischen Menschenrechten und Demokratie«, in: Dranken, Klaus/Peters, Jörg (Hrsg.): *Fachverband Philosophie – Mitteilungen 2016*, Hünxe/Wuppertal 2016, S. 114–130.

[75] Eine Reihe von Stichworten mögen die Problemfülle umreißen: deregulierter globaler Kapitalismus, internationale Finanzkrise, global produzierte Armut, unfairer Welthandel, Klimawandel, Umweltschutz, etc.

[76] Siehe Brunkhorst: *Solidarität. Von der Bürgerfreundschaft zur globalen Rechtsgenossenschaft*. Frankfurt a. M. 2002, S. 193 ff.

[77] Von Otfried Höffe: *Demokratie im Zeitalter der Globalisierung*. München 2001 bis zu Habermas' Diskussionen einer »Konstitutionalisierung des Völkerrechts«, letzte Fassung in Habermas: *Im Sog der Technokratie*. Frankfurt a. M. 2013 reichen die anregenden und umstrittenen Vorschläge. Siehe auch Jan Klabbers/Anne Peters/Geir Ulfstein (Hrsg.): *The Constitutionalization of International Law*. Oxford 2011.

[78] Zum Folgenden ausführlich G. Lohmann: »National and International Public

Meinungsbildung eine Funktion wahr, die ihr sonst im Zusammenwirken der öffentlichen und institutionalisierten Willensbildung in demokratischen Selbstbestimmungsprozessen zukommt. Im Anschluss an Nancy Fraser[79] und Hauke Brunkhorst[80] spricht man hier auch von »schwachen Öffentlichkeiten« der Meinungsbildung, die von »starken Öffentlichkeiten« der institutionalisierten Willensbildung unterschieden werden können. So schwach freilich ist jene öffentliche Meinungsbildung nicht, konstituiert sich doch nach Hannah Arendt und Jürgen Habermas in ihr jene »kommunikativen Macht«,[81] die letztlich jeder politischen Macht zu Grunde liegt. Zivile Öffentlichkeiten, in nationalen wie transnationalen bis globalen Umfängen, sind höchst komplexe Netzwerke.[82] Man kann sie zunächst einmal als die sozialen Orte ansehen, in denen die praktischen Lernprozesse situiert sind, die die Fortschrittlichkeit der Menschenrechtsentwicklungen begründen können.

Allerdings sind diese höchst ambivalent. Wirkmächtig sind sie paradoxerweise aus ihrer erzwungen Not, sich wesentlich nur auf moralische Appelle und *naming, blaming and shaming* beschränken zu müssen. Ihre nationale und kulturelle Grenzen überwindende Kraft beruht wesentlich auf der durch sie artikulierten universellen Moral der Menschenrechte, die gerade nicht durch kulturellen Partikularismus, wie lange Zeit behauptet wurde, bestimmt und beschränkt ist.[83] Aber was in der einen Hinsicht ihre Stärken bestimmt, dass erfordert in anderer Hinsicht gerade ihre Ergänzung oder Einbeziehungen in noch zu entwickelnde Formen globaler starker Öffentlichkeiten. Ob man mit Brunkhorst, ausgehend von einer erstarkenden Menschenrechtskultur auf globaler Ebene, von einer

Spheres and the Protection of Human Rights«. In: *Yearbook for Eastern and Western Philosophy*. Berlin/New York 2016, S. 219–229.

[79] Nancy Fraser: »Rethinking the Public Sphere. A Contribution to the Critique of Actually Existing Democracy«. In: Craig Calhoun (Hrsg.): *Habermas and the Public Sphere*. Cambridge 1992, S. 109–142; Brunkhorst: *Solidarität* (s. Anm. 76), S. 184 ff.

[80] Brunkhorst: *Solidarität*, S. 184 ff.

[81] Siehe Habermas: *Faktizität und Geltung*. Frankfurt a. M. 1992, S. 229 ff.

[82] Siehe statt vieler Bernhard Peters: *Der Sinn von Öffentlichkeit*. Frankfurt a. M. 2007, bes. S. 283–376, der die Differenzierungen und Fragmentierungen transnationaler Öffentlichkeiten heraushebt.

[83] Siehe dazu Lohmann: »Kulturelle Besonderung und Universalisierung der Menschenrechte«. In: Gerhard Ernst/Stephan Sellmaier (Hrsg.): *Universelle Menschenrechte und partikulare Moral*. Stuttgart 2010, S. 33–47.

»starke[n]- Öffentlichkeit-im-Werden«[84] sprechen kann, erscheint angesichts der oben angesprochenen Renationalisierungstendenzen der Weltpolitik vielleicht zu optimistisch.

Aber mit diesen Überlegungen, die ja insgesamt summarisch und höchst kursorisch waren, haben wir vielleicht nun einen Stand erreicht, an dem man abschließend fragen kann, ob angesichts dieser komplexen, differenzierten, stockenden und widersprüchlichen Entwicklungen der internationalen Menschenrechtskonzeption man von einer Fortschrittsentwicklung der Menschenrechte sprechen sollte, und wenn ja, warum?

5. Fortschrittshoffnung als empowerment

Rückblickend wird man wohl zunächst sagen können, dass es Fortschrittsentwicklungen im obigen Sinne gegeben hat, sowohl in der Entwicklung der unterschiedlichen Menschenrechtskonzeptionen wie auch innerhalb der gegenwärtigen, internationalen Konzeption. Zugleich aber sind die geschichtlichen Ereignisse und Entwicklungen, die gleichwohl andauernden massiven Menschenrechtsverletzungen,[85] die trotz aller Verbesserungen skandalös schwachen institutionellen Sanktionsmöglichkeiten und die noch weitgehend ausstehenden oder utopisch erscheinenden Entwicklungen transnationaler demokratischer Menschenrechtskonzeptionen eher Anlässe für Entmutigungen, wenn nicht für Resignation. Sie lassen deshalb Annahmen von gleichwohl diagnostizierbaren Fortschrittsentwicklungen wie erwünschte Gegenmittel erscheinen. Aber diese Fortschrittsentwicklungen sind von begrenzter und jeweils spezifischer Art und daher nicht in einem umfassenden Sinne zu verstehen (5.1), sie sind von entgegenwirkenden, widersprechenden oder die fortschrittsspezifischen Erwartungen »nicht-erfüllenden« Entwicklungen konterkariert und daher nicht eine kontinuierlich notwendig fortschreitende Entwicklung (5.2), und sie »ergeben« sich aus einer rückblickenden Konstruktion und Interpretation, und es ist offen, inwieweit sie handlungsleitende Orientierungen sind oder sein können (5.3).

---

[84] Brunkhorst: *Solidarität* (s. Anm. 76), S. 211.

[85] Siehe Amnesty International Report 2015/2016, abrufbar unter: https://www.amnesty.de/downloads/amnesty-international-report-20152016 (05.12.2016).

5.1

Zwar lassen sich begründbare Kriterien für eine »notwendige« Entwicklung von A nach B zu einem besseren Zustand in bestimmten Hinsichten ausweisen, doch handelt es sich dabei immer um »praktische Notwendigkeiten« in dem Sinne, dass durch eine verbesserte (= besser begründbare) normative Sicht entgegenstehende Hindernisse (normative Behauptungen oder/und deren soziale Realisierungen) ausgeräumt oder wirkungslos gemacht werden konnten.[86] Diese normativen Fortschrittsentwicklungen (im Plural!) beschränken sich dabei zugleich auf die mit dem rechtlichen Charakter der Menschenrechte verbundenen normativen Behauptungen. Sie beziehen sich formal auf deren universelle, egalitäre, individuelle und kategorische Ansprüche und inhaltlich auf die jeweilige Fundamentalität des konkreten Inhalts eines Menschenrechts.[87] Diese sind zwar von großer moralischer und auch politisch-sozialer Relevanz, stellen aber gerade nicht eine umfassende Theorie des Guten dar. Und auf Grund der negativistischen Fortschrittskonzeption, nach der entgegenstehende Verhinderungen einer Universalisierung, Egalisierung, Individualisierung und unbedingten Zuschreibung der Menschenrechte als unbegründet abgewiesen werden und institutionell-rechtlich aufgehoben werden, erreichen diese relativen Verbesserungen auch nicht einen perfekten Endzustand, sondern sind jeweils bessere (= fortgeschrittene) Begründungen und Realisierungen der spezifischen normativen Ansprüche.

5.2

Schon der kursorische Überblick über die historischen Entwicklungen der internationalen Menschenrechtskonzeption hat deutlich gemacht, wie prekär, kontingent und widersprüchlich diese Entwicklungen

[86] Das entspricht der »rationalen Notwendigkeit«, mit der Rahel Jaeggi (Jaeggi: *Kritik von Lebensformen* (s. Anm. 13), S. 438) in Anlehnung an Terry Pinkard ihre Konzeption von Fortschritt (in der Entwicklung von Lebensformen) charakterisiert; es geht hier nicht um eine »kausale Notwendigkeit, sondern eher (um so) etwas wie die Notwendigkeit, die sich im Verlauf eines Arguments finden lässt« (Terry Pinkhard: *Hegel's Phenomenology. The Sociality of Reason*. Cambridge 1994, S. 12).

[87] Dazu ausführlicher Lohmann: »Was muss man wie bei den ›Menschenrechten‹ begründen?« (s. Anm. 55).

sind. Dabei fiel besonders das Ungleichgewicht zwischen der sich zunehmend verbessernden moralischen Begründung der normativen Ansprüche der Menschenrechte und der mangelhaften Umsetzung ihrer politischen Setzung und ihres verrechtlichen Schutzes auf. Ebenso kontrastiert die quantitative Zunahme an rechtlicher Normproduktion mit der lückenhaften, bedingten und oftmals schwachen Institutionalisierung der Rechtsdurchsetzung und des Rechtsschutzes. Und schließlich ist in politischer Hinsicht die Rechtssetzung selbst, aber auch Rechtsanwendung und -durchsetzung, gemessen am moralisch begründbaren Maßstab demokratischer Selbstbestimmung, mit der starken, wenn auch zunehmend eingeschränkten Abhängigkeit von den Entscheidungen souveräner Staaten defizitär und mängelhaft geregelt. Zwar lassen sich, schaut man auf die Periode seit dem Zweiten Weltkrieg zurück, durchaus erstaunliche Fortschrittsentwicklungen diagnostizieren, doch werden diese zugleich durch Fehlentwicklungen, Rückschritte oder Stagnationen relativiert. Insgesamt ergibt sich so das Bild einer durch spezifische Fortschritte und Rückschritte bestimmten Menschenrechtsentwicklung, die keineswegs kontinuierlich notwendig (in einem kausalen Sinne) fortschreitend ist und bei der es auch keine Sicherheit zu geben scheint, dass sich das Ganze oder zumindest die wesentlichen Teile immer weiter zum Besseren entwickeln. Zwar scheinen, aus der ungebundenen moralischen Perspektive gesehen, normative Rückbildungen einer einmal als begründet angesehen Position argumentativ nicht möglich, und insofern eine einmal erreichte Auffassung »ohne vernünftige Alternative«, doch gibt es keine Sicherheit, dass aus politisch wirksamen Motiven und Gründen die rechtlich gesetzten normativen Ansprüche durch entsprechende Entscheidungen der rechtsetzenden und -anwendenden Institutionen im Sinne einer Rückbildung geändert werden.

5.3

Wieso also soll von normativen Fortschritten der Menschenrechte gesprochen werden und wenn ja, in welchem Sinne und mit welcher Absicht? Zunächst einmal ist bei der Beantwortung dieser Fragen zu beachten, dass von fortschrittlichen Entwicklungen hier immer nur im Rückblick gesprochen worden ist. Mit der Verabschiedung der Vorstellung eines singulären, objektiven Fortschritts, der als Subjekt der Geschichte die Situationen und Handlungen der Menschen bestimmt, ist zunächst auch eine Beschränkung auf eine rückblickende Versicherung verbunden gewesen, dass etwas, was geschehen ist, als eine Fortschrittsentwicklung gedeutet werden kann. Eine nur retrospektive Fortschrittskonzeption ist aber indifferent für auf Zukunft ausgerichtetes Handeln. Ein Handeln hingegen, dass bewusst überlegt und in einer Synthese von erinnerter Vergangenheit und erwarteter Zukunft sich vergegenwärtigend[88] orientiert, kann seine Vergangenheitsdeutung benutzen, um seine zukünftigen Ziele besser zu erreichen. In dieser Funktion kann die zunächst retrospektiv konstruierte Fortschrittsentwicklung prospektiv verlängert und gedeutet werden. Dabei nun können die Eigenarten, Risiken und auch Grenzen einer praktisch relevanten, aus der Akteursperspektive vorgenommenen Fortschrittsdeutung der Menschenrechtsentwicklung verdeutlicht werden.

Versteht man seine eigene Gegenwart als ein vorläufig letztes Moment einer, wenn auch rückblickend konstruierten, Fortschrittsentwicklung, so ist die beabsichtigte Realisierung des nächsten Zieles, ob nun experimentell gedacht oder nicht, nur dann ein weiteres Moment in einem Fortschrittsprozess, wenn dieser über die gegenwärtige Gegenwart hinaus auf eine zukünftige Gegenwart hin ausgedehnt wird. Wenn also im Vollzug eines praktischen Lernprozesses gesagt wird, dass das als nächstes anzustrebende Ziel ein (das nächste) Moment in einer Fortschrittsentwicklung ist, so wird gewissermaßen vom zukünftigen Zustand zurückgeblickt und die Gegenwart des Handelnden, der sich überlegt, das oder das zu tun, mit einer Zukunftsausrichtung versehen, die intern als vergangene Zukunft konzipiert ist. Durch diesen, wenn man so will, Konstruktionstrick einer bewusst sich als fortschrittlich verstehenden Handlung, die etwas Zukünftiges gegenüber einem gegeben Zustand verbessern will, wird die letztlich unverfügbare Kontingenz geschichtlicher Entwicklungen übersprungen oder unkenntlich gemacht. Darin liegt das Risiko eines zu großen Vertrauens in die Fortschrittlichkeit der eigenen Projekte. Nicht nur wird die immer gegebene Möglichkeit des geschichtlichen Misslingens ignoriert, auch die besondere, gegebenenfalls explizit zu machende normative Ausweisung, dass das Zukünftige auch besser

---

[88] Zu dieser These, dass die Gegenwart eine Synthese von Vergangenheit und Zukunft ist, siehe Michael Theunissen: »Können wir in der Zeit glücklich sein?«. In: ders.: *Negative Theologie der Zeit*. Frankfurt a.M. 1991, S. 59f.

ist, wird, wenn es als Fortschritt gedeutet wird, unkenntlich und scheinbar überflüssig. Das umso mehr, je einfacher angenommen wird, dass wenn etwas fortschrittlich ist, dann sei es um des Fortschritts willen auch besser. Das ist aber eine Verkehrung, denn der nächste Schritt im Fortschreiten ist nur dann besser als der gegebene Stand, wenn es eine eigenständige normative Begründung für dieses »besser als« gibt. Nur bei einer absolut gesetzten Fortschrittskonzeption ist Fortschreiten als solches etwas steigerbar Gutes, und diese absolute Fortschrittskonzeption war ja gerade mit der Kritik objektivistischer Fortschrittskonzeptionen verabschiedet worden.

Auf diesen beiden Risiken einer, in einer Handlungsperspektive prospektiv gewendeten, Fortschrittsdeutung der Menschenrechtsentwicklung lassen sich zwei unterschiedliche Antworten geben: Einmal kann auf die Fortschrittsdeutung selbst verzichtet werden. Es würde ausreichen, sich um die Begründung des normativ Besseren zu kümmern. Kann man z. B. zeigen, dass eine Einbeziehung von Menschen mit Behinderungen in die Menschenrechtskonventionen eine bessere und umfassendere Gerechtigkeit realisieren würde, so reicht das zur moralischen Begründung der entsprechenden Konvention durchaus aus. Ein Argument, dass das auch fortschrittlich sei, würde hier nichts Wesentliches hinzufügen und wäre eigentlich überflüssig.[89] Eine entsprechende Enthaltung könnte auch den Weg freimachen, sich expliziter um die normative Ausweisung und Begründung des jeweils als besser projektierten Vorhabens zu kümmern.

Zum anderen aber kann sie durchaus nützlich und in einem gewissen Sinne sogar »Not-wendend« sein. Die rückblickende Diagnose der Menschenrechtsentwicklungen kam ja insgesamt nicht zu einen stabilen positiven Ergebnis. Wenn man die politischen Gegenbewegungen, die großen Versäumnisse und das Versagen eines ausreichenden Menschenrechtschutzes in Betracht zieht, kann einen unbefangenen Beobachter der Menschenrechtsentwicklungen eher Resignation oder Verzweiflung ergreifen. In dieser Stimmungslage sah sich auch Kant, als er die Frage nach einem möglichen Fortschritt der Menschengeschichte beantworten wollte. Würde der kritische

[89] Aus diesem Grunde finde ich es irritierend oder sogar fehlleitend, wenn Axel Honneth wie auch Rahel Jaeggi aus ihrer Skepsis gegenüber normativen Gerechtigkeitstheorien schließen, »daß als Maßstab sozialer Verbesserungen nur der übergeordnete Gesichtspunkt der Befreiung von Kommunikationsbarrieren und interaktionshemmenden Abhängigkeiten fungieren kann« (Honneth: *Die Idee des Sozialismus* (s. Anm. 11), S. 101; ähnlich Jaeggi: *Kritik von Lebensformen* (s. Anm. 11), S. 444 ff.).

Theoretiker allein der Erfahrung der immer scheiternden Geschichte der Menschen folgen, so würde ihn, in den Worten Kants, »Trostlosigkeit« und Verzweiflung ergreifen. Praktisches Handeln bedarf aber einer »tröstende[n] Aussicht in die Zukunft«, die »hoffen« lässt.[90] Fortschrittsdeutungen sind so in die Gegenstimmung einer Hoffnung eingebettet, zur Abwehr einer den praktisch Handelnden sonst ergreifenden Verzweiflung. Wie in Kants skeptischer Geschichtsphilosophie wird damit ein empirischer Fortschritt zum Besseren[91] unterstellt, für den historische Ereignisse als Indizien fungieren, *um* den immer nötigen Kampf um die Realisierung der Menschenrechte vor einer Verzweiflung zu bewahren, die die Aktivisten ergreifen müsste, wenn jede Aussicht auf Erfolg illusorisch wäre.[92] Praktische Fortschrittsdeutungen fungieren so, zugleich mit ihrer eigenständigen normativen Begründung, als empowerment.[93]

---

[90] Vgl. Kant: *Idee zu einer allgemeinen Geschichte in weltbürgerlicher Absicht*. In: *Werke* (s. Anm. 16), S. 30. Siehe zum Motiv einer Hoffnung, um Verzweiflung abzuwehren, auch Pollmann: »Der Kummer der Vernunft. Zu Kants Idee einer allgemeinen Geschichtsphilosophie in therapeutischer Absicht«. In: *Kant-Studien* 1 (2011), S. 69–88.

[91] Kant: *Idee zu einer allgemeinen Geschichte in weltbürgerlicher Absicht* (s. Anm. 90), S. 27 ff.

[92] So auch z. B. Habermas: *Faktizität und Geltung* (s. Anm. 81), S. 535: es ist »eine – eher aus Verzweiflung geborene – Hoffnung«, dass der »Anfang einer neuen universalistischen Weltordnung« signalisiert ist.

[93] Diese Motivationsstimmung trifft dann auch auf die experimentalistischen Fortschrittsannahmen von Honneth und Jaeggi zu, siehe Honneth: *Die Idee des Sozialismus* (s. Anm. 11), S. 164; Jaeggi: *Kritik von Lebensformen* (s. Anm. 13), S. 448 f., sie ist auch noch bei John Rawls' Konzept einer »realistischen Utopie« anzutreffen, der auch Habermas in seinen letzten Schriften zur Menschenrechtsentwicklung folgt, siehe John Rawls: *Das Recht der Völker*. Berlin/New York 2002, S. 13; Habermas: »Das Konzept der Menschenwürde und die realistische Utopie der Menschenrechte«. In: ders.: *Zur Verfassung Europas. Ein Essay*. Frankfurt a. M. 2011, S. 13–38; dazu auch Lohmann: »Ernüchterte Geschichtsphilosophie. Zur Rolle der Geschichtsphilosophie in Habermas' kritischer Gesellschaftstheorie«. In: Smail Rapic (Hrsg.): *Habermas und der Historische Materialismus*. Freiburg/München 2014, S. 327–343.

Klaus Erich Kaehler

Zwischen Weltgeist und Naturgeschichte? Zum Problem der Entwicklung des Normativen in der Geschichtsphilosophie Th. W. Adornos

Am Verhältnis der Philosophie zur Geschichte erweist sich, ob bzw. inwieweit eine Philosophie in ihrem Wahrheitsanspruch noch auf eine Arbeit an der Metaphysik abzielt oder ob sie sich prinzipiell von dieser Arbeit lossagt, »emanzipiert« – aus welchen Gründen auch immer. Das Apercu des jungen Marx: »Wir kennen nur eine einzige Wissenschaft, die Wissenschaft der Geschichte« ist das Fanal zur radikalen Abwendung von der Philosophie, die gemäß dem Hauptstrom ihrer Tradition als Metaphysik verstanden wurde. Wie aber ist dann noch Geschichts-*Philosophie* möglich? Hat die neue Wissenschaft der Geschichte keine Metaphysik zu sein, so ist doch ihr theoretischer Anspruch und Zugriff – etwa unter dem Titel des »historischen Materialismus« – universell, er geht auf eine Universal- bzw. Weltgeschichte, in die alle Gebiete der Theorie und ihrer Praxis zu integrieren seien. Damit aber ist sie der Philosophie immer noch näher als der empirischen Geschichtsschreibung, deren sie doch bedarf, um sich die Realität vorgeben zu lassen, deren Struktur und »Tendenz« sie zu erkennen beansprucht, ohne dazu geschichtsüberlegene Voraussetzungen in Anspruch zu nehmen.

Es ist diese problematische, doch unaufgebbare Konstellation, von der Adorno ausgeht, wenn er im zweiten »Modell« des dritten Teils seiner *Negativen Dialektik*,[1] unter dem Titel »Weltgeist und Naturgeschichte«, seine Gedanken zu einer kritischen Theorie der Geschichte entwickelt. Wenn irgendwo, dann wäre hier die Antwort auf die Frage nach einem normativen Gehalt in der Geschichte und, darüber hinaus, womöglich nach einer Entwicklungslogik dieser Normativität zu suchen. Soll jedoch nach Normativität in ethischer und moralischer Bedeutung gefragt werden, so scheinen zahlreiche Äußerungen Adornos nur eine negative Antwort zu enthalten, und zwar

[1] Theodor W. Adorno: *Negative Dialektik* (*Gesammelte Schriften*, Band 6). Frankfurt a. M. 1966. Im Folgenden zitiert als: ND.

gerade dann am entschiedensten, wenn es um die Beurteilung der Welt-, also Universalgeschichte geht: »Keine Universalgeschichte führt vom Wilden zur Humanität, sehr wohl eine von der Steinschleuder zur Megabombe« (ND 314). Doch diese beiden Seiten einer Universalgeschichte sind gar nicht zu trennen: Der technische Fortschritt der Waffen ist nur das Indiz des Misslingens eines kontinuierlichen Fortschreitens der Humanität. In dieser Wert-Dimension der Geschichte gibt es keine positiv fortschreitende Gesamtentwicklung, in diesem Sinne also »keine Universalgeschichte«. Wenn Adorno dennoch sagt: »Universalgeschichte ist zu konstruieren und zu leugnen« (ebd.), so drückt er damit nur die unaufgebbare Zweiseitigkeit seiner philosophisch-kritischen Geschichtsdeutung aus: Sie zollt dem Nominalismus der Moderne Tribut, ohne auf das »spekulative Moment« (ND 27 ff.) zu verzichten – das heißt in Bezug auf die Geschichte jene »Distanz« (ND 313), aus der allein ihre kritische Deutung möglich ist (»Geschichtsphilosophie heißt Freiheit zur Geschichte«[2]). Bedeutet also die »Konstruktion« der Geschichte keineswegs die »Behauptung eines in der Geschichte sich manifestierenden Weltplans zum Besseren« – das »wäre nach den Katastrophen und im Angesicht der künftigen zynisch« (ND 314) –, so bleibt die Konstruktion der Universalgeschichte doch gerade der Schlüssel für eine philosophische Kritik, für die nicht »bloße Faktizität als das einzig zu Erkennende und darum zu Akzeptierende« (ebd.) übrig bleibt. Universalgeschichte ist also zu konstruieren, um in ihr die Diskontinuität, das Misslingen einer normativ fortschreitenden Entwicklung zu erkennen, sie also gerade als ein affirmatives, sinngebendes Ganzes dialektisch, in bestimmter Negation, zu »leugnen«. In dieser inhaltlichen Bestreitung spricht sich die normative Einsicht und Intention der kritischen Geschichtstheorie Adornos aus. Betrachten wir nun näher, worin diese negativ-universalgeschichtliche Diagnose Adornos besteht, was sie ausschließt und inwieweit ihr doch positive Formulierungen bzw. Aussichten auf ein normatives Ziel, heiße es nun Versöhnung, befreite Menschheit, richtiges Leben oder einfach Glück, zu entnehmen sind.

---

[2] Adorno: *Zur Lehre von der Geschichte und von der Freiheit.* Hrsg. v. Rolf Tiedemann. Frankfurt a. M. 2001, S. 138.

I. Die Vormacht des Objektiven/Allgemeinen/der Totale: Kein »Weltgeist«

Mit seiner dialektischen Verteidigung der Universalgeschichte bringt Adorno eine Erfahrung zur Geltung, die er als »Vormacht eines Objektiven über die einzelnen Menschen, in ihrem Zusammenleben wie in ihrem Bewusstsein« (ND 295), bezeichnet. Diese Erfahrung »von dem Eingespanntsein in die objektive Tendenz«, sei »das Unmittelbarste«,[3] ihr Gegenstand keineswegs eine »metaphysische Subreption«,[4] vielmehr sei »der historische Zug, der historische Trend, die Dynamik der Geschichte, die über die Menschen hinweg sich durchsetzt, […] in Wahrheit etwas objektiv Konstituierendes«.[5] Kategorial gefasst, ist diese Objektivität des Weltlaufs gegenüber den einzelnen Subjekten mit ihren qualitativen Besonderheiten das *Allgemeine*. Ist die reale Erfahrung dieser Macht für die Individuen eine perennierende Unmittelbarkeit, so ist dieses Allgemeine, das als geschichtliche Tendenz objektiv real ist, doch in aller Unmittelbarkeit – und dann auch über sie hinweg – das wesentlich Bewegende und Bestimmende. Verwendet Adorno für diesen Zusammenhang auch den Begriff der »Totale«, so doch nicht als metaphysische Entität – wie der »Weltgeist« Hegels –, sondern nur zu erschließen an den Fakten im Medium ihrer konkreten Erfahrung. Wie »die Vormacht der Tendenz an den Fakten selbst abzulesen« (ND 297), so sei der »Vorrang der Totale über die Erscheinung […] in der Erscheinung zu greifen, über die herrscht, was der Tradition für Weltgeist gilt« (ebd., 298); und so kann Adorno sagen: »Der Weltgeist ist, aber er ist keiner, ist nicht Geist, sondern eben das Negative, welches Hegel von ihm abwälzte auf diejenigen, die ihm parieren müssen und deren Niederlage das Verdikt, ihre Differenz von der Objektivität sei das Unwahre und Schlechte, verdoppelt« (ebd.). Mit diesen Sätzen ist nicht nur die hegelsche – sogenannte »idealistische« – Bestimmung jener Macht des Objektiven und Allgemeinen im Gang der Weltgeschichte zurückgewiesen, sondern auch bereits ein erster Hinweis gegeben auf den von Adorno mehrschichtig beschriebenen »Antagonismus« im Walten jener Macht. Die Zurückweisung ihrer Deutung als »Geist« hängt offenbar eng zusammen mit dem Antagonismus: »Ein Selbständiges

---

3 Adorno: *Zur Lehre von der Geschichte und von der Freiheit*, S. 28.
4 A. a. O., S. 29.
5 A. a. O., S. 35.

wird der Weltgeist gegenüber den einzelnen Handlungen [...] und gegenüber den lebendigen Subjekten dieser Handlungen. Er ist über den Köpfen und durch jene hindurch und insofern vorweg antagonistisch« (ebd., 298 f.).

Diese Feststellung kann jedoch als unabhängige Kritik der Lehre vom Weltgeist nur gelten, wenn das Verhältnis der Individuen zum Allgemeinen des objektiven Geistes – und das heißt auch: der Akzidenzen zu ihrer Substanz – sinngemäß korrekt ausgedrückt ist in dieser Form: »... ein Selbständiges gegenüber ...«. Spricht Adorno hier nämlich von einem Antagonismus zwischen der Macht des Allgemeinen und den einzelnen Subjekten und ihren Handlungen, die den Bereich des Besonderen »gegenüber« dem Allgemeinen bilden, so hätte ein genauer Vergleich mit dem spekulativen Sinn dieser Verhältnisse bei Hegel zu zeigen, dass diese Positionierung hier nicht das letzte Wort, d. h. die *Wahrheit* dieser Verhältnisse sein kann. Doch Adornos Kritik ist ihrem eigenen Sinn nach gegründet in der reflektierten Erfahrung innerweltlicher Subjektivität, deren Differenz zu Hegels Metaphysik der absoluten Subjektivität wie zur gesamten affirmativen Metaphysik der Tradition nicht eigens mehr gerechtfertigt wird.

Der Weltgeist fungiert bei Hegel als Objektivation, als Erscheinung und darin als Besonderung des Geistes durch und für sich selbst. Seine Gliederung ist zu begreifen gemäß den Momenten des Begriffs. Wie in der »Wissenschaft der Logik« ausgeführt wird, sind jedoch Allgemeines und Besonderes nicht gleichberechtigt, sondern das Besondere ist seiner spekulativen Wahrheit nach nichts anderes als die Bestimmtheit, in der das Allgemeine sich selbst setzt, damit sich jedoch auch negiert, einschränkt. Indem es sich in dieser Bestimmtheit als das Bestimmende reflektiert, indem sich also das Allgemeine *als* sich bestimmendes setzt, ist es das Einzelne. So aber hat das Besondere keine wahrhafte Selbständigkeit. Es *ist* nicht »gegenüber« dem Allgemeinen. Als solches *erscheint* es nur, aber auch unvermeidlich, dem *endlichen* Bewusstsein – der selber erscheinenden Subjektivität des Geistes. Diesem endlichen Subjekt ist das Seiende ein Gegebenes, von ihm real verschieden, außer ihm seiend, und deshalb durch die Begriffe, unter denen es dem Bewusstsein gegenständlich wird, stets nur partiell erfassbar.

Diese Erkenntnisposition des per se endlichen Subjekts ist in der Tat die Position, in der Adorno sich wie selbstverständlich bewegt und die für seine kritischen Befunde systematisch vorauszusetzen sind.

Diese Voraussetzung der unhintergehbaren Endlichkeit von Subjektivität wäre jedoch innerphilosophisch zu rechtfertigen vermittels einer prinzipiellen Selbstreflexion des Ganzen des hegelschen absoluten Subjekts[6], welches nicht sein und nicht bestehen kann, ohne mit seiner Selbstsetzung zugleich sein Anderes, seine Äußerlichkeit, sich vorauszusetzen als Begriffloses und Begriffsungemäßes, das unter dem spekulativen Wahrheitsanspruch und der durch ihn etablierten Hierarchie von Allgemeinem und Besonderem jedoch »für nicht mehr als die abstrakte Seite der Nichtigkeit« gehalten werden müsse.[7] Dennoch aber wird jenes Begrifflose, Nichtige, Ephemere (ND 20 u.a.) in der Tat permanent mit der Selbstentfaltung und -vollendung des absoluten Subjekts mitproduziert, nämlich in der »Entäußerung« der logischen Idee. Die hierin latente *endogene* Krisis dieses Subjekts wird jedoch innerhalb dieses Ganzen immer schon und permanent entschieden durch die Vormacht des Begriffs, dessen Besonderung nur soweit wahrheitsfähig ist, als sie selbst zu einem begrifflich bestimmten Moment des Ganzen gediehen bzw. zu einem solchen tauglich ist. Wird dagegen die innersystematische Notwendigkeit auch jenes »Nichtigen« geltend gemacht, so folgt aus solcher Selbstreflexion eine Neubewertung und damit auch die philosophische Nötigung zu einer radikalen Neubestimmung des Subjekts: nicht mehr wäre es als Zentrum zu begreifen, auf das alles Seiende als solches bezogen ist, sondern es wäre an ihm selbst »dezentriertes« Subjekt[8],

---

[6] Siehe dazu vom Verfasser die ausführliche Darstellung der Entfaltung des Subjekt-Prinzips von Descartes bis Hegel (Abschnitte A. bis C.) sowie, daraus resultierend, die endogene Krisis des Subjekts und seine radikale Transformation in das dezentrierte Subjekt (Abschnitt D.), insbesondere dessen Grundstruktur als »negative Einheit von Innen und Außen, Selbstheit und Anderssein« in den drei Dimensionen der Endlichkeit des Subjekts als Individualität, Pluralität und Naturalität (Kaehler: *Das Prinzip Subjekt und seine Krisen. Selbstvollendung und Dezentrierung*. Freiburg/München 2010, hier: 659–746).

[7] Georg Wilhelm Friedrich Hegel: *Wissenschaft der Logik II*. In: *Werke* Bd. 6. Frankfurt a.M. 1969, S. 283.

[8] Axel Honneth hat in seinem Kommentar zur *Einleitung* der *Negativen Dialektik* den Begriff der Dezentrierung für die von Adorno beanspruchte und geltend gemachte Subjektivität treffend verwendet (Honneth: »Zum Begriff der Philosophie«. In: Honneth/Christoph Menke (Hrsg.): *Theodor W. Adorno. Negative Dialektik*. Berlin 2006, S. 11–27, hier: 21f.; Honneth: »Gerechtigkeit im Vollzug. Adornos »Einleitung« in die *Negative Dialektik*«. In: ders.: *Pathologien der Vernunft. Geschichte und Gegenwart der Kritischen Theorie*. Frankfurt a.M. 2007, S. 93–111, hier: 104f.). Für die Frage nach der innerphilosophischen Genese und Rechtfertigung des »dezentrierten Subjekts« als philosophischem Prinzip der Moderne sei verwiesen auf die

von Grund auf kontaminiert mit einer in ihren Bestimmtheiten unabsehbaren und unverfügbaren Andersheit. Nur auf dem Wege dieser innerphilosophischen Rechtfertigung wäre mit der Konzeption eines nunmehr nachmetaphysischen Subjekts auch dessen prinzipielle Unhintergehbarkeit für die philosophischen Fragen und Aufgaben der Moderne einsichtig zu machen. Die Philosophie Adornos legt davon, so meine ich, hinreichend Zeugnis ab.

Aus dieser Perspektive aber ist die objektive Vormacht des Allgemeinen in der Geschichte nicht mehr als *Geist* zu begreifen, wohl aber als herrschende Realität zu reflektieren und anzuerkennen, so dass Adorno in Bezug auf Hegel sagen kann: »Wenn etwas an ihm realistisch war, dann war es gerade seine Einsicht vom Vorrang des Allgemeinen im faktischen Bereich, über die sogenannten Fakten. Nur liegt das *PSEUDOS* darin, dass er dann diesen Vorrang des Allgemeinen, den realen Vorrang des Begriffs, so interpretiert hat, als ob eben deshalb die Welt selber Begriff, Geist, ›gut‹ sei«.[9] Ich möchte Ihnen jetzt die hier wieder fällige Metakritik ersparen, – in Adornos Perspektive jedenfalls, der Perspektive des innerweltlich, also natural und sozial immer schon bedingten und situierten Subjekts, enthüllt die Reflexion auf diese seine Bedingungen das Grundverhältnis jener negativen Einheit, die Adorno als Antagonismus bezeichnet.

Arbeiten des Verfassers (u.a.): Kaehler: »Hegel und die Dezentrierung des Subjekts. Versuch über das Resultat der spekulativen Selbstvollendung des Subjekts«. In: Günter Abel/Hans-Jürgen Engfer/Christoph Hubig (Hrsg.): *Neuzeitliches Denken. Festschrift für Hans Poser.* Berlin/New York 2002, S. 323–336; Kaehler: »Die Identität des dezentrierten Subjekts als permanente Aufgabe«. In: Claudia Bickmann u. a. (Hrsg.): *Tradition und Traditionsbruch zwischen Skepsis und Dogmatik. Interkulturelle philosophische Perspektiven.* Amsterdam/New York 2006a. S. 79–192; Kaehler: »Comments on Merold Westphal: The Prereflective Cogito as Contaminated Opacity«. In: Tom Nenon (Hrsg.): *The First-Person-Perspective in Philosophical Inquiry.* Memphis 2006b, S. 178–186; Kaehler: »Die Positivierung des Nichtigen. Hegel, Feuerbach und das dezentrierte Subjekt der Moderne«. In: Dirk Westerkamp/Astrid von der Lühe (Hrsg.): *Metaphysik und Moderne. Ortsbestimmungen philosophischer Gegenwart. Festschrift für Claus-Artur Scheier.* Würzburg 2007, S. 177–193; Kaehler: »Das Unendliche im Endlichen. Feuerbachs anthropologische Verkehrung des spakulativen Wahrheitsanspruchs«. In: Bickmann u. a. (Hrsg.): *Religion und Philosophie im Widerstreit?* Nordhausen 2008, S. 93–102; Kaehler: *Das Prinzip Subjekt und seine Krisen* (s. Anm. 6); ders.: »Hegel, Marx und das Subjekt der Moderne«. In: Smail Rapic (Hrsg.): *Habermas und der Historische Materialismus.* Freiburg/München 2014, S. 373–395.

[9] Adorno: *Zur Lehre von der Geschichte und von der Freiheit* (s. Anm. 2), S. 65.

II. Antagonismus als Grundverfassung der menschlichen Gesellschaft in der Geschichte

Ist, was mit Hegel »Geist« war, zurückgenommen in die reale gesellschaftliche Totalität, so liegt darin das negative Verhältnis des Besonderen, der Individuen, zum Allgemeinen, das, wie gesagt wurde, einerseits den Individuen *gegenüber* steht und über sie hinweg sich realisiert, andererseits aber zugleich *in ihnen* die bestimmende Macht bleibt, wodurch ihnen ihre Eigenständigkeit als verschiedene und besondere genommen, bzw. deren Entfaltung von Grund auf verhindert wird. Zugleich aber bedürfen die Einzelnen zu ihrer Existenz des Allgemeinen der Gesellschaft, da »in den entwickelteren geschichtlichen Phasen alle Einzelnen lebten nur vermittels jener gesellschaftlichen Einheit, die in ihnen nicht aufging und die je länger je mehr ihrem Verhängnis sich annähert« (ND 311).[10] Verdankt die Gesellschaft ihr Leben dem Zusammenschluss zur Ganzheit, so ist diese auch Bedingung des *Überlebens* der Einzelnen. Adorno betont, es sei »der entscheidende Gedanke zur Konstruktion der Geschichte, dass die Menschheit sich *durch* den Antagonismus *hindurch* erhält«.[11] Er weist darauf hin, »dass das ganze Leben in der entfalteten bürgerlichen Gesellschaft unter dem Tauschprinzip steht und gleichzeitig unter der – und zwar den einzelnen Individuen aufgezwungenen – Notwendigkeit, möglichst viel, einen möglichst großen Teil des Sozialprodukts, für sich in diesem Kampf aller gegen alle zu ergattern. Aber […] vermöge dieses Antagonismus, vermöge dieses Widerstreits der Interessen erhält sich tatsächlich das Getriebe«.[12] Die Einzelnen müssen, um zu überleben, in ihrem ganzen Denken und Handeln sich den Gesetzen dieses Getriebes konform machen; und auch »wo sie dem Primat der Ökonomie sich entronnen wähnen, bis tief in ihre Psychologie, die maison tolérée des unerfaßt Individuellen, reagieren sie unterm Zwang des Allgemeinen; je identischer sie mit ihm sind, desto unidentischer sind sie wiederum mit ihm als wehrlos Gehorchende. In den Individuen selber drückt sich aus, dass

[10] Vgl. dazu Karl Marx: »Die Individuen sind unter die gesellschaftliche Produktion subsumiert, die als ein Verhängnis außer ihnen existiert, aber die gesellschaftliche Produktion ist nicht unter die Individuen subsumiert, die sie als gemeinsames Vermögen haben« (Marx: *Grundrisse der Kritik der politischen Ökonomie.* Berlin 1953, S. 76).

[11] Adorno: *Zur Lehre von der Geschichte und von der Freiheit*, S. 74.

[12] A.a.O., S. 75.

das Ganze samt ihnen nur durch den Antagonismus hindurch sich erhält« (ND 306).

Auf beiden Seiten zeigt sich also ein Doppelsinn: Auf der Seite der Individuen ihre faktische, existierende Besonderheit, deren Substrat die biologische Vereinzelung des Organismus ist. Von dieser Besonderheit aber muss das Individuum gerade abstrahieren[13], so dass sie umso mehr in sich isoliert und umso weniger *verwirklicht* wird, je mehr das Individuum sich zum Zweck des Überlebens und der Selbsterhaltung den Zwängen des Getriebes anpasst; und die andere Seite, das Allgemeine, hat einerseits diese notwendige Funktion, die Reproduktion des Lebens der Individuen zu organisieren und zu bestimmen, wodurch sie aber andererseits zu einer allwaltenden Beschränkung und einer potentiellen Bedrohung der Individuen in ihrer Besonderheit wird. In diesem Verhältnis bleibt das Allgemeine, als das sein Anderes Übergreifende, selber indifferent gegen dieses, die Partikularität der Einzelnen – sie bleibt »ihnen gegenüber«, wie es hieß. Diese abstrakte Allgemeinheit ist damit in Wahrheit selber ein Partikulares, so dass dessen Vorherrschaft mit dem Rechtsanspruch auf Universalität ideologisch wird – ein gesellschaftlich notwendiger Schein, doch in Wahrheit ein Unrecht des unwahren Allgemeinen am Partikularen. Eine Rettung des Besonderen, so hat Adorno vielfach angemahnt, wäre nur mit einem veränderten Begriff des Allgemeinen möglich.[14] Eine diesem Begriff entsprechende Vernunft wäre »nicht abstrakt selbständig, sondern sie selber bestünde in der Beziehung des Allgemeinen auf das Besondere«[15] – und das heißt konkret: in der Beziehung »zu den sich selbst erhaltenden Individuen« und »den sich erfüllenden Einzelinteressen«.[16] Davon abgelöst, schlägt

[13] Dies ist die Abstraktion, von der Adorno sagt, dass sie »zum Tauschprinzip wesentlich rechnet. Ohne Absehen von den lebendigen Menschen wäre nicht zu tauschen« (ND 347).

[14] »Der Totalität ist zu opponieren, indem sie der Nichtidentität mit sich selber überführt wird, die sie dem eigenen Begriff nach verleugnet« (ND 150); und so ist die »Philosophie des absoluten, totalen Subjekts [...] partikular« (ND 145). Vielmehr hat »die Philosophie, nach dem geschichtlichen Stande, ihr wahres Interesse dort, wo Hegel, einig mit der Tradition, sein Desinteressement bekundete: beim Begrifflosen, Einzelnen und Besonderen« (ND 19 f.). Da aber der Begriff als solcher immer schon ein »Allgemeines« ist, so wäre die »Utopie der Erkenntnis [...], das Begrifflose mit Begriffen aufzutun, ohne es ihnen gleichzumachen« (ND 21).

[15] Adorno: *Zur Lehre von der Geschichte und von der Freiheit* (s. Anm. 2), S. 75.

[16] A.a.O., S. 66.

Vernunft um in »Unvernunft«[17], so dass es eigentlich diese ist, die bisher in der Geschichte geherrscht hat.

Das aber, so schärft Adorno ein, ist nicht einfach ein »korrigibler Irrtum« oder »als eine Art von Entartungsprodukt der [...] Geschichtsphilosophie zu betrachten«.[18] Vielmehr sei »geistig, philosophisch [...] gewappnet, dieser Tendenz kritisch standzuhalten«, nur wer sie noch »in ihrer Nezessität begreift«.[19] Diese aber sieht Adorno in der »Hypostasierung der Gattung Mensch, die als ganze sich erhält und behauptet gegenüber den einzelnen sich erhaltenden Individuen«;[20] und er fährt fort: »Das Prinzip der Selbsterhaltung ist ja tatsächlich, wenn es sich auf den je Einzelnen beschränkt, nur die partikulare Einzelvernunft der einzelnen Menschen betrifft, selber etwas Unvernünftiges.«[21] Wenn es sich jedoch »erweitert und sich erhebt zu dem Begriff der Selbsterhaltung der Gattung«, dann, so Adorno, »besteht eine immanente Tendenz, dass diese Allgemeinheit von den unter ihr befassten Individuen sich emanzipiert«.[22] So wird sie abstrakt, indifferent gegen ihre Besonderheiten, subsumiert und übergreift sie nur und tendiert damit zu ihrer Nichtigung qua Indifferenzierung. An dieser Stelle bemerkt Adorno mit Emphase: »Und wie allerdings dieses Problem zu lösen sei: wie also auf der einen Seite die Vernunft sich befreien kann von der Partikularität des sturen Einzelinteresses, auf der anderen Seite aber dann nicht wieder zu einem genauso sturen Einzelinteresse der Totalität wird, – das ist nicht nur ein Problem, an dem die Philosophie bis heute gescheitert ist, sondern auch ein Problem, an dem die Menschheit bis heute gescheitert ist.«[23]

Mit der Diagnose des Antagonismus als des ungelösten Grundproblems menschlicher Gesellschaft ist also zugleich das Grundproblem dessen, was Adorno unter Philosophie versteht, angesprochen. Die antagonistische Figur lässt sich, wie an den soeben gegebenen Bestimmungen bereits ersichtlich ist, »bis in die abstraktesten Ideen der Einheit, der Totalität, ja der Vernunft selber hinein« verfolgen.[24] Scheint so der Antagonismus menschlicher Gesellschaft zwar nur ein

---

17 Ebd.
18 Ebd.
19 A.a.O., S. 67.
20 Ebd.
21 Ebd.
22 Ebd.
23 A.a.O., S. 68.
24 A.a.O., S. 77.

in Theorie und Praxis ungelöstes Problem zu sein, so enthält seine Diagnose für die Reflexion doch zugleich ex negativo einen Hinweis auf eine positive Normativität. Die bestimmte Negation der in der Diagnose formulierten begrifflichen Konstellation ist die Idee der *Negativen Dialektik*, als der Weise, wie zu denken und zu »deuten« sei, wenn Philosophie und Menschheit aus ihrer ideologischen Verfangenheit und dem damit verbundenen Elend und Unrecht – den »Pathologien« der ideologischen Deutungen ökonomisch bedingter Herrschaftsverhältnisse –, herausfinden sollen. Doch bevor wir darauf noch etwas näher eingehen, sei die sich aufdrängende Frage erörtert, »ob die Perpetuierung der Menschheit durch den Antagonismus hindurch selber historisch eine absolute Notwendigkeit war oder ob sie es nicht war; das heißt, ob sich überhaupt sinnvoll ein Gang der Geschichte konstruieren und vorstellen ließe, der anders sich vollzogen hätte als in diesem antagonistischen Verhältnis«.[25] Zwar bemerkt Adorno, dass sich diese Fragen durch Fakten nicht beantworten lassen: »Sie verlieren sich im Trüben der Vorgeschichte« (ND 315). Aber im Sinne seiner deutenden Konstruktion der Geschichte erwägt Adorno die Hypothese, dass der Antagonismus zunächst hervorgegangen sei aus der »Auseinandersetzung der Menschen mit der physischen Natur, die sie zunächst in eine Mangelsituation, ein Zuwenig versetzt hat, mit dem anders als durch eben jene Organisationsform man nicht soll haben fertig werden können; nicht anders als eben in der Gestalt der Herrschaftsverhältnisse, die die Menschen gezwungen haben, der Mangelsituation sowohl Rechnung zu tragen, wie den Mangel zu korrigieren, und die in sich notwendig den Antagonismus ausgebrütet haben«.[26]

Diese Erklärung führt zu der von Marx und Engels vertretenen These, dass »die gesellschaftliche Herrschaft […] eine Funktion der Ökonomie, also des Lebensprozesses, der Reproduktion des Lebens selbst, gewesen sein soll«.[27] Veränderung der Herrschaftsverhältnisse, mit dem – normativ gehaltvollen – Ziel einer Überwindung des

[25] Ebd.

[26] A.a.O., S. 78. Adorno betont, es gehe hier nicht eigentlich um »Ursprungsfragen«, sondern um die Voraussetzung für die objektive Möglichkeit des kritischen Gedankens, »einmal könne es anders werden« – diese Voraussetzung besteht einfach darin, dass es *tatsächlich* bereits in den Anfängen der Geschichte »anders hätte werden können« (ND 317) – sonst wäre jeder Versuch einer Veränderung *objektiv* zum Scheitern verurteilt.

[27] Adorno: *Zur Lehre von der Geschichte und von der Freiheit* (s. Anm. 2), S. 78.

Antagonismus, wäre dann zu erreichen durch Veränderungen im Bereich der politischen Ökonomie, also der Verfügung über die ökonomischen Bedingungen der gesellschaftlichen Reproduktion – das heißt, vor allem durch eine Veränderung der Produktionsverhältnisse, wie sie mit dem Anwachsen der Produktivkräfte möglich wird. Damit aber stellt sich auch die Frage nach der Reichweite, den Grenzen und, allem zuvor, nach dem normativen Sinn von Veränderung in diesem Bereich. Hier ist zu erinnern an die halb bitteren, halb trotzigen Überlegungen, mit denen die *Negative Dialektik* einsetzt, um die »Möglichkeit von Philosophie« heute zu rechtfertigen: »Vielleicht langte die Interpretation nicht zu, die den praktischen Übergang verhieß« (ND 15). Veränderung soll sein – das ist die normative Vorgabe für die Praxis, doch deren notwendige Bedingung ist eine zureichende »Interpretation« nicht nur des geschichtlichen Augenblicks, sondern damit auch der Geschichte überhaupt, in der jede Gegenwart *geworden* ist.[28] Indem Adorno dieses Werden deutet als Prozess der Auseinandersetzung der Menschen mit der übrigen Natur, der dann zum Prozess einer zunehmenden Naturbeherrschung wird, so kommt es darauf an, wie dieses Verhältnis von Geschichte und Natur zu bestimmen ist.

III. Naturgesetzlichkeit in der Geschichte?

Ist der Antagonismus keine invariante Wesensverfassung menschlicher Existenz – was für Adorno ausgeschlossen ist –, so ist er jedoch andererseits auch kein bloßes Durchgangsstadium in einem naturgesetzlich determinierten Geschehen. Ebenso wenig wie das antagonistische Verhältnis im hegelschen Geist aufgehoben, weil versöhnt sein kann, ebenso wenig kann es für Adorno durch die Eigengesetzlichkeit der Ökonomie allein, gemäß der Doktrin von Basis und Überbau, überwunden werden. Damit kritisiert Adorno die grundlegende Auffassung eines »Ansichseins« der Gesetzlichkeit, sei es eines Weltgeistes, sei es der Gesetze der Ökonomie, die wie die Gesetze der materiellen Natur die geschichtliche Entwicklung bestimmen würden, und zwar zum Besseren: in Richtung auf die Überwindung des Antago-

---

[28] Deshalb sieht Adorno das Hauptmotiv der marxschen Analysen darin, das Gewordensein »aller erdenklichen gesellschaftlichen und ökonomischen Momente« zu erweisen (vgl. Adorno: *Zur Lehre von der Geschichte und von der Freiheit*, S. 191).

nismus. Dieser Tendenz im Marxismus steht Adorno skeptisch gegenüber: »Der Primat der Ökonomie soll mit historischer Stringenz das glückliche Ende als ihr immanent begründen; der Wirtschaftsprozess erzeuge die politischen Herrschaftsverhältnisse und wälze sie um bis zur zwangsläufigen Befreiung vom Zwang der Wirtschaft« (ND 315). Dass allerdings bei Marx nicht gemeint war, dass hier blinde Kausalverhältnisse das normativ Gute hervorbrächten, wird schon daran deutlich, dass Marx das Gesetz der kapitalistischen Akkumulation nicht als unhintergehbares, eben: ansichseiendes »Naturgesetz« versteht, sondern eine derartige Auffassung gerade als »Mystifikation« ablehnt (ND 347)[29]. Wenn er dennoch sagt, dass sein »Standpunkt […] die Entwicklung der ökonomischen Gesellschaftsformation als einen naturgeschichtlichen Prozess auffasst«,[30] so drückt er damit genau jene Vormacht des Objektiven, Allgemeinen gegenüber den Individuen aus, als welche die Individuen den Antagonismus erfahren, in den sie eingespannt sind, ohne ihn zu erkennen. *Natur*geschichtlich heißt die Entwicklung der menschlichen Welt unter Gesetzen der Ökonomie also zunächst schon deshalb, weil diese Gesetze wirksam sind, ohne von einem Subjekt oder einem Kollektiv von Subjekten intentional und frei erfunden und installiert worden zu sein. Tritt zwar kein anderes »Gesamtsubjekt« der Geschichte an die Stelle des hegelschen Weltgeistes – »bis heute nicht« sagt Adorno –, so bleibt dennoch die überindividuelle Gewalt, die in der zunehmend umfassenden Gesetzlichkeit der materiellen Lebensbedingungen liegt. »Naturhaft« ist also diese Gesetzlichkeit nur wegen des Charakters ihrer Unvermeidlichkeit unter den jeweils herrschenden Verhältnissen der materiellen Produktion (vgl. ND 347). Erkenntnis und Selbstreflexion als eigene Leistung von Subjekten können hinzukommen, ändern aber primär und unmittelbar nichts an der Gültigkeit jener Gesetze. So kann Marx sagen: »Auch wenn eine Gesellschaft dem Naturgesetz ihrer Bewegung auf die Spur gekommen ist, […] kann sie naturgemäße Entwicklungsphasen weder überspringen noch wegdekretieren«.[31]

Nun bedingt diese asubjektive Gesetzmäßigkeit der materiellen Entwicklung der Geschichte, insbesondere des Kapitalismus, zwar eine *Naturwüchsigkeit*, wie es schon bei Marx heißt, doch diese ist

[29] Hier zitiert aus: Marx: *Das Kapital I*. Berlin 1955. S. 652.
[30] A. a. O., S. 7.
[31] Ebd.

als solche der Geschichte real *und* gesellschaftlich notwendiger Schein zugleich. Schein heißt: »innerhalb dieser Gesellschaft kann es nicht anders sein als so, dass die Gesetze über den Köpfen der Menschen als naturwüchsige sich vollstrecken, während ihre Gültigkeit doch aus der Form der Produktionsverhältnisse entspringt, innerhalb deren produziert wird«.[32] Die Annahme von Naturgesetzen bei Marx ist also, so Adorno, »nicht à la lettre zu nehmen, am wenigsten im Sinne eines wie immer gearteten Entwurfs vom sogenannten Menschen zu ontologisieren« (ND 348) – aber sie ist auch nicht »in eine szientifische Invariantenlehre umzufälschen« (ebd.), wie im Diamat, der die »marxschen Motive« verkehrt, indem er den kritischen Grundzug der Lehre von der Naturgeschichte ignoriert oder leugnet. Gerade in diesem kritischen Zug aber liegt für Adorno »das stärkste Motiv der Marxschen Theorie überhaupt« – nämlich das Motiv der »Abschaffbarkeit jener Gesetze. Wo das Reich der Freiheit begönne, gälten sie nicht mehr« (ebd.).

Im Blick auf diese kritische Spitze bei Marx knüpft Adorno also an ihn an,[33] um im Interesse eines kritischen Geschichtsbegriffs die Alternative einer entweder idealistischen oder positivistischen Deutung zu unterlaufen: Naturgeschichte in kritischer Absicht bedeutet, ihr einerseits kein integrierendes, sinngebendes und versöhnendes Geist-Subjekt zu unterstellen, sie aber andererseits auch nicht zu einem blinden Naturgeschehen ohne Bezug auf Subjektivität zu neutralisieren oder sie nominalistisch zu reduzieren auf ein bloßes Zufallsgeschehen, resultierend aus den kontingenten Motiven, Interessen und Kapazitäten der einzelnen Menschen. Indem nun aber im kritischen Begriff der Naturgeschichte die Naturalität des Geschichtsverlaufs zurückgenommen ist in eine ihrerseits geschichtlich be-

---

[32] Adorno: *Zur Lehre von der Geschichte und von der Freiheit*, S. 170.

[33] Die erwähnte Doppelseitigkeit, die Adorno in der marxschen »Naturgeschichte« gewahrt, belegt er durch ein längeres Zitat aus den *Grundrissen* (s. Anm. 10), S. 111: »Sosehr nun das Ganze dieser Bewegung als gesellschaftlicher Prozeß erscheint, und sosehr die einzelnen Momente dieser Bewegung vom bewußten Willen und besonderen Zwecken der Individuen ausgehn, sosehr erscheint die Totalität des Prozesses als ein objektiver Zusammenhang, der naturwüchsig entsteht; zwar aus dem Aufeinanderwirken der bewußten Individuen hervorgeht, aber weder in ihrem Bewußtsein liegt, noch als Ganzes unter sie subsumiert wird« (ND 348). Die darin liegende Doppelseitigkeit fasst Adorno bündig zusammen: »Die Naturgesetzlichkeit der Gesellschaft ist Ideologie, soweit sie als unveränderliche Naturgegebenheit hypostasiert wird. Real aber ist die Naturgesetzlichkeit als Bewegungsgesetz der bewußtlosen Gesellschaft […]« (ND 349).

dingte Gesetzlichkeit, so ist damit zumindest formal eine übergeordnete Ebene der Betrachtung etabliert, auf der nicht nur die Wechselbestimmung von Natur und Geschichte, sondern auch die Frage nach einem normativen Gehalt oder gar Ziel dieser Prozesse erst unabhängig gestellt und erörtert werden kann.

IV. »Fortschritt«

Wie Marx ist auch Adorno äußerst zurückhaltend mit positiven Bestimmungen des Guten oder eines Ziels der Geschichte. Was dazu gehört, erörtert Adorno im Begriffsfeld von ›Fortschritt‹. Da die Geschichtlichkeit von allem, auch des Guten, unhintergehbar ist, muss auch das Gute prozessual, d.h. sich entwickelnd und reagierend in der Beziehung auf sich verändernde Situationen und Verhältnisse, gefasst werden; und da die Geschichte eine fortschreitenden Unheils, eine von Katastrophen ist, kann ein normativer Gehalt aus diesem Prozess nur ex negativo erschlossen werden; und selbst das ist äußerst prekär, da unter dem »Bann« des gesellschaftlichen Antagonismus und des Identitätsdenkens auch die Kritik sich nicht anders artikulieren kann als mittels dessen, was sie kritisiert. Für das Subjekt des Denkens heißt das: »Ein wie immer fragwürdiges Vertrauen darauf, dass es der Philosophie doch möglich sei; dass der Begriff den Begriff, das Zurüstende und Abschneidende übersteigen und dadurch ans Begrifflose heranreichen könne, ist der Philosophie unabdingbar und damit etwas von der Naivetät,[34] an der sie krankt. Sonst muss sie kapitulieren und mit ihr aller Geist. Nicht die einfachste Operation ließe sich denken, keine Wahrheit wäre, emphatisch wäre alles nur Nichts. Was aber an Wahrheit durch die Begriffe über ihren abstrakten Umfang hinaus getroffen wird, kann keinen anderen Schauplatz haben als das von den Begriffen Unterdrückte, Missachtete, Weg-

[34] »Naiv« ist für Adorno das Vertrauen der traditionellen Philosophie, in ihrer Begrifflichkeit das Wesen der Dinge zu erfassen bzw. auch schon, eine dem entsprechende, an sich intelligible Natur der Dinge überhaupt vorauszusetzen. Dass dennoch auch für Adorno der Philosophie »etwas von der Naivetät, an der sie krankt,« »unabdingbar« sei, zeigt, dass sie auch als *Negative Dialektik* keineswegs bloß eine »sich selbst verneinende Philosophie« ist, »mit deren Aporien [man] als Wissenschaftler nicht leben kann«, wie Jürgen Habermas einmal meinte (Jürgen Habermas: *Die Neue Unübersichtlichkeit.* Frankfurt a.M. 1985, S. 172).

geworfene. Die Utopie der Erkenntnis wäre, das Begrifflose mit Begriffen aufzutun, ohne es ihnen gleichzumachen« (ND 21).

In demselben Sinne wie für die Wahrheit gilt auch für das Gute, dass es, »verflochten in die Geschichte«[35] wie das Denken in seine Begriffe, sich dem Verblendungszusammenhang »entringt« und zugleich *in der Beziehung darauf*, also *in* der Geschichte, darüber hinausweist, und, wie Adorno sagt, die Möglichkeit von Versöhnung aufblitzen lässt.[36] Ein solches Sich-entringen ist jedoch korrelativ zum Fortschritt: »[…] kein Gutes ist und nicht seine Spur ohne den Fortschritt«.[37] Die Idee von Fortschritt aber ist inhaltlich bezogen auf eine Idee der Menschheit und damit auf Totalität. Solange diese Totalität in sich antagonistisch ist, fungiert sie zugleich begrenzend, ausschließend, und aller Fortschritt bleibt partikular und distributiv. Seine regionale Verwirklichung schränkt Anderes ein, führt zu Verlusten in anderen Bereichen. »Erst wo das Grenzen setzende Prinzip der Totalität, wäre es auch bloß das Gebot, ihr gleich zu sein, zerginge, erst dort wäre Menschheit und nicht ihr Trugbild.«[38] Solange der Antagonismus nicht überwunden ist, ist das Modell des Fortschritts »die Kontrolle außer- und innermenschlicher Natur«;[39] und diese Kontrolle entspricht dem Denken unter dem Identitätszwang: »Die Unterdrückung, die durch solche Kontrolle geübt wird und die ihre oberste geistige Reflexionsform im Identitätsprinzip der Vernunft hat, reproduziert den Antagonismus.[40] So bringt der Fortschritt der Naturbeherrschung keineswegs von selbst dasjenige hervor, was der Begriff des Fortschritts »verheißt«:[41] »[…] dass es endlich besser werde und dass die Menschen einmal aufatmen dürfen […], dass keine Angst mehr ist und dass am Horizont keine drohende Katastrophe

---

[35] Adorno: *Zur Lehre von der Geschichte und von der Freiheit* (s. Anm. 2), S. 210.

[36] Vgl. ebd.

[37] Ebd.

[38] A. a. O., S. 207.

[39] A. a. O., S. 212.

[40] Im Folgenden wird diese verhängnisvolle, in sich kreisende Reziprozität, in welcher der »Bann« (s. a. ND 337–342) sich fortschreitend verstärkt, eindrücklich beschrieben: »Je mehr Identität durch den herrschaftlichen Geist gesetzt wird, desto mehr Unrecht widerfährt dem Nichtidentischen. Das Unrecht aber erbt sich fort an den Widerstand des Nichtidentischen. Er aber wiederum verstärkt das unterdrückende Prinzip, während zugleich das Unterdrückte vergiftet weiterlebt. Alles schreitet fort in dem Ganzen, nur bis heute das Ganze nicht« (Ebd.).

[41] Adorno: *Zur Lehre von der Geschichte und von der Freiheit* (s. Anm. 2), S. 202.

mehr ist […]«.[42] Hat bisher »aller Gedanke an den Fortschritt […] seinen Tiefgang von der Last des geschichtlich ansteigenden Unheils«,[43] so lässt das Ziel des Fortschritts heute, nämlich »die totale Katastrophe [zu] vermeiden und [zu] verhindern«,[44] allerdings »an keine reale Tendenz unmittelbar sich anknüpfen, die das einlösen würde, was das Wort ›Fortschritt‹ verheißt«.[45] Vielmehr ist die »Vermeidung der Katastrophe«, daran lässt Adorno keinen Zweifel, gebunden an das, was er die »vernünftige Einrichtung der Gesamtgesellschaft«[46] nennt; und er spricht in diesem Zusammenhang sogar von einem realen, nicht bloß formalen gesellschaftlichen Gesamtsubjekt, und zwar als einem »seiner selbst bewusste[n] Gesamtsubjekt der Menschheit«[47] – an dieses allein sei die Möglichkeit von Fortschritt übergegangen, die der »Abwendung des äußersten, totalen Unheils«.[48] Wie aber die hiermit beanspruchte Vernunft nur die »volle« Vernunft sein kann – die Vernunft, die sich nicht abstrakt selbständig, sondern nur in der Beziehung auf ihr Anderes herstellt –, so kann die Einrichtung der Gesellschaft solcher Vernunft nur gemäß sein, wenn in ihr die antagonistischen Interessen versöhnt, der Antagonismus und mit ihm das falsche Allgemeine tatsächlich »abgeschafft« sind. Dies wäre die »vollbrachte Identität […], nicht die Identifikation von allem unter einem Totalen, einem Begriff, einer integralen Gesellschaft […], sondern […] das Bewusstsein der *Nichtidentität* oder, vielleicht richtiger noch gesagt, die Herstellung einer versöhnten Nichtidentität«.[49] Bedingung dafür ist also die Erkenntnis, dass der »identitätssetzende Geist« eben mit seiner universalen, in Wahrheit abstrakten Identitätssetzung auf andere Weise denselben Bann ausübt wie die blinde Natur, deren Herrschaft zu brechen der Anfang der Geschichte als Weg zur Freiheit ist.

Deshalb heißt Fortschritt letztlich »aus dem Bann heraustreten, auch aus dem des Fortschritts, der selber Natur ist, indem die

---

42 Ebd.
43 A.a.O., S. 210.
44 A.a.O., S. 202.
45 Ebd.
46 A.a.O., S. 203.
47 A.a.O., S. 202.
48 Ebd.
49 A.a.O., S. 82. Dazu: »Utopie wäre über der Identität und dem Widerspruch, ein Miteinander des Verschiedenen« (ND 153); der »Fehler des traditionellen Denkens [ist], dass es die Identität für sein Ziel hält« (ND 152).

Menschheit ihrer eigenen Naturwüchsigkeit inne wird und der Herrschaft Einhalt gebietet, die sie über Natur ausübt und durch welche die der Natur sich fortsetzt. Insofern ließe sich sagen, der Fortschritt ereigne sich dort, wo er endet«.[50]

Für Adorno ist also in der Geschichte zwar eine Normativität wirksam und, wenngleich vor allem ex negativo, erkennbar, doch keine Entwicklungs*logik:* Eine normativ positive Anerkennung verdient weder der Befund der realen Vormacht des Allgemeinen, der gesellschaftlichen Objektivität als solcher, noch die metaphysische Deutung dieses Befundes als überindividuelle legitime Herrschaft des Weltgeistes. An dessen Stelle tritt vielmehr eine Konzeption und Erkenntnis der Geschichte, die in ihr den Mangel, das Unversöhnte, das durch die Herrschaft des Allgemeinen Unterdrückte sieht und kritisch hervorhebt. Das Subjekt in seiner vergesellschafteten Individualität, also inmitten seiner Determination durch das gesellschaftlich reale, doch ideologische, weil selber partikulare Ganze,– dieses Subjekt in seiner selbstreflexiven *Dezentrierung* ist allein der Ort der Unterscheidung, das heißt der Kritik.[51] Objektiv aber ist der Geschichtsverlauf als *in sich kritische Naturgeschichte* zu interpretieren: Weder durch überweltliche Vorsehung noch durch bloße Naturgesetzlichkeit ist die Geschichte als Verwirklichung von Freiheit und Glück zu begreifen und zu gestalten. Vielmehr liegt in der Geschichte für den Menschen, das endliche Subjekt, die Aufgabe, die historisch bereits waltenden Bewegungsgesetze trotz ihrer objektiven Macht als »abschaffbar« (ND 346) zu erkennen, als gesellschaftlich notwendigen Schein, der doch real ist als naturwüchsiges Gewordensein. Gesellschaft und ihre Geschichte wären zu begreifen und zu behandeln als Natur, dem »Vergängnis« (ND 352 f.) anheim gegeben, aber diese

---

[50] Adorno: *Zur Lehre von der Geschichte und von der Freiheit* (s. Anm. 2), S. 214.

[51] Dementsprechend bemerkt Adorno in der Vorrede zur ND: »Seitdem der Autor den eigenen geistigen Impulsen vertraute, empfand er es als seine Aufgabe, mit der Kraft des Subjekts den Trug konstitutiver Subjektivität zu durchbrechen« (10). Doch verdankt dieses Subjekt seine Kraft *zur Freiheit* gerade nicht einer Freiheit *von* der Gesellschaft: »[...] die wendende Spontaneität kann nicht außerhalb der gesellschaftlichen Verflechtung vorgestellt werden« (Adorno: *Zur Lehre von der Geschichte und von der Freiheit* (s. Anm. 2), S. 226) – im Gegenteil: »Innerhalb der repressiven Gesellschaft kommt die Emanzipation des Individuums diesem nicht bloß zugute, sondern tut ihm Eintrag. Freiheit von der Gesellschaft beraubt es der Kraft zur Freiheit« (ders.: *Minima Moralia* (*Gesammelte Schriften,* Bd. 4). Frankfurt a.M. 1951, Nr. 97: »Monade«, S. 197).

Natur wiederum als wenngleich nicht verfügbar,[52] so doch als veränderbar und damit selber als ›Geschichte‹. Solcher selbstreflexive Materialismus in der Theorie aber ist Bedingung der Emanzipation vom Bann einer naturwüchsigen Gesellschaft in der Praxis.

[52] Diese Unverfügbarkeit, der sich die Spontaneität des Subjekts in der Selbstreflexion ausgesetzt findet, begegnet ihm in Natur und Gesellschaft/Geschichte zumal. Die Frage ist, wie weit die »Kraft des Subjekts« (s. vorige Anmerkung) reichen kann, um sich dem »Bann zu entringen« und sowohl die materiellen Bedingungen als auch die Ideologie ihrer Rechtfertigungen angemessen zu begreifen, – wo doch die »Spontaneität des Widerstrebens« durch die »große geschichtliche Tendenz zufällig« wird und »Zufall die Gestalt von Freiheit unter dem Bann« ist (Adorno: *Zur Lehre von der Geschichte und von der Freiheit* (s. Anm. 2), S. 142). – Zum Verhältnis von Freiheit und Unverfügbarkeit und zum Begriff einer »naturverflochtenen Vernunft« bei Adorno s. Habermas: »›Ich bin ja selber ein Stück Natur‹ – Adorno über die Naturverflochtenheit der Vernunft. Überlegungen zum Verhältnis von Freiheit und Unverfügbarkeit«. In: ders.: *Zwischen Naturalismus und Religion*. Frankfurt a.M. 2005, S. 187–215. Hier werden die drei Dimensionen des dezentrierten Subjekts als Individualität in Natur und Gesellschaft gemäß ihrer Wechselseitigkeit zusammengeführt, um das Problem der Freiheit zur Veränderung bei Adorno auszuloten. Es ist bemerkenswert, dass die Aussicht auf eine emanzipative Praxis im Grunde nur durch die (»kontrafaktische«) Unterstellung einer »unversehrten Intersubjektivität« gesichert wird: »Nur eine unversehrte Intersubjektivität kann die Ungleichen vor der Assimilation ans Gleiche bewahren« (a.a.O., S. 211) Das entspricht zwar in wesentlicher Hinsicht dem Telos, das Adornos »Utopie des Besonderen« (Adorno: *Ästhetische Theorie* (*Gesammelte Schriften*, Bd. 7). Frankfurt a.M. 1970, S. 521) für die gesellschaftlichen Verhältnisse der Individuen impliziert, aber während für Habermas die kontrafaktischen Unterstellungen, als notwendige Bedingungen verständigungsorientierten Handelns, bereits auch in der Alltagspraxis faktisch wirksam sind, sieht der kommunikationsskeptische Adorno vorerst nur in der Kunst (und einer ihr gemäßen Ästhetik und Philosophie) die Möglichkeit einer »vom Identitätszwang befreite[n] Sichselbstgleichheit« (a.a.O., S. 190), also das Telos jener Utopie des Besonderen: »[...] so fragt ein jedes Kunstwerk, wie unter der Herrschaft des Allgemeinen ein Besonderes irgend möglich sei« (a.a.O., S. 521), und »Kunstwerke sind die Statthalter der nicht länger vom Tausch verunstalteten Dinge, des nicht durch den Profit und das falsche Bedürfnis der entwürdigten Menschheit Zugerichteten« (a.a.O., S. 337).

Friederike Kuster

Altlasten in den Anerkennungssphären. Eine feministische Einrede zu Axel Honneth

I.

Wie stellt sich das Problem einer Entwicklungslogik der Normativität aus einer feministischen Perspektive dar? Es ist natürlich unmittelbar ersichtlich, dass die Frage, in dieser Allgemeinheit gestellt, sich gar nicht sinnvoll beantworten lässt und von daher auf eine überschaubare Reichweite hin konkretisiert werden muss. Als tauglich erweist sich dafür der Ausgang bei einem Theorieentwurf, der normative Strukturen als grundsätzlich entwicklungsfähig ansetzt und dementsprechend die Bedingungen benennen kann, unter denen Transformationen grundsätzlich angestoßen werden können. Darüber hinaus ist von einem solchen Ansatz zu erwarten, dass er auch den inneren normativen Richtungssinn dieser Entwicklungsprozesse in einer strukturellen Weise einzuholen vermag. Aus verschiedenen und im Weiteren noch zu explizierenden Gründen ist es vor diesem Hintergrund die Anerkennungstheorie von Axel Honneth, die sich als breit rezipiertes normativ-gesellschaftstheoretisches Konzept für eine feministisch informierte Diskussion ihrer Voraussetzungen und ihrer Erklärungsreichweite anbietet.

Bekanntlich bildet für Honneth die normative Logik der Evolution von Anerkennungsverhältnissen den entscheidenden Aspekt in der Entwicklungsdynamik von Gesellschaftsformationen. In diesem Kontext bildet der Kampf um Anerkennung das Modell, mittels dessen Prozesse von moralischem Fortschritt rekonstruiert werden können. In den sozialen Kämpfen um Anerkennung werden nämlich Erfahrungen der Missachtung und Zurücksetzung gebündelt, als Ansprüche auf Anerkennung geltend gemacht und damit historische Weiterentwicklungen der bislang nur in unzureichender Weise verwirklichten Anerkennungsverhältnisse angestoßen. Es handelt sich mithin um einen kontinuierlich konflikthaft initiierten gesellschaftlichen Bildungs- und Lernprozess, der auf eine möglichst umfassende und angemessene Verwirklichung des normativen Potenzials der wechselseitigen Anerkennung zielt, womit zugleich auch die normative Richtung angezeigt ist, in der sich die Veränderungen der Anerkennungsordnungen bewegen.

Vor diesem Hintergrund bietet es sich für eine feministische Perspektive regelrecht an, einen gedoppelten Focus auf Honneths Anerkennungstheorie zu richten; gewissermaßen einen auf die Statik und einen auf die Dynamik. Einer kritischen Betrachtung zu unterziehen wären demnach einerseits der Aufbau der Anerkennungssphären, ihre Fundamente und ihre Voraussetzungen und damit auch ihre historische Herkunft. Auf der anderen Seite kann gerade die Frauenbewegung als das prominente Beispiel eines Kampfes um Anerkennung der jüngeren Vergangenheit fungieren und damit die Frage nach den Entwicklungspotenzialen von Anerkennungsverhältnissen konkretisieren und möglicherweise auch beantworten.

Mit diesem Rekurs auf die Frauenbewegung liegt es nun außerdem nahe, die Definition oder Beschreibung dessen, was unter feministisch zu verstehen ist, aus Zeitzeugnissen der Bewegung selbst zu gewinnen. In Zeiten, wo die Verwendung des Begriffs »feministisch« die Chancen auf die Anerkennung eines Anliegens sogleich zunichtemacht,[1] lässt sich der Sache der Frauen auch von der Vergangenheit her nähern, als um den Feminismus mehr gestritten wurde, als dass er strittig war.

Ein Dokument dieser Auseinandersetzungen um Konzepte und analytische Instrumente stellt ein Band aus dem Jahr 1980 dar: Rossana Rossanda: *Einmischung. Gespräche mit Frauen über ihr Verhältnis zu Politik, Freiheit, Gleichheit, Brüderlichkeit, Demokratie, Faschismus, Widerstand, Staat, Partei, Revolution, Feminismus.*[2] Es handelt sich um die Veröffentlichung von Radio-Gesprächen mit feministischen Aktivistinnen, die Rossanda im Jahr 1978 geführt hat. Dort findet sich auch eine treffliche Charakterisierung der Frauenbewegung und ihrer Motive. Mit einer gewissen analytischen Distanz

---

[1] Zu den spezifischen Herausforderungen von feministischer Philosophie in postfeministischen Zeiten vgl. Herta Nagl-Docekal: »Feministische Philosophie im postfeministischen Kontext«. In: Hilge Landweer u. a. (Hrsg.): *Philosophie und die Potenziale der Gender-Studies. Peripherie und Zentrum im Feld der Theorie.* Bielefeld 2012, S. 231–254.

[2] Rossana Rossanda: *Einmischung. Gespräche mit Frauen über ihr Verhältnis zu Politik, Freiheit, Gleichheit, Brüderlichkeit, Demokratie, Faschismus, Widerstand, Staat, Partei, Revolution, Feminismus.* Frankfurt a. M. 1983.

formuliert es Pietro Ingrao, damaliger Präsident der italienischen Abgeordnetenkammer, folgendermaßen:

»Sich mit den Beweggründen der Frauenemanzipation auseinanderzusetzen bedeutet zugleich, sich grundlegend mit einigen zentralen Strukturen der Gesellschaftsorganisation auseinanderzusetzen. Nehmen wir das Beispiel Frau und Arbeit. Dieses Problem ist verknüpft mit Merkmalen und Graden der wirtschaftlichen Entwicklung, mit der Beschäftigungslage, der Qualität und der Organisation von Arbeit, ja, mit der Frage nach dem Sinn von Arbeit selbst. Gleichzeitig – und genau hier erscheint eine neue Dimension – rüttelt, wer es zu lösen versucht, an den Reproduktionsformen der Gesellschaft, an der überlieferten Auffassung von Sexualität, an den Zweierbeziehungen, an den Beziehungen zwischen Vätern und Kindern, an den Erziehungsstilen, an dem Wechselspiel zwischen Vergangenheit und Gegenwart, an Form und Natur der sozialen Einrichtungen, d. h. an einer jahrhundertealten Deutung des Privaten, am Staats-Begriff, am ganzen Verhältnis von Staatlichkeit und Privatheit.«[3]

Aufschlussreich ist an diesem Zitat, dass, obgleich in den vergangenen 35 Jahren weitreichende gesellschaftliche Transformationsprozesse zu verzeichnen waren, die hier formulierten Probleme sich bleibend frisch anhören und keineswegs als erledigt betrachtet werden können, weder in praktischer Weise bewältigt noch auf theoretischer Ebene zureichend aufgearbeitet. Nicht zuletzt deshalb wird auch im Folgenden erneut von den zentralen Strukturen der Gesellschaftsorganisation, der Qualität und Organisation von Arbeit, den Reproduktionsformen der Gesellschaft, den privaten Beziehungen und der Form und der Natur sozialer Einrichtungen und nicht zuletzt der jahrhundertealten Deutung des Privaten gehandelt werden.

II.

Grundsätzlich lässt sich feststellen, dass zwischen der feministischen Theorie und der Anerkennungstheorie Honneths eine gewisse Inklination besteht. Das bildet freilich keine Überraschung bei einer Gesellschaftstheorie, die mit dem Konzept der Anerkennung die Abhängigkeit des Individuums von spezifischen Verhältnissen intersubjektiver Interaktion als fundamentale Bedingung der menschlichen Existenz benennt. Denn es waren gerade die feministischen Theoreti-

---

[3] A. a. O., S. 235.

kerinnen und Psychoanalytikerinnen, die von Beginn an das Modell des unabhängigen und bindungslosen, des einsam, aber autonom sich behauptenden Individuums der modernen Sozialphilosophie massiv kritisiert haben und im Gegenzug Abhängigkeit, Angewiesenheit und Bezogenheit als anthropologisch basale und für jede Form von Subjektwerdung konstitutive Konstitutionsbedingungen ins Feld geführt haben.[4]

In Anlehnung an Honneth hat zuletzt Judith Butler die existenzielle Unhintergehbarkeit der Anerkennungsdimension zu einem grundsätzlichen Ausgesetzt-Sein und zu einer konstitutiven Verletzlichkeit des Subjekts zugespitzt und entsprechend von einem ontologischen Vorrang der Relationalität gesprochen.[5] Trotz einiger Differenzen verbindet Butler und Honneth jedenfalls eine intersubjektivitätstheoretische Konzeptualisierung des Subjekts, deren Basis das Interaktionsgeschehen der Anerkennung darstellt. Erst im Medium der diversen Akte der Anerkennung durch Mitglieder der Gemeinschaft sind Subjekte in der Lage, diejenigen Eigenschaften und Vermögen auszubilden, die sie zu unverwechselbaren Individuen und zu autonomen Rechtssubjekten machen.

Eine Nähe zu feministischen Ansätzen liegt freilich auch darin begründet, dass im Konzept der drei von Honneth aus der Hegelschen Philosophie des objektiven Geistes extrahierten Anerkennungssphären von Liebe, Recht und Solidarität bzw. subjektiv gewendet der Bereiche von Bedürfnis, Autonomie und Leistung der Umkreis des Intimen, der Privatheit und der Liebe in seinem wesentlichen Stellenwert mit bedacht ist. Im Mainstream der politischen Philosophie, wie auch der Sozialphilosophie und der Gesellschaftstheorie fristet der Bezirk des Familial-Privaten als traditionell vor- oder außerpolitische Sphäre bzw. Binnenenklave der Gesellschaft zumeist ein Schattendasein oder wird vorschnell dem Zuständigkeitsbereich der Gender-Studies zugeschlagen.

---

[4] So z.B. schon Nancy Chodorow und Jessica Benjamin in der Auseinandersetzung mit Herbert Marcuse. S. Nancy Chodorow: »Beyond Drive Theory: Object Relations and the Limits of Radical Individualism«. In: *Theory and Society* 14 (1985), S. 271–319 und J. Benjamin: »Opposition and Reconciliation: Reason & Nature, Reality & Pleasure«. In: *Kritik und Utopie im Werk von Herbert Marcuse.* Hrsg. vom Institut für Sozialforschung. Frankfurt a.M. 1992, S. 124–141.

[5] S. Stefan Deines: »Soziale Sichtbarkeit. Anerkennung, Normativität und Kritik bei Judith Butler und Axel Honneth«. In: Georg Bertram u.a. (Hrsg.): *Sozialität und Anerkennung. Grammatiken des Menschseins.* Paris 2007, S. 143–161.

Angesichts dieser Berührungspunkte erstaunt es nicht, dass feministische Aspekte und Fragestellungen die Arbeiten Honneths regelmäßig durchkreuzen. Zum Ausdruck kommen dabei eine Sensibilität für die Bedeutung der historischen Verspätung der Frauen, ein Interesse an der Frauenbewegung als Beispiel eines Kampfes um Anerkennung, eine Aufmerksamkeit für den Komplex der Hausarbeit und die geschlechtliche Konstruktion von Erwerbsarbeit sowie ein Bewusstsein für die Abwertung von Frauenarbeit insgesamt.[6] Gleichwohl bleiben diese Gesichtspunkte oft bruchstück- oder umrisshaft, eine systematische Bündelung und Bearbeitung der Problemstellungen sucht man vergebens.

Die hier aufgestellte These ist, dass dieser zerstreute und gewissermaßen unbewältigte Status von genuin feministischen Fragestellungen dem spezifischen, von Hegel herrührenden Grundriss der Anerkennungssphären geschuldet ist. Es erscheint mithin als symptomatisch, dass die Geschlechterproblematik die Anerkennungssphären in der Form von Einsprengseln gewissermaßen heimsucht, aufs Ganze gesehen aber nur schattenhaft bleibt.

Möglicherweise verhält es sich so, dass eine tatsächlich umfassende gesellschaftliche Überwindung der geschlechtlichen Ungleichheit die triadische Anerkennungsstruktur der bürgerlichen Gesellschaft letztlich sprengt. Dieser Vermutung soll im Weiteren nachgegangen werden. Vorweggenommen sei an dieser Stelle nur so viel: Sowohl in Hegels *Jenaer Systemfragmenten* wie in den *Grundlinien der Philosophie des Rechts* – Schriften, die den in den Grundzügen nicht revidierten Grundriss der Anerkennungstheorie bereit stellen – ist die Geschlechterdifferenz als ein Verhältnis hierarchischer Ungleichheit den verschiedenen Anerkennungsdimensionen in maßgeblicher Weise eingeschrieben. Oder anders herum: Die Asymmetrie des Geschlechterverhältnisses durchkreuzt den gesamten Aufriss der Hegelschen Sphären der Sittlichkeit.

Vor diesem Hintergrund erscheint es deshalb als zu kurz gegriffen, allein das »patriarchale Beziehungsmuster« der bürgerlichen Familie bei Hegel als eine historisch »irreleitende Konkretisierung«[7] zu identifizieren, die, wie Honneth an anderer Stelle im gleichen Kontext feststellt, »durch einige entschiedene Korrekturen beheb-

[6] Vgl. auch Iris Marion Young: »Anerkennung von Liebesmühe. Zu Axel Honneths Feminismus«. In: *Deutsche Zeitschrift für Philosophie* 53 (2005), S. 415–433.
[7] Axel Honneth: *Kampf um Anerkennung*. Frankfurt a.M. 1994, S. 281.

bar«[8] wäre. Es ist demgegenüber vielmehr in einer grundsätzlicheren Weise zu fragen, ob nicht eher die bürgerliche Geschlechterordnung für den spezifischen Zuschnitt der Anerkennungssphären in so maßgebender Weise konstitutiv ist, als dass man ihr als einer tendenziell kontingenten, historischen Konkretisierung allein einen transitorischen Status zubilligen könnte. Honneth bringt freilich diese zweite Sichtweise in Anschlag, wenn er feststellt, dass im Zuge der historischen Etablierung der drei distinkten Formen der Sozialbeziehung – also der Sphären der Anerkennung – die Subjekte »mit geschlechts- und klassenspezifischen Verzögerungen lernen, sich auf sich selbst in drei verschiedenen Einstellungen zu beziehen«.[9] Damit ist in sehr knapper Weise die Vorstellung umrissen, dass die ursprünglich geschlechtsgebundenen Restriktionen und Zurücksetzungen im historischen Entwicklungsprozess dergestalt überwunden werden können, dass die Frauen im Geschichtsgang einfachhin aufschließen und so ihr Anerkennungsregister gewissermaßen komplettieren.

Wenn wir zunächst die grundlegende Frage nach der inhärenten Verbindung von Geschlechterordnung und Anerkennungssphären noch zurückstellen und nur auf das historisch verspätete Ankommen von Frauen auf allen drei Anerkennungsstufen blicken, so vollzieht sich dieser Aufschluss faktisch in der Form eines Kampfes um Anerkennung. Damit ist schließlich eine letzte Schnittstelle zwischen Feminismus und Anerkennungstheorie benannt, die in die praktisch-politische Dimension hineinweist. Die Frauenbewegung reiht sich ein in die Geschichte der sozialen Kämpfe. Sie bildet mithin eines der prominenten Beispiele für die Idee eines Anerkennungskampfes, der auf eine Transformation der gesellschaftlichen Verhältnisse hin zu umfassenderer Universalität und Egalität abzielt. Honneth erhebt für seine Theorie über eine normative Strukturanalyse moderner Gesellschaften hinaus den Anspruch, vermittels der Idee des »Kampfes um Anerkennung« einen kritischen Interpretationsrahmen für gesellschaftliche Entwicklungsprozesse bereitzustellen. Das ermöglicht grundsätzlich, die Geschichte der sozialen Kämpfe als einen gerichteten Vorgang, eingelassen in historisch konkrete Entwicklungsniveaus, zu beschreiben.[10] Freilich lässt sich die oben aufgeworfene

---

[8] Honneth: *Leiden an Unbestimmtheit*. Stuttgart 2001, S. 108.

[9] Nancy Fraser/Axel Honneth: *Umverteilung oder Anerkennung? Eine politisch-philosophische Kontroverse*. Frankfurt a. M. 2003, S. 168.

[10] Vgl. Honneth: *Kampf um Anerkennung* (s. Anm. 7), S. 274.

Frage wiederholen: Vollzieht sich der Anschluss der Frauen an die bürgerlich-kapitalistische Moderne und ihr Einschluss in ihre institutionalisierten Arenen einfachhin und ohne »Rest«? Oder anders herum gefragt: Bleiben mit der Inklusion der Frauen in alle maßgeblichen Interaktionssphären der bürgerlichen Moderne diese ihrerseits in Gestalt und Struktur unverändert? Vollzieht sich und funktioniert die durchgängige Gleichstellung der Frauen gemäß dem bekannten Motto: »add women and stir«?

Bevor dieser Frage detaillierter nachgegangen wird, bietet es sich an, zunächst einen Blick auf die Hegel'schen Grundlagen der Anerkennungstheorie Honneths zu werfen, und zwar auf die *Jenenser Realphilosophie* und die *Grundlinien der Philosophie des Rechts.*

III.

a) Jenaer Systemfragmente

Bekanntlich hat Honneth in seiner Rekonstruktion der Jenaer Systementwürfe nachgezeichnet, wie der Aufbau der gesellschaftlichen Welt als ein sittlicher Lernprozess zu begreifen ist, der über verschiedene Stufen intersubjektiver Relationen zu einer Ausdifferenzierung von Verhältnissen reziproker Anerkennung führt. Diese Stufen sind mit den sittlichen Sphären von Liebe, Recht und Solidarität benannt.

Wo und auf welche Weise kommt nun in diesen Texten Hegels die Geschlechterdifferenz ins Spiel? In der *Jenaer Philosophie des Geistes* finden sich die entsprechenden Passagen im Abschnitt zum Willen als dem praktischen Geist. Dort werden die »Charaktere« des Männlichen und des Weiblichen aus der instrumentellen Selbsterfahrung der Subjektivität gewonnen. Im Kontext der Arbeit und im Übergang vom Werkzeuggebrauch zum Maschinengebrauch erzeugt der Wille sich selbst in zwiefältiger Gestalt: Er bildet sich aus als männlicher und weiblicher Charakter. »Durch die List«, sagt Hegel, womit eine Passivität, ein »theoretisches Zusehen« gemeint ist, und damit ein Verkehren des Willens in seinen Gegensatz, das zur Invention der Technik führt, durch die List also »ist der Wille zum Weiblichen geworden«.[11] Mit dieser Entwicklung tritt die Geschlechts-

[11] Georg Wilhelm Friedrich Hegel: *Jenaer Systementwürfe III. Naturphilosophie und Philosophie des Geistes.* Neu herausgegeben von Rolf-Peter Horstmann. Hamburg

differenz hervor. So interessant diese Deduktion des Weiblichen auch ist, sie soll hier nicht weiter vertieft werden.

Entscheidender wiegt für den vorliegenden Zusammenhang, dass die emotional-sexuelle Beziehung von Mann und Frau die erste Bildungsstufe des Sich-im-Anderen-Wissens bildet. In der wechselseitigen Erfahrung als geschlechtlich Begehrende erkennen sich Mann und Frau allererst *als* Mann und Frau. Für diese erste natürliche geschlechtskonstituierende und -affirmierende Selbstwahrnehmung im Anderen verwendet Hegel bevorzugt und in bewusster Anspielung auf die biblische Konnotation das Verb Erkennen. Dies Erkennen ist »nur Erkennen der Charaktere« wobei diese »nicht sich selbst wissende, sondern sich nach einer Seite im Anderen wissende« darstellen. »Dies Erkennen ist die Liebe«, und »es ist das Element der Sittlichkeit, noch nicht sie selbst, es ist nur die Ahndung derselben.«[12] Die Form des Erkannt-Seins in der Liebe ist »ohne Gegensatz des Willens«, insofern die Individuen »nur als Charakter, nicht als freie Willen eintreten«,[13] und stellt deshalb ein natürlich-sinnliches Anerkannt-Sein dar. Im vollem Umfang und eigentlicher Bedeutung stellt sich das Anerkennungsproblem erst, wenn zwei freie Willen mit dem Anspruch die Totalität zu repräsentieren einander gegenübertreten.[14]

Damit wird ein Abstand der Liebe gegenüber den gesellschaftlichen Verhältnissen der Sittlichkeit markiert. In den natürlichen Anerkennungsverhältnissen der Familie erfährt das Subjekt sich noch nicht als erkennende und besitzende Totalität. Im Fortgang durchläuft das Individuum eine weitere Dimension des praktischen Welt-

---

1987, S. 190. S. dazu von Verf.: »Durch die List ist der Wille zum Weiblichen geworden«. Bemerkungen zu einer Stelle aus Hegels *Jenaer Systementwürfen*. In: Hélène Barrière u.a. (Hrsg.): *Quelques Vérités à propos du Mensonge? Vol. II, Cahiers D'Études Germaniques* 68 (2015), S. 165–176.

[12] Hegel: *Jenaer Systementwürfe III* (S. Anm. 11), S. 193. Ein Motiv, das auch in der *Phänomenologie des Geistes* auftaucht. Dort liegt die Ahnung des Sittlichen im asexuellen geschlechtlichen Verhältnis von Bruder und Schwester: »Das Weibliche hat daher als Schwester die höchste *Ahnung* des sittlichen Wesens, weil das Gesetz der Familie das *ansich*seiende, *innerliche* Wesen ist, das nicht am Tage des Bewußtseins liegt, sondern innerliches Gefühl und das der Wirklichkeit enthobene Göttliche bleibt.« Hegel: *Phänomenologie des Geistes*. In: *Werke in 20 Bänden*, Bd. 3. Frankfurt a.M. 1970, S. 336f.

[13] Hegel: *Jenaer Systementwürfe III* (s. Anm. 11), S. 200.

[14] Vgl. Ludwig Siep: *Praktische Philosophie im Deutschen Idealismus*. Frankfurt a.M. 1992, S. 174f.

bezugs und der sozialen Interaktion, wobei freilich zu berücksichtigen ist, dass hier Familienganzheit auf Familienganzheit trifft: »Die Familie ist als Ganzes einem anderen in sich geschlossenen Ganzen gegenübergetreten, [...] es sind vollständige, freie Individualitäten füreinander«.[15] »Sie«, so heißt es weiter, »sind zugleich aufeinander bezogen, und gespannt gegeneinander.«[16] In der Folge entfaltet Hegel im kritischen Bezug auf die Naturzustandsszenarien der klassischen Vertragslehren den eigentlichen Kampf um Anerkennung dieser Individualitäten. Was Hegel hier auch als Kritik am vermeintlich präsozialen Naturzustand vorträgt, legt offen, was Feministinnen mit ihrer Lesart der Vertragstheorien schon früh aufgedeckt und in der Folge stets betont haben, dass nämlich die autonomen und unabhängigen Naturzustandssubjekte als Haushaltsvorstände bzw. als Familienoberhäupter betrachtet werden müssen.[17]

Das bedeutet anders gewendet, dass die den Familien inhärierenden Mitglieder – bei Hegel Frau und Kind – den Eintritt in die Dimension des Rechts nicht realisieren. Und nachfolgend auch den Übergang aus der Rechtssphäre in die Erfahrungsdimension der im allgemeinen Willen solidarisch geeinten Bürger in die Substanzialität des Staates nicht mitvollziehen.[18] Kurzum: Anerkennung im eigentlichen Sinne Hegels findet damit erst jenseits der Familie statt. Und mit Blick auf die Frauen bedeutet dies, dass die weiblichen Individuen den Stufenprozess der männlich-bürgerlichen Bildung im Medium von Anerkennungsprozessen nicht durchlaufen.[19]

b) *Grundlinien der Philosophie des Rechts*

Nun kann freilich der Sinn, dass das vorgängige »Erkanntsein« in der Liebe, das noch nicht – wie das Anerkanntsein – mit dem Gegensatz selbständiger Willen vermittelt ist, in einem strukturellen Sinn auch dahingehend verstanden werden, dass es die Voraussetzung für das Bewusstsein der Selbständigkeit und der individuellen Freiheit bildet,

---

[15] Hegel: *Jenaer Systementwürfe III*, S. 196.

[16] Ebd.

[17] Grundlegend hierzu Carol Pateman: *The Sexual Contract*. Cambridge 1988.

[18] Hierzu auch Hegel: *Jenaer Systementwürfe III* (s. Anm. 11), S. 238: zur Charakterisierung von *bourgeois* und *citoyen;* der erstere »sorgt für sich und seine Familie«.

[19] Vgl. hierzu auch Herbert Schnädelbach: *Hegels praktische Philosophie*. Frankfurt a. M. 2000, S. 150 f.

welches sich im Weiteren im Kampf gegen andere Individuen zur Geltung bringt und als ausschließendes Fürsichsein anerkannt werden will.[20]

»Es ist absolut notwendig, dass die Totalität, zu der das Bewußtsein in der Familie gelangt ist, sich in einer andern solchen Totalität, Bewußtsein, sich als sich selbst erkennt. In diesem Erkennen ist jeder für den andern unmittelbar ein absolut einzelner. Jeder setzt sich im Bewußtsein des andern, hebt die Einzelnheit des andern auf, oder jeder (setzt) in seinem Bewußtsein den andern als eine absolute Einzelnheit des Bewußtseins. Dies ist das gegenseitige Anerkennen überhaupt ...«[21]

Dies kann nun mit Blick auf die Systematik der *Grundlinien der Philosophie des Rechts* so interpretiert werden, dass in der bürgerlichen Gesellschaft – insofern diese die Reproduktion dessen darstellt, was das bürgerliche Naturrecht im Konzept des Naturzustandes an den Anfang von Geschichte und der Gesellschaft projiziert[22] – Subjekte aufeinander treffen, die als Mitglieder der Familientotalität zu Individuen herangebildet wurden und die nun ihre Selbständigkeit in ihrer Besonderheit ökonomisch-rechtlich gegeneinander geltend machen.

Aber auch mit dieser strukturellen Lesart geben sich rasch die institutionellen Einschränkungen bei Hegel zu erkennen, insofern es ausschließlich den Söhnen der Familien vorbehalten ist, sich auch zu »Söhnen der bürgerlichen Gesellschaft« heranbilden zu können.

Denn auch in der Rechtsphilosophie ist der Topologie der Anerkennungssphären die Geschlechterasymmetrie eingeschrieben, und zwar in einer Weise, die der naturalisierend-essentialisierenden Polarisierung der Geschlechtscharaktere explizit korrespondiert:

»[D]er Mann hat [...] sein wirkliches substantielles Leben im Staate, der Wissenschaft und dergleichen, und sonst im Kampfe und der Arbeit mit der Außenwelt und mit sich selbst, so daß er nur aus seiner Entzweiung die selbständige Einigkeit mit sich erkämpft, deren ruhige Anschauung und die empfindende Sittlichkeit er in der Familie hat, in welcher die *Frau* ihre substantielle Bestimmung und in dieser Pietät ihre sittlich Gesinnung hat.«[23]

---

[20] Vgl. Siep: *Praktische Philosophie im Deutschen Idealismus* (s. Anm. 14), S. 174 f.

[21] Hegel: *Jenaer Systementwürfe I. Das System der spekulativen Philosophie.* Neu herausgegeben von Klaus Düsing und Heinz Kimmerle. Hamburg 1986, Fragment 22, S. 217.

[22] Vgl. Schnädelbach: *Hegels praktische Philosophie* (s. Anm. 19), S. 154.

[23] Hegel: *Grundlinien der Philosophie des Rechts.* In: *Werke*, Bd. 7. Frankfurt a. M., 1970, § 166. Zu Hegels Geschlechtertheorie s. Eva Bockenheimer: *Hegels Familien- und Geschlechtertheorie.* Hamburg 2013.

Die jenseits der Familie angesiedelten Interaktionsformen, die auf rechtlicher Selbstständigkeit sowie der leistungsvermittelten und ständisch organisierten Teilhabe am Allgemeinen beruhen und das Individuum gleichermaßen als *Bourgeois* und *Citoyen* integrieren, diese Handlungszusammenhänge stehen mithin nur den Vätern als Familienoberhäuptern und den der Familie entwachsenen, im Rahmen der bürgerlichen Gesellschaft sich emanzipierenden Söhnen offen. Dies erschließt sich bereits aus den Familien-Paragraphen selbst, wird aber auch in den Zeilen unmissverständlich deutlich, die den Weg des männlichen Individuums aus den Familienbanden in die bürgerliche Gesellschaft schildern, wo es, den Ansprüchen und Forderungen der Marktgesellschaft unterworfen, zur selbständigen Person emanzipiert wird. Damit ist es zum »*Sohn der bürgerlichen Gesellschaft* geworden«.[24] Dass diese Charakterisierung nicht nur einen metaphorischen Sinn trägt, zeigt die Tatsache, dass im Kontext der bürgerlichen Gesellschaft die Korporation für das Individuum als eine »*zweite* Familie« eintritt.[25]

Honneth schließt mit seiner Rekonstruktion des Sittlichkeitskapitels der Hegelschen Rechtsphilosophie nun *grosso modo* an die anerkennungstheoretischen Grundlagen der Jenenser Frühschriften an. Die Dimension der Sittlichkeit kann im Ganzen als eine gestaffelte Anordnung der verschiedenen Gestalten von Anerkennung betrachtet werden. Die Sphären von Familie, bürgerlicher Gesellschaft und Staat sind durch die gemeinsame Eigenschaft gekennzeichnet, jeweils eine spezifische Form von reziproker Anerkennung zu gewährleisten. Die Rechtsphilosophie Hegels kann als Theorie des objektiven Geistes auch, so Honneth, im Sinne eines »gesellschaftstheoretischen« Versuchs gedeutet werden. Das soll besagen, dass die *Grundlinien* das Vorhaben darstellen an der sozialen Wirklichkeit der bürgerlichen Moderne die maßgeblichen Handlungssphären aufzuweisen, deren Interaktionsmuster als unverzichtbare Bedingungen der Verwirklichung der individuellen Freiheit aller Gesellschaftsmitglieder zu verstehen sind.[26]

---

[24] Hegel: *Grundlinien der Philosophie des Rechts*, §238.

[25] A.a.O., §252. Hegel konkretisiert diese Parallelisierung sogar noch dahingehend, dass er Ehe und Standes- bzw. Berufsverband in Relation setzt vor dem Hintergrund, dass Familie und Korporation die beiden sittlichen Wurzeln des Staates bilden: »Heiligkeit der Ehe und die Ehre in der Korporation sind die zwei Momente, um welche sich die Desorganisation der bürgerlichen Gesellschaft dreht« (a.a.O., §255).

[26] Vgl. Honneth: *Leiden an Unbestimmtheit* (s. Anm. 8), S. 91.

Wenn aber der Gehalt der Theorie der Sittlichkeit darin besteht, dass hier historisch herausgebildete Interaktionsverhältnisse normativ ausgezeichnet werden, die sich in dem Sinne als »Grundgüter« moderner Gesellschaften verstehen lassen, dass alle Subjekte an ihnen partizipieren können sollen, um zur Verwirklichung von Freiheit in der Lage zu sein, dann gilt freilich für das Hegelsche Konzept der Sittlichkeit, dass die Verwirklichungsbedingungen individueller Freiheit in den Erfahrungen von Liebe, rechtlicher Autonomie, leistungsvermittelter Solidarität und bürgerlicher Partizipation für Frauen in einer konstitutiv geschlechtsständischen Weise ausschließlich auf die Erfahrungsmöglichkeiten des familial-privaten Umkreises restringiert bleiben.

Hier nun darauf zu verweisen, dass diese geschlechtertheoretischen Implikationen bei Hegel allein von philosophiehistorischem Interesse sind, wäre freilich kurzsichtig. Denn das von Hegel so trefflich auf den Begriff gebrachte bürgerliche Familienmodell der Rechtsphilosophie behauptet sich *in praxi* ziemlich unangefochten als Kleinfamilie des Industriezeitalters bis zum letzten Viertel des 20. Jahrhunderts. Das Gleiche gilt für den daran gebundenen geschlechtsstratifizierten Grundriss von familialer Privatheit, marktwirtschaftlich organisierter Erwerbssphäre und politischer Öffentlichkeit. Erst die umfassenden gesellschaftlichen Transformationsprozesse der letzten dreißig Jahre haben dieses Familienkonzept heteronormativen Zuschnitts, das auf der Grundlage der polarisierten Geschlechtsidentitäten die geschlechtliche Arbeitsteilung hierarchisch organisiert und im Alleinverdiener-Modell die väterliche Autorität und Hausvorstandschaft garantiert, sukzessive verändert und diversifiziert.

IV.

Nicht zuletzt ist angesichts der Persistenz der bürgerlich-patriarchalen Geschlechterordnung herauszustellen, dass nun Honneth die Anerkennungstheorie nicht in die Bremsspuren eines historischen Konkretismus geraten lassen und daher die Anerkennungssphären in ihrem strukturellen Gehalt von den jeweiligen zeittypischen institutionellen Verwirklichungen unterschieden wissen will. Dementsprechend kritisiert er an Hegels Rechtsphilosophie eine »Überinstitutionalisierung«[27] des Konzepts der Sittlichkeit und hält es aus einer metatheoretischen Perspektive gleichermaßen plausibel wie geboten, die verschiedenartigen Sphären von Anerkennung nicht schon mit ihren jeweiligen historischen Verwirklichungsformen und positivrechtlich verfassten Institutionen zusammenfallen zu lassen.

Die maßgeblichen Interaktionsverhältnisse sind vielmehr in einer grundlegenden formalen Weise so zu entwerfen, dass sie einen Horizont für unterschiedliche Möglichkeiten von sozialer Institutionalisierung bieten. Betrachtet man also vor diesem Hintergrund die Anerkennungssphären rein nach ihrem strukturellen Gehalt, so stellen sie gemäß Honneth normativ fundierte Interaktionsmuster dar, in denen die »intersubjektive Natur des Menschen auf eine jeweils verallgemeinerbare Weise ihren Ausdruck findet«.[28] Diese in der sozialen Wirklichkeit bereits vorhandenen normativen Gehalte sind: Liebe als die leitende Idee von Intimbeziehung, der Gleichheitsgrundsatz als die Norm von Rechtsbeziehungen und schließlich Leistung als der Maßstab der Sozialhierarchie bzw. der gesellschaftlichen Wertschätzung. Damit sind zugleich drei distinkte institutionelle Sphären bezeichnet, in denen sich die moderne Idee von Gerechtigkeit und Gleichbehandlung faktisch auf verschiedene Weise ausdifferenziert: Liebe entfaltet sich in der Familie, Staat und Gesetz sichern Rechte zu, die bürgerliche Gesellschaft und die Arbeitswelt bilden die Sphäre der Wertschätzung aus. Dementsprechend sieht das Individuum sich jeweils in der Partikularität seiner Bedürfnisse und Persönlichkeit anerkannt sowie in der Allgemeinheit seiner Menschheit und schließlich in dem, was es tut. Liebe, Recht und Solidarität bilden die Möglichkeitsbedingungen innerer und äußerer Freiheit und tragen dem Umstand Rechnung, dass Subjekte gleichermaßen als selbstbestimmte und singuläre Wesen in den sozialen Wertsphären der modernen Gesellschaft Anerkennung finden sollen. Und das bedeutet, dass sie »ihre Lebensziele ohne ungerechtfertigte Benachteiligungen in größtmöglicher Freiheit verwirklichen können sollen im Rahmen von Sozialverhältnissen, in die sie als vollwertige Mitglieder einbezogen sind«.[29] Diesen Formen wechselseitiger Anerkennung, die gesellschaftlich verwirklicht sind, eignet nun infolge der zugrundeliegenden Prinzipien der Charakter »öffentlich gerechtfertigter Standards,

---

27 A. a. O., S. 102 ff.

28 Fraser/Honneth: *Anerkennung oder Umverteilung?* (s. Anm. 9), S. 171.

29 A. a. O., S. 296.

an deren jeweils faktischer Umsetzung sich rationale Einwände und Zweifel festmachen können«.[30]

Honneth betont in diesem Zusammenhang regelmäßig zwei Aspekte: Da die konkreten Ausgestaltungen der Anerkennungssphäre immer nur jeweilige historische Realisierungen darstellen, sind sie von daher als kontingente immer auch kritisierbar und grundsätzlich transformierbar. Ferner: Die Kritik, die dabei in Anschlag gebracht wird, bezieht keinen externen, abstrakten Standpunkt. Vielmehr wird vorausgesetzt, und das gilt sowohl für den kritischen Gesellschaftstheoretiker wie für die Forderungen erhebenden Gesellschaftsmitglieder, dass die normativen Prinzipien, auf die sich jede theoretisch wie praktisch motivierte Kritik stützt, bereits einen Kernbestand des Sozialen bildet. Das, was in den jeweiligen Gesellschaftssphären in der Form von Handlungsregeln, Verhaltensroutinen und Erwartungshorizonten eingespielt ist, stützt sich auf einen allgemeinen zugrundeliegenden normativen Gehalt, der gleichwohl – und dies ist der entscheidende Punkt – mit seinen faktischen Realisaten nicht schon als ausgeschöpft gelten kann. Dieser Überschuss, der über das jeweils gesellschaftlich Verwirklichte hinausreicht, von Honneth im Rückgriff auf Parsons als »Geltungsüberhang« bezeichnet, kommt dort zum Austrag, wo Betroffene im Rekurs auf den normativen Grundgehalt Ansprüche geltend machen, die auf eine Erweiterung des Umfangs und/oder eine Binnendifferenzierung des normativen Prinzips zielen.[31] Die leitenden Prinzipien dienen somit als Bezugspunkte neuer, bislang nicht in Anschlag gebrachter Ausdeutungen, die wiederum den gesellschaftlichen Auseinandersetzungen und den sozialen Kämpfen ihre Richtung verleihen. Diese Fortbestimmungen der normativen Gehalte entzünden sich an von den Betroffenen unmittelbar erlebten Anerkennungsdefiziten: an strukturellen Zurücksetzungen und Missachtungen, Unangemessenheiten und Asymmetrien, an Formen von mangelnder gesellschaftlicher Sichtbarkeit und Wertschätzung.

[30] A. a. O., S. 171.

[31] Exemplarisch a. a. O., S. 296.

V.

Auf der Basis dieser Erläuterungen zur Struktur der Anerkennungssphären und der ihnen aus der Differenz von Faktizität und Geltung innewohnenden normativen Entwicklungs- und Ausdifferenzierungspotenziale lässt sich nun mit der Frauenbewegung gewissermaßen die Probe aufs Exempel machen. Dies in zweierlei Hinsicht. Zunächst ist zu prüfen, inwieweit Honneths Konzeption der Anerkennungssphären auch in Hinblick auf die Geschlechterdifferenz tatsächlich eine zureichende Konzeptualisierung der für moderne Gesellschaften maßgeblichen Interaktionssphären liefert. Im Weiteren stellt sich die Frage, inwiefern eine Logik der kontinuierlichen Ausdifferenzierung und Anreicherung der moralischen Ausdeutung dieser Sphären tatsächlich die von den feministischen Anerkennungskämpfen vorangetriebenen Veränderungen abzubilden vermag. Die Frage ist, ob schließlich die Anerkennungssphären eine solche Plastizität aufweisen, dass sie Aufbegehren und Empörungen, kritische Interventionen und Kämpfe allein durch eine Allgemeinheits- und Komplexitätssteigerung elastisch bewältigen können.

Die Kämpfe der zweiten Frauenbewegung können also als ein prominentes Beispiel für das Konzept des »Kampfes um Anerkennung« fungieren; sie haben sich auf konkrete Weise an der institutionellen Wirklichkeit einer historischen Epoche entzündet. Die Frauenbewegung repräsentiert mithin einen Kampf, der darauf abzielt, eine spezifische historische »irreleitende Konkretisierung«, nämlich ein herrschaftsförmiges Geschlechterverhältnis im Rekurs auf den allgemeinen normativen Gehalt der Anerkennungssphären, abzubauen und mit dem beharrlichen Ringen um neue und alternative Institutionalisierungsformen zugleich eine normativ fundierte gesellschaftliche Weiterentwicklung zu forcieren.

Beck und Beck-Gernsheim kennzeichnen die Frauenbewegung und ihre gesellschaftlichen Folgen als die »kleine nachfranzösische Revolution«.[32] Beseitigt die große bürgerliche von 1789 den Herrn im Staat, so schafft die kleinere die Hausherrschaft, den Herrn im Haus ab. Führt man sich den oben erläuterten Aufriss der bürgerlichen Sphären der Sittlichkeit bzw. der Dimensionen der Anerkennung noch einmal vor Augen, dann ist unmittelbar einsichtig, dass

---

[32] Ulrich Beck/Elisabeth Beck-Gernsheim: *Das ganz normale Chaos der Liebe.* Frankfurt a.M. 1990, S. 7.

die Liquidierung der Hausherrschaft Konsequenzen nicht nur für die innerfamiliale Organisationsstruktur zeitigt. Indem sie den inhärierenden Status von Frauen endgültig aufhebt, bewirkt sie zwangsläufig Veränderungen in allen von der bürgerlichen Geschlechterasymmetrie wesenhaft geprägten gesellschaftlichen Bereichen. Somit handelt es sich denn auch mit der Frauenbewegung recht besehen nicht um eine kleine Revolution, sondern um eine gesellschaftliche Umwälzung großen Stils, insofern der Feminismus mit seinen emanzipatorischen Ansprüchen alle drei sozialen Sphären durchmisst. Die Forderungen der Frauen zielen letztlich darauf, die im Rahmen der drei Anerkennungssphären institutionalisierte Geschlechterasymmetrie auf Gleichheit und Reziprozität umzustellen.

Zu sehen wäre nun, wie diese feministischen Forderungen und Ansprüche auf Gleichbehandlung und Wechselseitigkeit jeweils in die institutionalisierten Sphären von Familie, Recht und Solidarität intervenieren und inwiefern die dadurch initiierten gesellschaftlichen Entwicklungsdynamiken den von Honneth jeweils benannten Ausdifferenzierungslogiken der Anerkennungssphären entsprechen. Aus systematischen Gründen wird hier die Betrachtung der Rechtssphäre vorangestellt und damit von der sonst üblichen Reihung der Sphären abgewichen.

a) Recht

Der Kampf der Frauen um Anerkennung auf dem Feld des Rechts zielte auf die gesetzlich garantierte Gleichstellung als eine Sicherung der Privatautonomie und auf Gleichbehandlung im Sinne von Chancengleichheit. Zu nennen sind hier zum einen die politischen Auseinandersetzungen um die konkrete Rechtsstellung von Frauen, zum anderen die späteren umfänglicheren Bemühungen um eine Sensibilisierung der Gesetzgebung für geschlechtsbedingte Diskriminierungslagen. Der Übersichtlichkeit halber blicken wir nur auf die konkreten Rechtsentwicklungen in Deutschland.

Als ein wesentlicher Erfolg der Frauenbewegung und als entscheidende Etappe auf dem Weg zur Gleichstellung ist die *Große Familienrechtsreform* der 70er Jahre anzusehen, die mit der Novellierung des Ehegesetzes ihren vorläufigen Abschluss fand. Die oben im philosophiehistorischen Rückblick auf Hegels bürgerliches Geschlechter- und Familienkonzept aufgezeigte Verklammerung der

Sphären von Liebe, Recht und Wertschätzung reflektierte sich anschaulich in der bis *dato* angestammt unverblümt patriarchalen Gesetzeslage, die mit dem Zwang zur Hausfrauenehe die Restriktion von Frauen auf die Privatsphäre zementierte. Indem das Gesetz u. a. ein Arbeitsverbot für verheiratete Frauen vorsah, ihnen mithin ein eigenes Einkommen und damit die Grundlage bürgerlicher Selbständigkeit verweigerte, erwies sich die privatrechtliche Autonomie von (Ehe)-Frauen insgesamt empfindlich eingeschränkt.

Einen weiteren wichtigen Fortschritt 20 Jahre später stellt der Amsterdamer Vertrag dar, der die Förderung der Gleichstellung von Frauen und Männern zu einer bindenden Aufgabe der EU erklärt. Er verpflichtet die Mitgliedstaaten, Ungleichheiten zu beseitigen und die Gleichstellung von Frauen und Männern in allen sozialen Handlungsfeldern aktiv zu fördern. In der Folge wird das Allgemeine Gleichstellungsgesetz verabschiedet und in allen öffentlichen Einrichtungen Gender-Mainstreaming praktiziert. Dies bedeutet kurz gefasst, dass bei allen administrativen Entscheidungen immer zu berücksichtigen ist – wenngleich nicht festgeschrieben werden soll –, dass Frauen und Männer sich nach wie vor in geschlechtsbedingt unterschiedlichen Lebenslagen befinden. Schließlich gestalten sich mittlerweile auch die Diskussionen um das Instrument der Quotierung als »Positive Maßnahme«, also um die Direktive, strukturelle Ungleichheiten aktiv ausgleichen zu müssen, unaufgeregter, insofern eine befristete Ungleichbehandlung als legitim ausgewiesen werden kann, sofern sie der Behebung von Benachteiligung dient.[33]

Dieser nur kurze und kursorische Blick scheint zu bestätigen, dass mittels langjähriger politischer Bemühungen auf nationaler wie internationaler Ebene aus dem Potenzial des Rechts in der Weise geschöpft werden konnte, dass hinsichtlich der institutionell-rechtlichen Regelungen, die das Geschlechterverhältnis unmittelbar und mittelbar betreffen, im Ergebnis eine Steigerung sowohl hinsichtlich seiner Allgemeinheit als auch seiner Kontextsensibilität festgestellt werden kann. Einen Zugewinn an Allgemeinheit stellt unbestrittenermaßen die Gewährleistung uneingeschränkter Privatautonomie und Geschäftsfähigkeit aller erwachsenen Individuen und damit die

---

33 Vgl. Susanne Baer: »Chancen und Risiken Positiver Maßnahmen: Grundprobleme des Antidiskriminierungsrechts«. In: *Positive Maßnahmen. Von Antidiskriminierung zu Diversity*. Band 24 der Reihe Demokratie. Hrsg. von der Heinrich-Böll-Stiftung. Berlin 2011, S. 23–40.

Realisierung einer formalen rechtlich-ökonomischen Gleichstellung dar. Eine vermehrte Kontextsensibilität in der Ausgestaltung des Rechts zeigt sich wiederum vor allem in dem Bewusstsein, dass formale Rechtsregelungen in einer weiterhin geschlechtsstratifizierten Gesellschaft ungleiche oder Ungleichheit befördernde lebensweltliche Resultate nach sich ziehen können. Denn bekanntlich bleiben unter dem Deckmantel formaler Gleichheit gerne die inkongruenten Ausgangspositionen und die unthematisierten, oft auch unbewussten Rahmenkonstellationen unrevidiert, die allererst die Ungleichheitslagen hervorbringen oder Privilegierungen verstetigen.

Kurzum: Die von der Frauenbewegung angestoßenen rechtlichen Reformen des Familienrechts und die geschlechtssensible Verrechtlichung der öffentlichen Sphäre lassen sich ohne Zweifel als ein normativer Fortschritt innerhalb der Sphäre des Rechts entsprechend der konzeptionellen Vorgaben Honneths werten. Zum einen handelt es sich um eine Ausweitung bislang gruppenspezifisch vorenthaltener individueller Rechte, die einen Abbau von patriarchal-autoritären Rechtsresiduen nach sich zieht und damit überkommene Autoritätsverhältnisse und persönliche Abhängigkeiten überwindet. Kann hier die normative Idee der individuellen Autonomie als im Grundsatz leitend angesehen werden, so ist es zum anderen hinsichtlich der gesteigerten Kontextsensibilität der fundamentale Gleichheitsgrundsatz der Rechtsordnung, der im Medium der staatlich-proaktiven Gewährleistung von Chancengleichheit die konkrete Realisierung von Geschlechtergleichheit bestimmt.

b) Familie

Sieht man nun allerdings auf die Anerkennungssphären diesseits und jenseits des Rechts, so stellt es sich in den Dimensionen familialer Liebe und leistungsbasierter gesellschaftlicher Wertschätzung durchaus weniger übersichtlich, um nicht zu sagen kompliziert und verwickelt dar.[34] Zunächst zum Familienverständnis, wie es für Honneth leitend ist, und das sich, wie schon erwähnt, am klassisch bürgerlichen Familienkonzept orientiert. Im Zuge der historischen Herausbildung des Marktes als einer anonymen Gesetzmäßigkeit über iso-

---

[34] Zum Folgenden vgl. auch Young: »Anerkennung von Liebesmühe« (s. Anm. 6), S. 425–433.

lierte Individuen entsteht mit der bürgerlichen Familie ein Bereich von Intimität, der die Ausbildung und Pflege von Individualität, Singularität und Authentizität gewährleistet. Die im Kontext der Familie verwirklichte Anerkennungsform ist die Liebe. In der Liebe werden die physischen und affektiven Bedürfnisse einer Person im Rahmen einer intimen Beziehung bestätigt und erwidert. Die Liebe ermöglicht es, den Anderen in seiner Einzigartigkeit wahrzunehmen und anzuerkennen und in der liebenden Wechselseitigkeit sich selbst gleichermaßen in emphatischer Weise affirmiert zu wissen. Liebende Anerkennung äußert sich in den Formen von Empathie, Zuwendung und Fürsorge. Dabei zielen die Verhaltensformen der wechselseitigen Zuneigung und Beihilfe auf die Förderung und Unterstützung der Partikularität des jeweils Anderen in seinen natürlich-körperlichen Bedürfnissen sowie seiner unvertretbaren Persönlichkeit. So weit das bürgerliche Konzept der Liebe, das für Hegel die Substanz der bürgerlichen Ehe und Familie bildet.

Da im vorliegenden Kontext das Mann-Frau-Verhältnis im Fokus steht, soll die elterliche Form der Liebe, die als fundamentale Form der Anerkennung für jedes Individuum die Grundlegung einer gelungenen Selbstbeziehung darstellt, hier nur erwähnt sein.[35] Diese generationale Liebe ist konstitutiv asymmetrisch, wohingegen die geschlechtliche Liebe »als ein Verhältnis der wechselseitigen Anerkennung, in dem zunächst die natürliche Individualität der Subjekte Bestätigung findet«,[36] durch ihre Reziprozität charakterisiert ist.

Nun mag freilich das Liebesgefühl ein wechselseitiges sein ebenso wie die Empfindungsgestalt des liebenden Bei-sich-seins-im-Anderen, die Anerkennungsstruktur im bürgerlich-familialen Geschlechterverhältnis ist hingegen eine asymmetrische. Die moderne bürgerliche Geschlechterordnung fußt wesenhaft auf einer Polarität der Geschlechtscharaktere und einer hierarchischen Komplementarität der Geschlechtsidentitäten.[37] Es sind die Theoretikerinnen der Frauenbewegung, die genuin feministischen Philosophinnen, die die strukturelle Asymmetrie im Anerkennungsverhältnis der Geschlech-

---

[35] Hierzu vgl. Honneth: *Kampf um Anerkennung* (s. Anm. 7), S. 169ff.

[36] A.a.O., S. 64.

[37] Nachdem die Literatur hierzu mittlerweile Legion ist, sei nur der grundlegende Aufsatz von Karin Hausen genannt. Hausen: »Die Polarisierung der ›Geschlechtscharaktere‹. Eine Spiegelung der Dissoziation von Erwerbs- und Familienleben«. In: Werner Conze (Hrsg.): *Sozialgeschichte der Familie in der Neuzeit Europas. Neue Forschungen*. Stuttgart 1976, S. 363–393.

ter zum zentralen Thema gemacht haben. Simone de Beauvoir und Luce Irigaray haben auf verschiedene Weise die supplementäre Position der Frauen entsprechend des auf Virginia Woolf zurückgehenden Dictums der »schmeichelnden Spiegel«,[38] die selbst der Spiegelung ihrer eigenen autonomen Existenz entbehren, ausführlich beschrieben und analysiert. Die reziproke Affirmation der Einzigartigkeit und Unvertretbarkeit im Verhältnis von Mann und Frau reduziert sich, so Irigaray, auf die Reflexion des männlichen Selbst durch »die Andere«, die ihrerseits Anerkennung allein in dieser ihrer Spiegelfunktion erfährt.

Bei Beauvoir ist diese Analyse noch um den Aspekt erweitert, der in gewisser Weise den Hegelschen Gedanken der nur »ahnungsweisen« Anerkennung in der Liebe geschlechtsspezifisch zuspitzt: Da der Frau die Individualisierungsmöglichkeiten innerhalb der exklusiv männlichen Bewährungsfelder vorenthalten sind, sie mithin den Eintritt in die bürgerliche Gesellschaft nicht vollzieht, ist es zwischen den Geschlechtern bislang noch gar nicht zu einem Anerkennungsverhältnis gekommen. Das Anerkennungsverhältnis, in welchem sich die Subjekte in ihrer Besonderheit gegeneinander gelten machen, trägt immer auch einen agonalen Charakter. Im liebenden Verhältnis hingegen setzt die Frau dem Mann gerade nicht »den rigorosen Anspruch einer wechselseitigen Anerkennung entgegen«,[39] die den bürgerlichen Konkurrenzkampf unvermeidlich prägt und bietet ihm somit »Ruhe in der Unruhe«.[40]

Was bei Beauvoir in die Kategorien von männlicher Transzendenz und weiblicher Immanenz gegossen wird, reflektiert in existenzialistischer Terminologie nicht zuletzt auch die bürgerlichen sozioökonomischen Funktionen von *breadwinner* und *housewife*, von Familienernährer und sogenannter Hausfrau. Diese Bestimmungen bleiben der innerfamilialen Anerkennungsbeziehung zwischen den Geschlechtern nicht äußerlich, da die polar-komplementären Ge-

---

[38] Virginia Woolf: *Ein Zimmer für sich allein*. Frankfurt a.M. 1981, S. 43. Vgl. dazu auch Pierre Bourdieu: »Die männliche Herrschaft«. In; Irene Dölling/Beate Krais (Hrsg.): *Ein alltägliches Spiel. Geschlechterkonstruktion in der sozialen Praxis*. Frankfurt a.M. 1997, S. 153–217, hier: 203. Simone de Beauvoir: *Das andere Geschlecht. Sitte und Sexus der Frau*. Reinbek 2000. Luve Irigaray: *Speculum. Spiegel des anderen Geschlechts*, Frankfurt a.M. 1987 und dies.: *Ethik der sexuellen Differenz*. Frankfurt a.M. 1991.

[39] De Beauvoir: *Das andere Geschlecht* (s. Anm. 38), S. 192.

[40] A.a.O., S. 191.

schlechtsidentitäten sich allererst entlang dieser Funktionen Gestalt geben; Mann und Frau sich also nicht weltlos als sexuell und emotional bedürftige Individuen begegnen, sondern mit den jeweiligen Erwartungshorizonten und Verhaltensmustern geschlechtsrollengeprägter Subjekte. Damit nun ist unmittelbar eine über die reine formale Asymmetrie der wechselseitigen Anerkennung hinausgehende Ungleichheit in der gegenseitig garantierten Zuwendung und Fürsorge verbunden, der im klassischen Eheverständnis so genannten »Beihilfe«. Ohne Zweifel ist im bürgerlichen Geschlechterarrangement eine Reziprozität der Fürsorge sichergestellt, insofern traditionellerweise mangelnde Subsistenz weiblicherseits und emotionale Versagungen männlicherseits wechselseitig aufgewogen werden. Dieser emotional kompensatorische Charakter des weiblich dominierten Binnenklimas der »sentimentalen« Familie als der inneren Enklave einer von Verwertungszwängen durchherrschten Marktgesellschaft bildet nicht nur einen wesentlichen Bestandteil aller tendenziell idealisierenden Konzeptualisierungen des Selbstverständnisses der bürgerlichen Familie,[41] sondern auch ihrer Realität. Nun wird freilich in diesem Tausch von »Fürsorge« fundamental Ungleiches getauscht: ökonomische Sicherheit gegen umfassende emotionale Zuwendung und Unterstützung, ein Missverhältnis, das mit der Apostrophierung der Liebe als einer wechselseitigen Anerkennung der Individuen in ihrer »Bedürfnisnatur« camoufliert wird. Denn freilich ist die Wechselseitigkeit bei diesem Äquivalenztausch eine rein formale, was aber dem intuitiven Sinngehalt einer liebenden Reziprozität in der wechselseitigen Erfüllung partikularer Bedürfnisstrukturen zutiefst widerspricht.

Wozu nun dienen diese Erinnerungen? Drei Aspekte sollten deutlich geworden sein: Mit dem Rekurs auf das klassische bürgerliche Familienmodell für die Explikation der Anerkennungsdimension der Liebe, dessen zeitbedingte patriarchale »Überinstitutionalisierung« gleichsam abgestreift werden kann, verkennt Honneth die Reichweite der feministischen Einreden. Diese haben nicht nur bislang unvollständig realisierte Anerkennungsformen zwischen den Geschlechtern angemahnt, sondern den vollständigen Mangel an reziproker Anerkennung, der in dieses Modell eingelassen ist, heraus-

[41] Exemplarisch: Max Horkheimer u.a.: *Studien über Autorität und Familie. Forschungsberichte aus dem Institut für Sozialforschung* (Erste Abteilung, Theoretische Entwürfe über Autorität und Familie, Allgemeiner Teil). Lüneburg ²1987, S. 3–77.

präpariert. Es ist von daher mehr als fraglich, ob mit Bezug auf das Geschlechterverhältnis tatsächlich von Anerkennung als seinem internen normativen Prinzip gesprochen, also überhaupt von einem Kernbestand gesellschaftlich verwirklichter Sittlichkeit ausgegangen werden kann. Auf jeden Fall greift vor diesem Hintergrund die Skizzierung der Entwicklungslogik für den Bereich des Familial-Privaten zu kurz, wenn Honneth schreibt, dass innerhalb von Intimbeziehungen interne Anerkennungskonflikte »typischerweise die Gestalt« annehmen, »dass unter Berufung auf die wechselseitig eingestandene Liebe neu entwickelte oder bislang unberücksichtigte gebliebene Bedürfnisse vorgebracht werden, um eine veränderte oder erweiterte Art von Zuwendung einzuklagen«.[42] Der Fortschritt in der Liebe zwischen den Geschlechtern kann mithin nicht allein in der Erweiterung des Umfangs oder der Binnendifferenzierung von anerkannten »Bedürfnissen« liegen. Es muss vielmehr darum gehen, allererst eine reziprok-symmetrische Struktur der Anerkennung in heterosexuellen Intimbeziehungen zu etablieren; eine einseitige Spiegelung ist kein Anerkennungsverhältnis. Eine Verkennung der Tragweite der Problematik zeigt sich bei Honneth schließlich auch darin, dass die Bewältigung der Asymmetrie innerhalb der Intimbeziehung in einer individualisierenden Weise allein den Betroffenen im Medium »interner Konflikte« überantwortet wird – was freilich eine empiriegesättigte Beobachtung reflektieren mag –, indes an der grundsätzlichen, gesellschaftspolitischen Dimension der Problematik vorbeizielt.[43]

Damit ist auch der letzte Punkt benannt. Honneths Behandlung von Liebe und Familie folgt weitestgehend der bürgerlich-liberalen Perspektive, nach der das Private nichts als privat ist und blendet folglich sozio-ökonomische und politische Aspekte weitestgehend aus.[44] Zumeist werden Liebe, Zuneigung und Fürsorge als dekontextualisierte Interaktionsmuster und Gefühlsqualitäten an sich betrachtet. Ein Bewusstsein davon, dass die familial-geschlechtliche Anerkennungsstruktur wesentlich über die interne Positionierung bis in die

[42] Fraser/Honneth: *Umverteilung oder Anerkennung?* (s. Anm. 9), S. 170.

[43] Nagl-Docekal sieht vor allem die Gesetzgebung gefordert, auf gesellschaftspolitischer Ebene Bedingungen der Möglichkeit für das Entstehen reziproker Beziehungen in den geschlechtlichen Primärbeziehungen herzustellen. Dies.: »Liebe, die Gerechtigkeit fordert. Eine universalistische Konzeption.« In: Mechthild Jansen, Ingeborg Nordmann (Hrsg.): *Gerechtigkeit von Philosophinnen gesehen.* Polis 53. Frankfurt a.M. 2011, S. 31–47.

[44] So auch Young: »Anerkennung von Liebesmühe« (s. Anm. 6), S. 426.

Subjektivierungsweisen der Mitglieder und Partner hinein mit der dritten Anerkennungssphäre der sozio-ökonomischen Wertschätzung verknüpft ist, zeigt sich freilich unvermutet dort, wo Honneth unter dem Rubrum »Verwilderungen« »gesellschaftliche [...] Tendenzen« thematisiert, die im letzten Drittel des 20. Jahrhunderts zu einer »schleichenden Untergrabung maßgeblicher Anerkennungsnormen« geführt haben.[45] Darunter fallen für die Familiensphäre der väterliche Autoritätsschwund und die daran gekoppelten Machtverschiebungen, näherhin der Verlust des für den Familienernährer einst bestehenden »feinmaschige[n] Ausgleichsystem sozialer Anerkennung, das noch vor fünfzig Jahren durch Benachteiligung der Frauen gegeben war«. Wenn dies im Weiteren noch dahingehend konkretisiert wird, dass »Männer [...] die Chance verloren [haben], innerhalb ihrer Familien das Übermaß an subjektiver Anerkennung zu erwerben, durch das sie bislang ihre Missachtungserfahrungen in der Wirtschaftssphäre zu kompensieren vermochten«, dann ist diese Diagnose freilich nicht ganz nachvollziehbar. Dieser unbestreitbare Befund ließe sich nämlich auch in ganz anderer Weise und nicht primär als Verlusterfahrung deuten. Dahingehend etwa, dass die »überfällige Emanzipation der Frauen«[46] beiden Geschlechtern tendenziell die Chance verschafft hat, sich wechselseitig in einer angemessenen Weise die Art von kompensatorischer Anerkennung in einer gleichberechtigten Liebe zu gewähren, deren beide als gleichermaßen in den Kämpfen der öffentlichen Bewährungsfelder verletzbare Individuen bedürfen.

c) *Wertgemeinschaft*

Nun haben in der familiären Liebe immer schon zwei verschiedene Tätigkeitsformen gesteckt: *praxis* und *labor*, selbstzweckliche Interaktion und Kommunikation einerseits und Arbeit, Mühsal, Sorge andererseits. Beide Momente der »Liebesmühe« sind zumeist eng miteinander verwoben, auch wenn der idealisierende bürgerliche Geschlechter- und Familiendiskurs die arbeitsförmigen Aspekte von körperlicher Anstrengung und psychischer Belastung unter der Be-

---

[45] Honneth: »Verwilderungen. Kampf um Anerkennung im frühen 21. Jahrhundert.« In: *Aus Politik und Zeitgeschichte* 1–2 (2011), S. 37–45, hier und Folgendes: 37.
[46] Ebd.

dingung zeitlich entgrenzter Anforderung beharrlich ignoriert und abgeblendet hat. Der Satz »Sie nennen es Liebe. Wir nennen es unbezahlte Arbeit«[47] steht programmatisch für die umfassenden internationalen Debatten sowie Kampagnen der Zweiten Frauenbewegung, die sich unter dem Motto »Lohn für Hausarbeit« zusammenfassen lassen.[48] Die bürgerlich-ideologische Ausgangslage stellt sich folgendermaßen dar: Weil sie in den familial-affektiven Kontext eingebettet ist, wird die Arbeitsmühe vom Gefühl der Liebe gleichsam absorbiert und darüberhinaus stellt die »aus« Liebe verrichtete Arbeit nichts anderes als den Ausfluss der weiblichen Bestimmung dar, ihren durch Erziehung und eine bürgerliche Familienideologie geformten Sozialcharakter. Mit dieser doppelten Geste wird die weibliche Familienarbeit gleichzeitig idealisiert und naturalisiert und darüber hinaus als Arbeit unsichtbar gemacht. Spätestens an dieser Stelle wird deutlich, dass die Sphären von Liebe und gesellschaftlicher Wertschätzung im Problem der geschlechtsspezifischen Arbeitsteilung zuinnerst verkoppelt sind.[49] So findet man auch in Honneths Ausführungen zur Sphäre der gesellschaftlichen Wertschätzung die größte Aufmerksamkeit für zentrale geschlechtertheoretische Problemstellungen. In dieser sozialen Dimension buchstabiert sich das normative Prinzip der Anerkennung grundsätzlich so aus, dass »die tätigen Beiträge aller Gesellschaftsmitglieder gemäß ihrer Leistung angemessen wertzuschätzen«[50] sind. Nun räumt Honneth unter besonderer Bezugnahme auf die Frauen ein, dass das Leistungsprinzip der bürgerlich-kapitalistischen Gesellschaft von vorneherein ideologischen Verzerrungen unterliegt. Nicht nur die voraussetzungsreichen Parameter der Leistungsbewertung als solche, sondern auch die gesellschaftliche Wahrnehmung dessen, was überhaupt als Leistung gelten kann, wer-

---

[47] Silvia Federici: »Wages Against Housework«. In: *Revolution at Point Zero. Housework, Reproduction and Feminist Struggle.* Common Notions 2012, S. 14. Vgl auch: Dies.: *Aufstand aus der Küche. Reproduktionsarbeit im globalen Kapitalismus und die unvollendete feministische Revolution.* Münster 2012.

[48] Zur »Lohn für Hausarbeit«-Debatte als Vorläufer der Care-Debatte vgl. Ute Gerhard: »Care als sozialpolitische Herausforderung moderner Gesellschaften – Das Konzept fürsorglicher Praxis in der europäischen Geschlechterforschung.« In: Brigitte Aulenbacher/Birgit Riegraf/Hildegard Theobald (Hrsg.): *Sorge: Arbeit, Verhältnisse, Regime.* Baden-Baden 2014, S. 69–89.

[49] Zum Unterscheid von Familienarbeit und Erwerbsarbeit vgl auch: Beate Rößler: »Arbeit, Anerkennung, Emanzipation«. In: *Deutsche Zeitschrift für Philosophie* 53 (2005), S. 389–413.

[50] Fraser/Honneth: *Umverteilung oder Anerkennung?* (s. Anm. 9), S. 175.

den »durch Definitionsmuster und Bewertungsschemata festgelegt, die tief in der Kultur der bürgerlich-kapitalistischen Gesellschaft verankert sind«.[51]

Die feministische Forderung nach »Lohn für Hausarbeit« opponierte nun gegen diese Schemata, indem erstmalig Sichtbarkeit und Anerkennung für die im Privaten verrichtete Arbeit und in Folge davon der konstitutive Zusammenhang von »Zahlung und Achtung«[52] auch für die Hausarbeit reklamiert wurde; ein Prinzip, das im Bereich der Produktionsarbeit in einer zwar nur ideologisch verzerrten Weise zur Anwendung kam, für die unentgeltlich verrichtete häusliche Reproduktionsarbeit indes gar nicht in Anschlag gebracht wurde.

Gleichwohl greifen Honneths Analysen und die daran geknüpften Problembewältigungsstrategien zu kurz, was der Weigerung geschuldet sein mag, die »Frauenfrage« als das grundlegende, die Sphären von Liebe und Wertschätzung durchkreuzende und die Gesellschaft zentral herausfordernde Problem anzuerkennen und zu bearbeiten. Die theoretisch aufrechterhaltene Trennung der Anerkennungssphären führt gelegentlich zu einem halbherzigen Rückverweis der Problematik der geschlechtlichen Arbeitsteilung an die private Sphäre, wo sich die Hoffnung auf die Bewältigung der »zentrale[n] Herausforderung der Ungleichverteilung von Hausarbeit« an eine gerechtere Verteilung der Lasten zwischen den Partnern knüpft.[53] Ein Vorschlag, der sogleich die Erinnerung an die oben angeführten »internen Konflikte« im Privaten heraufbeschwört. Was aber mithin gesellschaftlich zur Bewältigung ansteht, ist nicht das sogenannte »bisschen Hausarbeit«, sondern eine sozio-ökonomische Umstrukturierung epochalen Ausmaßes. Die sporadische Sensibilität für die Frauenkämpfe kuriert denn auch eine tiefergehende theoretische Geschlechtsblindheit nicht, die sich dort meldet, wo sich Honneth für die Überwindung des deprivilegierten Status' von Frauen nur zwei Lösungen anzubieten scheinen: dass die Frauen sich entweder in den Arbeitsmarkt integrieren oder aber die gesellschaftliche Anerken-

---

[51] A.a.O., S. 183.

[52] A.a.O., S. 167 mit Bezug auf Richard Münch: »Zahlung und Achtung. Die Interpenetration von Ökonomie und Moral.« In: *Zeitschrift für Soziologie* 23 (1994), S. 388–411.

[53] Honneth: »Zwischen Gerechtigkeit und affektiver Bindung«. In: *Deutsche Zeitschrift für Philosophie* 43 (1995), S. 989–1004, hier: 1003.

nung der weiblichen Hausarbeit erkämpfen.[54] Nun lässt freilich die erste Variante das Problem der Reproduktionsarbeit ungelöst und die zweite fixiert die geschlechtliche Arbeitsteilung. D.h. dieser Vorschlag bietet gerade keine Lösung für die mangelnde gesellschaftliche Anerkennung der Reproduktionsarbeit, die zwar faktisch Frauen betrifft, aber deshalb noch keine von Frauen als Gruppe allein zu bewältigende gesellschaftliche Herausforderung darstellt. Dass »unter dem Druck der Frauenbewegung [...] die ungleiche Verteilung von Hausarbeit und Kindererziehung auch von männlicher Seite aus zunehmend als moralische Herausforderung wahrgenommen wird«,[55] stellt dahingehend eine nur ansatzweise und auch eher im Mentalen verbleibende Umverteilung der Lasten dar.

Die Frauen haben jenseits des Entweder-Oders von Erwerbsarbeit oder bezahlter Hausarbeit das Modell der Doppelbelastung geschultert. Es ist ihnen zwar gelungen, mit Bezug auf den Arbeitsbegriffs die »männlich-industrialistische Auslegung massenwirksam in Frage zu stellen«, wobei jedoch »diese Proteste und Einsprüche nicht unmittelbar zu institutionellem Erfolg« führten.[56] Nun stellt trotz des Kampfes um die Anerkennung der Hausarbeit die Erwerbsarbeit ohne Zweifel das prominente Feld der weiblichen Emanzipation dar. Erwerbsarbeit bedeutet Durchbrechung der häuslichen Vereinzelung, Teilnahme am gesellschaftlichen Produktionsprozess und Leistungstausch, sie bedingt Erfahrungen von Solidarität, Gleichachtung und Wertschätzung und nicht zuletzt die Befreiung von persönlicher Abhängigkeit durch die Möglichkeit der individuellen Existenzsicherung. Dementsprechend betont auch Honneth mit Rückgriff auf Durkheim die moderne Arbeitswelt als einen Faktor sozialer Integration und als Voraussetzung und hauptsächliche Quelle der sozialen Solidarität. Im Medium der öffentlich vermittelten Arbeitsteilung gewinnen die Subjekte einen Sinn für die Allgemeinheit ihrer individuellen Tätigkeiten. Sei es der Frauenbewegung gedankt oder dem adult-worker-Modell geschuldet: Frauen sind in das Erwerbsleben integriert. Allerdings ist Ursula Apitzsch recht zu geben, wenn sie mit Rückgriff auf Gramsci und in Hinblick auf die Ziele der Frauenbewegung von einer »unfertigen« bzw. einer »passiven sozialen Re-

---

[54] Fraser/Honneth: *Anerkennung oder Umverteilung?* (s. Anm. 9), S. 184.

[55] Martin Hartmann/Honneth: »Paradoxien des Kapitalismus. Ein Untersuchungsprogramm«. In: *Berliner Debatte Initial* 15 (2004), S. 4–17, hier: 16.

[56] A.a.O., S. 6.

volution«[57] spricht. Denn im historischen Moment der Integration von Frauen in den Arbeitsmarkt tritt allererst die Reproduktionsarbeit als der verleugnete Zwilling der Erwerbsarbeit ans Licht und zwar im Gewand des Mangels.[58]

Bekanntlich verzeichnen wir aktuell eine Krise der Reproduktions- und Fürsorgearbeit, eine Krise von Care. Hinter dem Wechsel vom Begriff der »Hausarbeit« zum international verhandelten Konzept von Care stehen weitreichende gesellschaftliche Transformationen auf nationaler wie internationaler Ebene:[59] So im Zuge globaler Veränderungen des Wirtschaftens und Arbeitens, der Wandel der industriellen Arbeitsgesellschaften zur postindustriellen Dienstleistungsgesellschaften, die Restrukturierung der Sozialpolitiken im Zuge entgrenzter kapitalistischer Verwertungsinteressen, der strukturelle Wandel von familiären und privaten Lebensformen durch veränderte Selbstverständnisse im Verhältnis der Geschlechter und damit verbunden die Entplausibilisierungen der vermeintlich natürlichen Grundlagen der gesellschaftlichen Kohäsion und Reproduktion. Diese verschiedenen Entwicklungsstränge haben dazu geführt, dass die fürsorgliche Alltagsarbeit, also die gesamte Dimension der ehemals selbstverständlichen sorgenden sozialen Praxis der Frauen, mithin die »unsichtbare und unverzichtbare Grundlage der Wohlfahrt«[60] und des sozialstaatlichen Konsenses, zu einem knappen Gut geworden ist.[61]

Die Umsetzung der Forderung nach Lohn für Hausarbeit hat in der Vermarktlichung von Fürsorge-Arbeiten einen neoliberalen Zuschnitt bekommen, womit ansatzweise dem Umstand Rechnung getragen ist, dass nur die in den Markt integrierte Tätigkeit als ent-

---

[57] Ursula Apitzsch: »Care in Alltag, Biografie und Gesellschaft: Über die Ent-Sorgung von Sorgearbeit und die unfertige Revolution im Geschlechterverhältnis«. In: *Soziale Welt*, Sonderband (2014), S. 143–157.

[58] Adelheit Biesecker: »Der weibliche Zwilling der Ökonomie«, abrufbar unter: http://www.gwi-boell.de/de/2010/07/22/der-weibliche-zwilling-der-ökonomie (18.08.2016).

[59] Vgl. Gerhard: »Care als sozialpolitische Herausforderung moderner Gesellschaften – Das Konzept fürsorglicher Praxis in der europäischen Geschlechterforschung« (s. Anm. 48), S. 75.

[60] Ebd.

[61] Sensibel für den aktuellen familialen Zeit- und Fürsorgenotstand unter Bedingungen des adult worker-Modells zeigt sich Honneth in seiner letzten großen Studie. Honneth: *Das Recht der Freiheit – Grundriß einer demokratischen Sittlichkeit.* Frankfurt a. M. 2011, S. 310 ff.

lohnte Tätigkeit Anerkennung im Rahmen gesamtgesellschaftlicher Kooperation besitzt. Allerdings tritt mit der zunehmenden Kommodifizierung von Fürsorge und ihrer Überführung in die Lohnförmigkeit die Eigenlogik personenbezogener Dienstleistungen im Care-Sektor, die auf Beziehungshaftigkeit beruhen und auf Wohlergehen und Versorgung zielen, erst deutlich hervor. Mit Bezug auf den Eigensinn der reproduktiven Tätigkeiten im Vergleich zur Produktionsarbeit sprechen feministische Ökonominnen wie z.B. Mascha Madörin von zwei bzw. von divergierenden Produktivitäten.[62] Die Tätigkeiten folgen unterschiedlichen Produktionslogiken. Es ist unmittelbar einsichtig, dass Anteilnahme, persönliche Zuwendung, auch Hingabe nur sehr bedingt rationalisierbar, ebenso wie die meist körpernahen Pflegehandlungen nur wenig akzelerierbar sind. Die Subsumtion von Care unter die Bedingungen kapitalistischer Wertschöpfung erzeugt tatsächlich Verwilderungen.

VI.

Fassen wir an dieser Stelle zusammen. Worum ging es? Die These war, dass die Kämpfe der Frauen um Anerkennung sich in ihren Resultaten nicht nur als Ausweitungen und Ausdifferenzierungen der angestammten bürgerlichen Anerkennungssphären begreifen lassen, sondern eine Transformation der Anerkennungstopologie als ganzer auf den Weg bringen. In dieser Linie haben die diversen, zerstreuten, auf verschiedenen gesellschaftlichen Ebenen angesiedelten Kämpfe um Reziprozität und Gleichbehandlung schließlich den Kampf um die Anerkennung des Eigensinns von Fürsorge herausgetrieben, eines Eigensinns, der nicht mehr der Sphäre der Liebe, aber auch nicht der der Leistung subsumiert werden kann.

Denn moralischer Fortschritt in der Wertschätzungssphäre bestünde in der Ausdehnung des Umfangs der Tätigkeiten, die als gesellschaftliche Beiträge gelten, auf jene ehemals unbezahlten Tätigkeiten, welche die sozial notwendige Arbeit bilden. Nach diesem Konzept braucht sich am Prinzip nichts zu ändern, es wird nur erweitert. Aber die Forderung nach öffentlicher Anerkennung von Fürsor-

[62] Mascha Madörin: »Das Auseinanderdriften der Arbeitsproduktivitäten. Eine feministische Sicht.« In: *Denknetz-Jahrbuch 2011*. Zürich 2011, S. 56–70.

gearbeit so zu erfüllen, dass sie unter die Wertschätzungssphäre fällt, also in den Arbeitsmarkt überführt wird, schlägt deshalb fehl, weil das Leistungsprinzip der Wertschätzungssphäre konstitutiv an kapitalistische Verwertungsimperative gekoppelt ist, die den Eigensinn von Fürsorge gerade verfehlen. Unterschiedliche Produktivitäten müssten folglich nach verschiedenen Kriterien wert geschätzt werden.[63] Welches wäre dann das entsprechende »Leistungsprinzip« im Rahmen fürsorglicher Praxis? Kindertagesstätten und Pflegeheime allein nach Rentabilitätsgesichtspunkten auszurichten führt – und an dieser Stelle scheint der Begriff passend – zu Verwilderungen.

Es müsste vielmehr divergierende Wertschätzungen für divergierende Produktivitäten geben, und es müsste entsprechend ein anderes Leistungsprinzip in der Fürsorge in Anschlag gebracht werden, damit die Fürsorgenden Anerkennung erfahren können. Denn obzwar in zunehmenden Maße in den Wertschöpfungssektor eingegliedert, ist es gerade der Pflegesektor, der in der Hierarchie der Arbeitswelt einen der untersten Ränge belegt ebenso wie die Fürsorgenden selbst, die prekarisiert und feminisiert, schlecht bezahlt und entlang der care-chain um die Welt getrieben werden. Die Verachtung der Pflegesphäre hat tiefgehende Gründe. Neben der nur begrenzten Profitabilität liegen sie nicht nur im kulturellen »Mechanismus der [naturalistisch begründeten] Herabsetzung weiblicher Leistungsfähigkeiten«,[64] sondern in der sehr alten kulturellen Verkoppelung der Frauen mit dem ephemeren Bereich der bloßen Lebensnotdurft.

Wenn z. B. Joan Tronto Demokratie als fürsorgliche Praxis denken will, dann ist damit eine Verbindung zwischen zwei traditionellerweise inkommensurablen, grundsätzlich geschiedenen – und, wie deutlich geworden sein sollte, geschlechtssegregierten – Sphären geschlagen, zwischen dem Häuslichen und dem Politischen.[65] Unter der

---

[63] Young: »Anerkennung von Liebesmühe« (s. Anm. 6), S. 431. Und Fraser/Honneth: *Umverteilung oder Anerkennung?* (s. Anm. 9), S. 302 ff. wo Honneth dieses Problem umkreist.

[64] Fraser/Honneth: *Umverteilung oder Anerkennung?*, S. 182. Honneth weist vermehrt mit Bezug auf das traditionelle Geschlechterverhältnis auf »stark naturalistische Annahmen« hin, ohne allerdings in seinen Überlegungen der Tatsache Rechnung zu tragen, dass Naturalisierungen immer als Legitimationsfigur für Herrschaftsverhältnisse fungieren. Exemplarisch: Honneth: *Das Recht der Freiheit* (s. Anm. 61), S. 302 f.

[65] Joan C. Tronto: *Caring Democracy: Markets, Equality, and Justice*. New York 2013.

Bedingung, dass die ehemals inhärierenden Arbeitsanteile sich aus der Sphäre des Häuslichen und in der Folge der Familie emanzipiert haben, sind sie zu einer nicht länger herrschaftsförmig und gruppenspezifisch, sondern demokratisch zu bewältigenden Aufgabe geworden. Nancy Fraser hat als ein gerechtes und gangbares Modell dasjenige einer »universellen Betreuungsarbeit« vorgeschlagen, das darauf abzielt, »die gegenwärtigen Lebensmuster von Frauen zum Standard und zur Norm für alle zu machen«.[66] Hierfür sind allerdings größere politisch-ökonomische Umstrukturierungen notwendig, die es Frauen und Männern gleichermaßen ermöglichten, Fürsorgearbeit und Erwerbsarbeit miteinander zu vereinbaren, wozu sowohl eine neue Sicht der männlichen Rolle wie auch ein radikaler Wandel in der Organisation des Arbeitslebens und nicht zuletzt ein neues Verständnis von Arbeit insgesamt notwendig wären.[67]

Die Feststellung, dass die gesellschaftlichen Anerkennungskämpfe der Frauen ihnen die Möglichkeit verschafft haben mit einer historischen »Verspätung« in den drei Arenen der Anerkennung anzukommen, bleibt letztlich einer androzentrischen Sichtweise verhaftet und müsste um die Perspektive ergänzt werden, dass Männer ihrerseits mit Verspätung die Anforderungen der Reproduktionssphäre zu gewärtigen gezwungen sind und Verantwortung für die Fürsorgedimension menschlicher Existenz zu übernehmen.

Wenn, und das hatte den Ausgangspunkt der vorliegenden Überlegungen gebildet, die Frauenbewegung sich an Anerkennungsdefiziten entzündet hatte, die ein Ergebnis struktureller und institutioneller Ausschlussmechanismen darstellten, dann wird jede Inklusion, die nicht auch die Bedingungen der exkludierenden gesellschaftlichen Arrangements grundlegend umgestaltet, nur vorläufig sein oder zu Verwerfungen führen, wie sie sich aktuell in der Krise von Care spürbar machen. Damit hängt zusammen, dass die Idee eines mehr oder weniger kontinuierlichen gesellschaftlichen Entwicklungsprozesses, in dessen Rahmen die den gesellschaftlichen Praxen zugrundliegenden Normen durch Konflikte einer erweiterten und differenzierteren

---

[66] Fraser: *Die halbierte Gerechtigkeit. Schlüsselbegriffe des postindustriellen Sozialstaats.* Frankfurt a. M. 2001, S. 101.

[67] Zum Strukturwandel von Erwerbsarbeit und der Transformation von Geschlechterverhältnissen mit Blick auf das Konzept von Männlichkeit vgl. jüngst: Diana Lengersdorf/Michael Meuser (Hrsg.): *Männlichkeiten und der Strukturwandel von Erwerbsarbeit in globalisierten Gesellschaften.* Weinheim/Basel 2016.

Anwendungspraxis zugeführt werden, als zu »harmonistisch«[68] und letztlich als zu statisch angesehen werden muss. Es spricht vieles dafür, dass der bislang noch unabgeschlossene Kampf um Anerkennung, den die Frauenbewegung angestoßen hatte, schließlich die dreigegliederte Architektonik der im bürgerlichen Denken der Moderne verankerten Anerkennungssphären in einer grundsätzlichen Weise revidiert. Und das, weil der Feminismus – wie eingangs zitiert – »an dem Wechselspiel zwischen Vergangenheit und Gegenwart, an Form und Natur der sozialen Einrichtungen, d. h. an einer jahrhundertealten Deutung des Privaten, am Staats-Begriff, am ganzen Verhältnis von Staatlichkeit und Privatheit« rüttelt.

[68] So Deines: »Soziale Sichtbarkeit. Anerkennung, Normativität und Kritik bei Judith Butler und Axel Honneth« (s. Anm. 5), S. 157.

Kurzbiographien

Micha Brumlik ist emeritierter Professor am Institut für Allgemeine Erziehungswissenschaft der Johann Wolfgang Goethe-Universität Frankfurt a. M. und seit Oktober 2013 Senior Advisor am Zentrum Jüdische Studien Berlin-Brandenburg. Seine Forschungsschwerpunkte sind Theorien der Bildung und Erziehung, moralische Sozialisation, Antisemitismusforschung und Religionsphilosophie. Einschlägige Publikationen: *Messianisches Licht und Menschenwürde. Politische Theorie aus den Quellen des Judentums.* Baden-Baden 2013; *Aus Katastrophen lernen. Grundlagen zeitgeschichtlicher Bildung in menschenrechtlicher Absicht.* Berlin 2004.

Hauke Brunkhorst ist Professor für Allgemeine Soziologie am Institut für Soziologie der Universität Flensburg und Forschungsdirektor am Internationalen Institut für Management der Universität Flensburg. Seine Arbeitsschwerpunkte sind Allgemeine Soziologie, Gesellschafts- und Evolutionstheorie, Politische Soziologie sowie Recht und Demokratie in der Weltgesellschaft. Einschlägige Veröffentlichungen u. a.: *Habermas.* Stuttgart 2006; mit Regina Kreide/ Christina Lafont (Hrsg.): *Habermas-Handbuch.* Stuttgart 2009; *Legitimationskrisen. Verfassungsprobleme der Weltgesellschaft.* Baden-Baden 2012; *Critical Theory of Legal Revolutions – Evolutionary Perspectives.* New York/London 2014; »Marxismus und Evolution«. In: Smail Rapic (Hrsg.): *Habermas und der Historische Materialismus.* Freiburg/München 2015, S. 199–211.

Klaus Erich Kaehler ist Professor emeritus für Philosophie an der Albertus-Magnus-Universität Köln, Direktor des Husserl-Archivs und Mitglied im Vorstand der Leibniz-Gesellschaft und des Conseil scientifique der *Phaenomenologica.* Seine Forschungsschwerpunkte sind Metaphysik und Erkenntnistheorie der Neuzeit, Subjekt-Theorie, Phänomenologie und Ästhetik. Einschlägige Veröffentlichungen u.a.: »Die Positivierung des Nichtigen. Hegel, Feuerbach und das dezentrierte Subjekt der Moderne«. In: D. Westerkamp/A. von der Lühe (Hrsg.): *Metaphysik und Moderne. Ortsbestimmungen philosophischer Gegenwart. Festschrift für Claus-Artur Scheier.* Würzburg 2007, S. 177–193; *Das Prinzip Subjekt und seine Krisen. Selbstvollendung und Dezentrierung.* Freiburg/München 2010.

Matthias Kettner ist Professor für Philosophie an der Universität Witten/Herdecke und Forschungsdekan der Fakultät für Kulturreflexion. Seine Forschungsschwerpunkte sind Diskursethik, Wirtschaftsethik, Medizinethik, Kritische Theorie, Kulturtheorie und Psychoanalyse. Einschlägige Veröffentlichungen u.a.: mit Karl-Otto Apel (Hrsg.): *Zur Anwendung der Diskursethik in Politik, Recht und Wissenschaft.* Frankfurt a.M. 1992; »Normative Moralphilosophie und empirische Moralpsychologie«. In: Angelika Ebrecht-Laermann/Andreas Woell (Hrsg.): *Moral, Politik, Psychoanalyse.* Tübingen 1998, S. 205–222; mit Dietrich Böhmer (Hrsg.): *Reflexion und Verantwortung: Auseinandersetzungen mit Karl-Otto Apel.* Frankfurt a.M. 2003.

Friederike Kuster ist Professorin für Philosophie an der Bergischen Universität Wuppertal. Ihre Arbeitsschwerpunkte sind Politische Philosophie, Philosophische Geschlechtertheorie, Feministische Philosophie, Gender-Theorie, Philosophie der Aufklärung, Rousseau. Sie ist Mitherausgeberin der Zeitschrift *Feministische Studien.* Einschlägige Veröffentlichungen u.a.: mit Sabine Doyé und Marion Heinz herausgegeben und eingeleitet: *Philosophische Geschlechtertheorien. Ausgewählte Texte von der Antike bis zur Gegenwart.* Stuttgart 2002; *Rousseau – Die Konstitution des Privaten. Zur Genese der bürgerlichen Familie.* Berlin 2005; »Vaterschaft und Vaterland. Das Vaterkonzept im Republikanismus des 18. Jahrhunderts«. In: Dieter Thomä (Hrsg.): *Vaterlosigkeit.* Frankfurt a.M., S. 65–83; »Verdinglichung und Menschenwürde: Kants Eherecht und das Recht der häuslichen Gemeinschaft«. In: *Kant-Studien* 3 (2011), S. 335–349; »Frau/Weib«. In: Heinz Thoma (Hrsg.): *Aufklärung. Ein interdisziplinäres Handbuch.* Stuttgart 2015, S. 211–222.

Georg Lohmann ist Professor a.D. für Praktische Philosophie der Otto-von-Guericke-Universität Magdeburg. Zahlreiche Veröffentlichungen zur Sozialphilosophie, Ethik, angewandten Ethik und politischen Philosophie, speziell zu Menschenrechte und Menschenwürde. Einschlägige Publikationen: *Indifferenz und Gesellschaft. Eine kritische Auseinandersetzung mit Marx*. Frankfurt a.M. 1991; mit G. Nooke/G. Wahlers (Hrsg.): *Gelten Menschenrechte universal? Begründungen und Infragestellungen*. Freiburg 2008; mit A. Pollmann (Hrsg.): *Menschenrechte. Ein interdisziplinäres Handbuch*. Stuttgart 2012; »Was umfasst die ›neue‹ Menschenwürde der internationalen Menschenrechtsdokumente?«. In: D. Demko/K. Seelmann/P. Becchi (Hrsg.): *Würde und Autonomie*, Stuttgart 2015; »Was muss man wie bei den ›Menschenrechten‹ begründen?«. In: D. Demko/G. Brudermüller/K. Seelmann (Hrsg.): *Menschenrechte. Begründung – Bedeutung – Durchsetzung*. Würzburg 2015; »Versuch über Versionen der Macht: Herrschaft, Gewalt, Zwang und Einfluss«. In: K. Felgenhauer/F. Bornmüller (Hrsg.): *Macht: Denken. Substantialistische und relationalistische Theorien – ein Kontroverse*. Bielefeld 2018; »Normative und rechtsstaatliche Kapitalismuskritik und ihre Verdrängung bei Marx«. In: *DZPhil* 2018, 66(4), S. 429–465. www.GeorgLohmann.de

Gertrud Nunner-Winkler war Professorin für Soziologie an der Ludwig-Maximilians-Universität München und bis 2006 Leiterin der Arbeitsgruppe »Moralforschung« am Max-Plank-Institut für Kognitions- und Neurowissenschaften. Zu ihren Forschungsschwerpunkten zählen der Wandel im Moralverständnis, moralische Motivation sowie Geschlechtertheorien und Care-Ethik. Einschlägige Publikationen u.a.: »Zum Verständnis von Moral – Entwicklungen in der Kindheit«. In: Franz Emanuel Weinert (Hrsg.). *Entwicklung im Kindesalter*. Weinheim 1998, S. 133–152; »Wandel in den Moralvorstellungen. Ein Generationenvergleich«. In: Wolfgang Edelstein/Gertrud Nunner-Winkler (Hrsg.): *Moral im sozialen Kontext*. Frankfurt a.M. 2000, S. 299–336.

Über den Herausgeber

Smail Rapic ist Professor für Philosophie an der Bergischen Universität Wuppertal. Seine Forschungsschwerpunkte sind Aufklärung, klassische deutsche Philosophie und die nachhegelsche Philosophie des 19. Jahrhunderts, Phänomenologie und kritische Gesellschaftstheorie. Einschlägige Veröffentlichungen u.a.: *Subjektive Freiheit und Soziales System. Positionen der kritischen Gesellschaftstheorie von Rousseau bis zur Habermas/Luhmann-Kontroverse*. Freiburg/

München 2008; Nachwort zu Karl-Otto Apel: *Transzendentale Reflexion und Geschichte.* Hrsg. von S. Rapic. Frankfurt a.M. 2017. S. 331–363.

Personenregister

Sachregister